Carl Friedrich von Weizsäcker

Die Sterne sind glühende Gaskugeln, und Gott ist gegenwärtig

Über Religion und Naturwissenschaft

Herausgegeben und eingeleitet
von Thomas Görnitz

Herder
Freiburg · Basel · Wien

Originalausgabe

Mit freundlicher Genehmigung der lizenzgebenden Verlage
© Verlag Herder Freiburg · Basel · Wien 1992
Technische Herstellung: Freiburger Graphische Betriebe 1992
Umschlaggestaltung: Joseph Pölzelbauer
Umschlagfoto: K. Brandl, Sternenhimmel mit Sternbild Orion
ISBN 3-451-04077-8

Inhalt

Vorwort

Von Thomas Görnitz

Die Lebensumwelt der Menschen in unserem Jahrhundert wird von einer Technik bestimmt, die auf den Naturwissenschaften aufbaut. Dies geschieht in einem Umfang, den man sich nur selten in vollem Ausmaß verdeutlichen kann.

Die kaum zu ermessende Macht der Technik beruht auf der Wahrheit derjenigen Wissenschaften, die man als die *exakten* bezeichnet. Die von ihnen in *mathematischer* Form aufgestellten *Naturgesetze* erlauben es dem Menschen, Wirkungen zu erzielen, die unermeßlich weit über seine biologischen Fähigkeiten hinausgehen. In diesen Gesetzen ist eine *Wahrheit* erfaßt worden, an der kein philosophisches oder theologisches Denken vorbeigehen kann, welches sich mit den heutigen Problemen der Menschheit befassen will.

Immer deutlicher wird für viele eine doppelte Einsicht:

Die Anpassung der *ethischen Normen* und vor allem der *gesellschaftlichen und politischen Verhaltensweisen* der Menschheit hat mit der Entwicklung der Naturwissenschaften bei weitem nicht Schritt gehalten. Und die Wahrheit, welche die Naturwissenschaften gefunden haben, beschreibt nur einen Ausschnitt aus einer umfassenderen Wirklichkeit. Der andere Bereich der Wirklichkeit, der in einer philosophischen Sprache das *Transzendente* genannt werden kann, wird dem Menschen seit alters her vor allem durch die Religionen zugänglich gemacht.

In der geschichtlichen Zeit begründete die Religion die Basis für die Ethik. Am Beginn der Entfaltung der Naturwissenschaften im Abendland wurden diese in einen Machtkampf mit der Kirche gestellt. Der anfängliche Sieg des Klerus über die mit Galilei entstehende moderne Physik war wohl die Hauptursache für die später erfolgende weitgehende Verdrängung der Kirche aus dem Umkreis des wissenschaftlichen Denkens. Diese Verminderung ihres Einflusses hat sich bis zur Neuzeit immer weiter ausgeprägt. Damit einhergehend geriet das

Transzendente mehr und mehr aus dem Blickfeld der Naturwissenschaften.

Aus dieser Spannung erwächst die Möglichkeit für zwei simple Antworten auf den beschriebenen Konflikt.

Die eine hatte ihre extremste Ausprägung in der Denkweise der klassischen Physik gefunden. Sie verabsolutierte die naturwissenschaftliche Wahrheit zur einzigen und ganzen Wahrheit und ließ außerhalb dessen nichts zu, was sie ernst zu nehmen bereit war.

Die andere Antwort gibt der religiöse Fundamentalismus, der den Wahrheitsanspruch der Naturwissenschaften je nach Bedarf teilweise oder gar total bestreitet. Er mißversteht das gewaltige und kunstvoll gefügte Gebäude der Wissenschaften als eine Sammlung von Rezepten, aus denen man je nach Lust und Neigung die gerade benötigten Stücke entnehmen kann, und mißbraucht so diesen Bau als einen Steinbruch für seine Versatzstücke. Er mißversteht ebenso die notwendigerweise mythische und gleichnishafte Sprache, in der religiöse Wahrheiten wohl nur ausgesagt werden können, als Sprache eines begrifflichen, gleichsam rational verstandenen Denkens.

Diese beiden simplifizierenden Antworten sind gleichermaßen ungeeignet, den Anforderungen gerecht zu werden, welche die heutige Zeit stellt. Sie vertiefen den Graben zwischen „Glauben" und „Wissen", der aus der geschichtlichen Situation zwar erklärbar, aber doch wohl von den meisten Menschen bedauert wird. Eine wahrhaft moderne Denkweise wird dazu beitragen wollen, diese Spaltung zu überwinden. Sie wird versuchen – soweit dies dem Menschen überhaupt möglich ist –, das *Ganze als Ganzes* zu denken. Dieses hat, und das sei hier noch einmal ausdrücklich wiederholt, zwei Aspekte: einen, den man den theoretischen, und einen, den man den praktischen nennen kann. Der theoretische betrifft die Einheit unserer Erkenntnis. Wir sollen fähig werden, die ganze Fülle der Wirklichkeit zu verstehen und zu begreifen, ohne uns dabei durch die notwendige fachwissenschaftliche (oder auch anders begründete) Spezialisierung geistige Scheuklappen verpassen zu lassen. Der praktische bedeutet, daß wir zu einer Einheit unseres Handelns gelangen, welche der ganzen Fülle unserer Möglichkeiten angepaßt ist, so daß uns kurzfristige Partikularinteressen nicht die ethisch eigentlich gebotenen Ziele aus dem Blick geraten lassen.

Carl Friedrich v. Weizsäcker hat sich dieser zweifachen Aufgabe gestellt. Als Physiker, als Philosoph und als Christ ist er ein Leben lang bestrebt, die *Einheit der Wirklichkeit* zu denken – und diesem Denken gemäß verantwortlich zu handeln. Das Philosophieren über die *eine Wahrheit*, die sich uns Menschen von verschiedenen Seiten in verschiedenen Gestalten offenbart, zieht sich als roter Faden durch sein ganzes Lebenswerk. In ihm spielt das philosophisch bedeutsamste Ereignis unseres Jahrhunderts, die Revolution in der Physik und die aus ihr folgende neue Standortbestimmung der Naturwissenschaften, eine herausragende Rolle. Davon wird selbstverständlich auch das Verhältnis von Religion und Naturwissenschaften betroffen.

Eine Auswahl von Aufsätzen, die sich mit diesem Verhältnis besonders befaßt, soll dem Leser hier vorgestellt werden. Wie stets bei Weizsäcker sind dabei nicht nur erkenntnistheoretische, sondern auch ethische Gesichtspunkte unvermeidlich mit eingeschlossen.

Das Werk dieses großen Denkers hat Wesentliches zur Bewußtseinsbildung an der Schwelle zum neuen Jahrtausend beigetragen. Die Öffentlichkeit sieht ihn als Philosophen, als Friedensforscher, als Physiker. Sein denkerisches Werk ist in vielen Büchern publiziert, sein öffentliches Handeln, sein Eintreten für eine Sicherung des Friedens in der Welt findet großen Widerhall. Weizsäckers aufopferungsvoller Einsatz für den Beginn eines konziliaren Prozesses der christlichen Kirchen, der mit der Weltversammlung der Kirchen für Frieden, Gerechtigkeit und die Bewahrung der Schöpfung einen ersten Höhepunkt gefunden hat, ist auch außerhalb der Christenheit mit großer Anerkennung bedacht worden.

Weizsäcker hat sich stets dazu bekannt, Glied seiner Kirche zu sein. Er ist nicht nur mit philosophischen und physikalischen, sondern auch mit theologischen Veröffentlichungen hervorgetreten. Sein Wirken auf diesem Gebiet ist mit theologischen Ehrendoktortiteln bedacht worden und auch mit dem bedeutenden Templeton-Preis für Religion gewürdigt worden, der in seiner Bedeutung dem Nobelpreis gleichzusetzen ist. Diesen Preis erhielt er in Würdigung seiner Verdienste, Wissenschaft (Science) und Religion zusammen zu denken und zu leben.

Im folgenden sollen Leben und Werk Carl Friedrich v. Weizsäckers kurz beschrieben werden. Ein kurzes Nachwort wird dem interessierten Leser darüber hinaus einen Rahmen skizzieren, der es ihm erlaubt, die in unser Buch aufgenommenen Ausschnitte in das Gesamtwerk Weizsäckers einzuordnen.

Obwohl Carl Friedrich v. Weizsäcker am 28. Juni 1912 in Kiel geboren wurde, ist er doch, wie seine Vorfahren, ein Württemberger. Sein Großvater war der letzte königlich-württembergische Ministerpräsident gewesen. Unter den früheren Vorfahren waren Gelehrte und Pfarrer zu finden.

Sein Vater war Marineoffizier und ging nach dem ersten Weltkrieg in den diplomatischen Dienst. Dies nötigte die Familie zu häufigen Umzügen. Carl Friedrich v. Weizsäcker ging so als Kind in viele verschiedene Schulen: erst in Basel, später in Kopenhagen, um schließlich in Berlin sein Abitur zu machen.

In Kopenhagen lernte er als Schüler Werner Heisenberg kennen, mit dem ihn eine lebenslange Freundschaft verbinden sollte. Diese Begegnung mit dem jungen und doch schon berühmten Gelehrten war für Weizsäckers späteren Lebensweg von entscheidender Bedeutung. Auf Heisenbergs Rat hin entschloß er sich, Physik zu studieren. Denn nur wenn man Physik betreibt, so Heisenberg, wird man in der Lage sein, die Quantentheorie, die entscheidende geistesgeschichtliche Entdeckung des zwanzigsten Jahrhunderts, zu verstehen.

Im Jahre 1927 übernahm der Vater die Abrüstungsabteilung im Außenministerium. Aus den Erfahrungen des Vaters in diesem Amt stammt Weizsäckers Überzeugung, daß es nahezu unmöglich ist, einmal installierte Waffen wieder abzurüsten, wenn nicht sehr gewichtige politische Gründe auf allen beteiligten Seiten dafür sprechen. Weizsäcker hält es für einen Irrtum, zu meinen, die Abrüstung könne ein Weg zum Frieden sein – vielmehr wird umgekehrt eine friedliche politische Situation, die auf Ausgleich und gegenseitigem Vertrauen beruht, den Weg zur Abrüstung freimachen können.

Weizsäcker schloß innerhalb kürzester Zeit in Leipzig bei Heisenberg sein Physikstudium mit einer Dissertation aus dem Gebiet der Quantentheorie ab, um dann in der Forschung zu arbeiten. Noch als Student lernte er Niels Bohr kennen, der den jungen Weizsäcker überaus beeindruckte. Er schätzt Bohr am höchsten von allen Physikern, die er in seinem Leben kennengelernt hatte. Bohr stellte für die moderne Quantentheorie eine philosophische Vaterfigur dar; Weizsäcker meint manchmal halb scherzhaft, Bohr sei eine Wiederverkörperung von Sokrates gewesen. Von ihm hat Weizsäcker das durchdringende Fragen nach den physikalischen Grundbeziehungen gelernt, das Fragen nach dem *Sinn der Begriffe* überhaupt, die wir verwenden.

Bei Heisenberg hatte Weizsäcker die Quantentheorie studiert, für sein philosophisches Denken wichtig wurde der von ihm eingeführte Begriff der *abgeschlossenen Theorien*. Mit diesem hatte Heisenberg einen Eckstein gesetzt, an dem keine Philosophie vorbei kann, die sich mit der Wirklichkeit befassen will. Daß wenige Begriffe und einige mathematische Gleichungen genügen, einen riesigen Erfahrungsbereich mit sehr großer Genauigkeit zu beschreiben, ist alles andere als selbstverständlich. Und daß weiterhin im Laufe der Physik Theorien über solche Erfahrungsbereiche abgelöst wurden durch solche, die einen noch umfassenderen besaßen und die noch abstrakter waren, dies ist im höchsten Grade erklärungsbedürftig.

Für das philosophische Denken Weizsäckers war neben der Bekanntschaft mit Heidegger noch eine zweite große Lebensfreundschaft von überragender Wichtigkeit, die zu Georg Picht. Picht, ein Jugendfreund Weizsäckers, der „von Natur aus Philosoph war", hatte Altphilologie studiert, Vorlesungen bei Heidegger gehört und war in seinen späteren Lebensjahren der Direktor der Forschungsstätte der Evangelischen Studiengemeinschaft (FEST) in Heidelberg. Von ihm erhielt Weizsäcker wesentliche Impulse für sein Verständnis der philosophischen Tradition: „Mein Freund Georg Picht führte mich schrittweise in Kant, Platon, Aristoteles ein."

Nach seinem Studium arbeitete Carl Friedrich v. Weizsäcker bei Bohr in Kopenhagen und später am Kaiser-Wilhelm-Institut für Chemie in Berlin, das von Otto Hahn geleitet wurde. Dort erhielt er von Hahn die ersten Hinweise auf die Kernspaltung. Für ihn als Kernphysiker war es sofort klar, was dies auch bedeuten mußte: die Möglichkeit des Baues von Atomwaffen!

In einer langen Nacht Ende des Winters 1938 diskutierten Weizsäcker und Picht bis zum frühen Morgen, welche Konsequenzen sich daraus für die Menschheit ergeben mußten. Die beiden jungen Wissenschaftler hielten es für unausweichlich, daß die Folgerung heißen mußte: Die Institution des Krieges als völkerrechtlich erlaubte Handlungsweise von Staaten muß abgeschafft werden! Im anderen Fall war eine Überlebensmöglichkeit für unsere Zivilisation nicht denkbar.

Die prinzipielle Möglichkeit des Baues von Atomwaffen war auch den Physikern im Heereswaffenamt nicht verborgen geblieben. Kurze Zeit nach dem Überfall der deutschen Wehrmacht auf Polen wurden die wichtigsten deutschen Kernphysiker, unter ihnen Carl Friedrich v. Weizsäcker und bald auch Werner Heisenberg, für Forschungsarbeiten über Kernspaltung dienstverpflichtet.

Bei diesen Forschungsarbeiten stellte sich relativ schnell heraus, daß in Deutschland in absehbarer Zeit und unter den Bedingungen des Krieges Kernwaffen nicht entwickelt werden konnten – zum Glück, wie Weizsäcker heute dazu sagt. Die Forschungsarbeit konzentrierte sich dann auf die Entwicklung eines Kernreaktors, der wegen des kriegsbedingten Mangels an schwerem Wasser und Uran aber vor dem Kriegsende nicht bis zu einer selbständigen Kettenreaktion gelangte.

Im Jahre 1942 wurde Weizsäcker Professor für theoretische Physik an der Universität in Straßburg, wo er bis zum Einmarsch der Alliierten gelehrt hat. Neben der Kernphysik begann Weizsäcker sich dort in wachsendem Maße der Astrophysik zuzuwenden. Grundlegende Arbeiten von ihm über die Energieerzeugung in der Sonne und über die Entstehung des Planetensystems erschienen in dieser Zeit. Wichtig waren ihm auch stets die philosophischen Probleme seiner Wissenschaft; 1943 wurde zum ersten Male sein Buch „Zum Weltbild der Physik" verlegt. Das Buch dieses jungen Professors, aus welchem der Beitrag *„Säkularisierung und Naturwissenschaft"* entnommen ist, fand eine gute Aufnahme in der Fachwelt.

Die Mitglieder des „Uranvereins", wie sich die deutschen Kernphysiker selbst scherzhaft bezeichneten, wurden am Ende des Krieges durch eine amerikanische Spezialeinheit gefangengenommen und später im englischen Farm Hall interniert. Erst der Abwurf der amerikanischen Kernwaffen im August 1945 auf Japan machte den deutschen Wissenschaftlern den Grund ihrer Gefangennahme klar. Sie waren bis dahin noch nicht auf die Idee gekommen, daß die Amerikaner die ungeheuren Anstrengungen der Entwicklung und des Baues einer Atombombe, die sie selbst sehr wohl abschätzen konnten, unter den Bedingungen des Krieges zuwege bringen würden.

Die Erschütterung der Wissenschaftler über die indirekten Folgen ihrer Entdeckungen war groß. Damals wurde der Grundstein gelegt für ihre Haltung, die später im „Göttinger Manifest" ausgesprochen wurde: sich nicht selbst an der Entwicklung oder der Produktion von Kernwaffen zu beteiligen.

Nach der Rückkehr aus der Internierung im Jahre 1946 wurde Carl Friedrich v. Weizsäcker Abteilungsleiter am Max-Planck-Institut für Physik in Göttingen, das von Heisenberg geleitet wurde. Dort vertiefte er seine Forschungen über die Entstehung des Planetensystems mit Arbeiten über die Physik der Turbulenz. Neben diesen fachwissenschaftlichen Untersuchungen wurde im Jahre 1948 die erste Auflage der „Geschichte der Natur" publiziert. Dies war die Ausarbeitung einer Vorlesung für Hörer aller Fakultäten, die Weizsäcker 1946 an der Göttinger Universität gehalten hatte. Die Anwendung geschichtlicher Denkvorstellungen auf die Vorgänge in der Natur war damals sehr revolutionär.

In den späteren Göttinger Jahren begann Weizsäcker die ersten Ideen zu einer abstrakten Quantentheorie von einfachen Alternativen zu entwickeln. Dieser Ansatz, an dem er bis in die 90er Jahre weitergeforscht hat, ist der Versuch, die Quantentheorie zu verstehen als eine Theorie, die von dem handelt, *was gewußt werden kann,* und die daher in erster Linie eine Theorie über Information ist. Diese so abstrakt verstandene Quantentheorie soll dann die konkreten Eigenschaften der physikalischen Objekte begründen. Der Ausgangspunkt dafür sind die erwähnten binären Alternativen – sozusagen die „Atome der Logik" –, die Weizsäcker dann später als „Ur-Alternativen" (kurz „Ure") bezeichnet hat. Die Quantentheorie der Ure hat die selbstgestellte Aufgabe, die Eigenschaften der Raumzeit und der Elementarteilchen mitsamt ihren Wechselwirkungen zu begründen, und würde im Erfolgsfalle zu der Fundamentaltheorie für die gesamte Physik werden können.

Im Jahre 1957 wurde Carl Friedrich v. Weizsäcker auf eine Professur für Philosophie an der Universität in Hamburg berufen. Diesen Lehrstuhl hatte er bis 1969 inne. Er selbst bezeichnet diese Zeit als die schönsten Jahre seines Lebens. Als Mitglied einer geisteswissenschaftlichen Fakultät kam er, der der Ausbildung nach ja Naturwissenschaftler war, hier mit der anderen Seite der wissenschaftlichen Kultur in eine enge Verbindung.

In dieser Zeit wurde *Die Tragweite der Wissenschaft,* eine Sammlung von Vorlesungen, publiziert; und unter anderem wurden die Bücher *Die Biologische Basis der religiösen Erfahrung* und *Die Einheit der Natur* vorbereitet, die dann beide 1971 erschienen sind.

Neben seiner wissenschaftlichen Tätigkeit hatte sich Weizsäcker auch zunehmend stärker um die Auswirkungen der Folgen der modernen Wissenschaft auf unsere Welt gekümmert und war damit, beginnend mit der „Göttinger Erklärung", immer mehr in die Öffentlichkeit getreten. Infolge dieses Engagements wurde 1970 in Starnberg das „Max-Planck-Institut zur Erforschung der Lebensbedingungen der wissenschaftlich-technischen Welt" gegründet, dessen Direktor Carl Friedrich v. Weizsäcker wurde. In diesem Institut entwickelten sich umfangreiche Forschungsaktivitäten, die von der Friedenssicherung und einer alternativen Verteidigungspolitik über weltwirtschaftliche Fragen bis hin zur Soziologie reichten. Wie man z. B. an der Gruppe um Afheldt ersehen kann, deren Forschungsergebnisse erst viele Jahre nach ihrer ersten Publikation von der vorherrschenden politischen Meinung ernst genommen wurden, waren die Ergebnisse des Starnberger Institutes zum Teil ihrer Zeit zu weit voraus, als daß sie ohne weiteres hätten akzeptiert werden können.

Mit einer kleinen Arbeitsgruppe unter seiner Leitung befaßte sich Weizsäcker neben den soeben beschriebenen Problemen auch weiterhin mit den Grundsatzfragen der Physik und mit der Urtheorie.

Im Jahre 1977 erschien *Der Garten des Menschlichen*, aus dem für den vorliegenden Band u. a. Teile aus Weizsäckers *Selbstdarstellung* entnommen sind.

Die Forschungsarbeiten über die vom Starnberger Institut für wichtig erkannten Fragestellungen zeitigten trotz allem Ergebnisse, die von den politisch Verantwortlichen in der Öffentlichkeit nicht immer gern gehört werden und die nicht geeignet sind, ein solches Institut übermäßiger Beliebtheit auszusetzen. Somit war es nicht überraschend, daß die – juristisch korrekte – Möglichkeit ergriffen wurde, die Weizsäckersche Abteilung des Instituts mit der Emeritierung ihres Direktors im Jahre 1980 zu schließen. Als besonderes Entgegenkommen wurde die – aus gesellschaftspolitischer Sicht bedeutungslose – Gruppe der Physiker noch für weitere zwei Jahre von der Max-Planck-Gesellschaft weiterfinanziert.

Nach seiner Emeritierung hatte Weizsäcker wieder mehr Zeit für seine eigenen physikalischen Forschungen, die er seitdem „im Ruhestand" mit großer Intensität betrieben hat. Daneben erschienen weitere Bücher zu politischen und philosophischen Fragen, so u. a. *Bewußtseinswandel* (1988) und *Der Mensch in seiner Geschichte* (1991), aus denen im vorliegenden Buch zitiert wird. Die Zusammenfassung der bis 1985 erzielten Forschungsergebnisse zur Physik sind im *Aufbau der Physik* zu finden, das philosophische Hauptwerk Weizsäckers ist *Zeit und Wissen* (Hanser 1992).

Es wäre eine unzulässige Verkürzung, wenn man Carl Friedrich v. Weizsäcker nur als Physiker und Philosophen darstellen würde. Schon als Kind im Elternhaus durch Vater und Großvater hautnah mit politischem Denken und Handeln in Berührung gekommen, hat er diese Neigung zum politischen Wirken aus eigener Veranlagung weitergepflegt. Weizsäcker ist seinem inneren Wesen nach Wissenschaftler, daher hat er nicht danach gestrebt, die Politik zu seinem Beruf zu machen. Daher konnte er sich im Interesse einer größeren politischen Wirksamkeit entschließen, keiner politischen Partei beizutreten.

Das Problem, wie trotz der Existenz von Atomwaffen der Fortbestand der Menschheit gesichert werden kann, hatte Weizsäcker schon frühzeitig beschäftigt. In der Kernphysik hatte reine, zweckfrei intendierte Grundlagenforschung Ergebnisse hervorgebracht, welche tiefgreifende Auswirkungen auf unsere gesamte Zivilisation bewirkten.

Auch wenn diese Wirkungen so nicht gewollt waren, so wurden sie doch von der Forschung mit verursacht. Weizsäcker war und ist der Meinung, daß die Forscher dafür die moralische Verantwortung zu übernehmen und dann auch demgemäß zu handeln hätten. Er selbst hat sich dazu stets durch Wort und Tat bekannt.

Einen ersten Ausdruck fand dies in der von Weizsäcker initiierten „Göttinger Erklärung" im Jahre 1957 gegen die Produktion und den Besitz von Kernwaffen durch die Bundesrepublik Deutschland. Die von dieser Initiative ausgehende Auseinandersetzung mit den Problemen von Kriegsfolgen und Kriegsverhütung führte dann zur Gründung des Starnberger Institutes. Weizsäcker entwickelte seine Gedanken zu diesen Gefahren und Aufgaben in den Büchern *Wege in der Gefahr* (1976), *Deutlichkeit* (1978), *Der bedrohte Friede* (1981) und, nach der Institutsschließung, *Wahrnehmung der Neuzeit* (1983).

Nachdem ihn der Evangelische Kirchentag 1985 um einen Appell für eine *Weltkonferenz der Kirchen für Frieden, Gerechtigkeit und die Bewahrung der Schöpfung* gebeten hatte, begann er mit sehr großem persönlichem Einsatz, sich um deren Zustandekommen zu bemühen. Auf Reisen durch ganz Europa und nach Süd- und Nordamerika informierte er sich bei den Kirchen und ihren Leitungen über die Möglichkeiten eines solchen Prozesses und über die Schwierigkeiten, die ihm entgegenstanden.

In dem im Jahre 1986 erschienenen Buch *Die Zeit drängt* analysiert er die Weltlage und die Stellung der Weltchristenheit in ihr und zeigt auf, welche Probleme eine solche Konferenz und darüber hinaus die ganze Christenheit zu lösen hat. Die Hauptthemen werden schon im Namen deutlich: Frieden, Gerechtigkeit und die Bewahrung der Schöpfung. Frieden meinte nicht nur die Verhinderung eines atomaren Krieges zwischen Ost und West, ein Problem, das Weizsäcker schon damals, vor dem Umbruch im Osten, als das überflüssigste und damit eigentlich am leichtesten lösbare einschätzte. Gerechtigkeit bezeichnet das Nord-Süd-Problem. Dieses war dann auf der Konferenz in Seoul das beherrschende Thema. Die ökologischen Probleme sind ganz wesentlich erst durch die weltweite Anwendung der aus den Naturwissenschaften hervorgegangenen Technik bewirkt worden und wohl nur durch gemeinsame, ebenfalls weltweit angewandte Vernunft lösbar.

Weizsäckers großer Einsatz fiel in Europa auf sehr fruchtbaren Boden. Der konziliare Prozeß fand einen Höhepunkt mit der Versammlung sämtlicher europäischen Kirchen in Basel. Zur Weltversammlung der christlichen Kirchen wurde durch den Weltkirchenrat für das Frühjahr 1990 nach Seoul eingeladen. Diese Veranstaltung war nicht ebenso befriedigend wie die Baseler, wurde aber von Weizsäcker als guter und wichtiger Schritt auf einem weiter zu gehenden Weg eingeschätzt.

Die Probleme, die Weizsäcker in *Die Zeit drängt* formuliert hatte, greift er im *Bewußtseinswandel* für nicht speziell als Christen angesprochene Leser noch einmal auf. Aus diesem Buch stammen die Passagen des 3. Kapitels.

Eine von Carl Friedrich v. Weizsäckers Thesen lautet: „Wir philosophieren jetzt", nicht in der Vergangenheit, nicht in der oder gar für die Ewigkeit. Dies bedeutet auch das Ernstnehmen der Zeitstruktur, die Offenheit für Neues.

Der Herausgeber hofft, daß die Auswahl den Leser in diesem Sinne dazu anregt, selbst über das Angebotene hinauszugehen: indem er das Umfeld der Artikel selbst kennenlernt und indem er über das Gelesene hinaus selbst weiterphilosophiert. Dazu sei auch ihm die Offenheit gewünscht, die die Weizsäckersche Philosophie auszeichnet.

I.
Einleitung: Selbstdarstellung

Zu meinem 12. Geburtstag, im Juni 1924, wünschte ich mir eine drehbare, also auf Tag und Stunde einstellbare Sternkarte. Bald danach gingen wir von Basel, wo mein Vater deutscher Konsul war, für die Sommerferien in die einsame Pension Mont Crosin im Berner Jura. Am Abend des 1. August wurde dort der Schweizer Nationalfeiertag wie üblich mit Höhenfeuern und Raketen begangen. Ein Tanzvergnügen der Pensionsgäste begann mit einer langen Polonäse im Freien. Bei einer der Trennungen der Schlange gelang es mir, meine etwa gleichaltrige Dame zu verlieren. Mit meiner Karte entwich ich von den Menschen in die warme, wunderbare Sternennacht, ganz allein. Das Erlebnis einer solchen Nacht kann man in Worten nicht wiedergeben, wohl aber den Gedanken, der mir aufstieg, als das Erlebnis abklang. In der unaussprechbaren Herrlichkeit des Sternhimmels war irgendwie Gott gegenwärtig. Zugleich aber wußte ich, daß die Sterne Gaskugeln sind, aus Atomen bestehend, die den Gesetzen der Physik genügen. Die Spannung zwischen diesen beiden Wahrheiten kann nicht unauflöslich sein. Wie aber kann man sie lösen? Wäre es möglich, auch in den Gesetzen der Physik einen Abglanz Gottes zu finden?

Vielleicht ein Jahr vorher hatte ich begonnen, im Neuen Testament zu lesen. Die Wahrheit der Bergpredigt traf mich und beunruhigte mich tief. Wenn dies wahr war, war mein Leben falsch und vielleicht unser aller Leben. In einem langen Gespräch mit meiner Mutter verteidigte ich bis zu Tränen die Pflicht, den Kriegsdienst zu verweigern, denn es ist geboten: Du sollst nicht töten. In einer nächtlichen Stunde tiefer religiöser Bewegung hatte ich versprochen, dem Dienst Gottes mein Leben zu weihen – vorsichtig fügte ich hinzu: wenn er mich rufen würde. Unter diesem Dienst konnte ich mir nur vorstellen, Pfarrer zu werden, aber ich wünschte mir doch, Astronom zu sein. Mein Zustand hätte vielleicht durch die Formel beschrieben werden können: das moralische Gesetz über mir, der bestirnte Himmel in mir. Ich mußte noch lernen, daß, wenn wir zu hören begonnen haben, Gott immer ruft und, später, daß Gott nicht über mir ist, auch nicht in mir, sondern ich in Gott.

Ich beginne noch einmal von vorne. Gemäß dem übernommenen Auftrag soll ich die Bewegung der Philosophie hier nicht im wirklichen Gespräch mit einem Partner, auch nicht im literarischen Gespräch mit den herrschenden Meinungen unserer Zeit darstellen, sondern im Gespräch mit dem Menschen, als der ich mir eines ins Kindheitsvergessen zurückgesunkenen Tages begegnete, mit dem ich bis heute Hand in Hand gehe, der ich, wie wir zu sagen pflegen, bin. Wer sagt hier ich?

In etwa vier Bereichen habe ich mich nachdenkend bewegt. Physik, Politik, Religion, klassische Philosophie. Die drei ersten kann man auch Struktur, Geschichte, Selbstwahrnehmung nennen. Der vierte ist das platonische Unternehmen, die Einheit dieser drei zu denken. Man kann ihn auch als skeptische Theologie bezeichnen, wenn man die griechischen Worte Skepsis, Theos, Logos umschreiben darf als Hinschauen, das Eine, vernünftige Rede. In den drei ersten Bereichen habe ich elementar existiert. Den vierten habe ich gelernt, wie man eine Sprache in einer guten Schule lernt. Ich spreche die Sprache mit einem Akzent, aber ich weiß, daß ich von den ersten drei Bereichen nicht selbstkritisch Rechenschaft geben könnte, wenn ich diese Sprache nicht gelernt hätte. Und vielleicht weiß ich einiges von ihr, was die nicht wissen, die sie als Muttersprache sprechen.

In die Physik bin ich durch die Astronomie und die Quantentheorie gekommen. Astronomie war mir das Wissen vom Weltall, also vom Ganzen; sie war ein kindlicher Begriff von Philosophie. Mein hochrespektierter Lehrer *Hilmer,* der mich Gymnasiasten in der deutschen St. Petri-Realschule in Kopenhagen privat in Latein und Griechisch unterrichtete, sagte mir in einer dieser Stunden, als ich in einen Begeisterungsausbruch über die Größe des Weltalls geraten war: „Gewiß, das Weltall ist groß und wunderbar. Aber vergiß es nie, größer als das Weltall ist dein Geist, Carl Friedrich v. Weizsäcker, der das Weltall zu denken vermag." Diese Lehre nötigte mir nur eine widerstrebende Zustimmung ab. Unwidersprechlich war die Subjektbezogenheit des Wissens, sowie ich auf sie aufmerksam gemacht war. Aber es erschien mir unerträglich anmaßend, einen Geist, der das Weltall denken konnte, durch das Possessivpronomen „dein" mit dem Träger meines standesamtlichen Namens zu verknüpfen. Zur selben Zeit wäre ich, wenn ich nicht zugleich fromm und feige gewesen wäre, vielleicht aus dem Konfirmandenunterricht ausgebrochen, als der Pfarrer uns zumutete, Christen dürften nicht an die tierische Abstammung des Menschen glauben, denn im Gegensatz zum Menschen hätten die Tiere keine Seele. Er meinte vielleicht die unsterbliche Seele, aber diese Nuance blieb im Hintergrund und hätte mich verwirrt, ohne mir zu helfen. Mit tiefer Empörung fragte ich mich, wie diesem Pfarrer beim Jüngsten Gericht zumute sein werde, wenn er zusammen mit dem Pferd vor Gottes Gesicht werde erscheinen müssen. Trotz dieser Parteinahmen spürte ich die Subjektblindheit der Naturwissenschaft. In dieses Dunkel versprach die Quantentheorie etwas Licht zu bringen, die uns, wie *Bohr* gesagt hat, so nachdrücklich an die alte Einsicht erinnert, daß wir zugleich Mitspieler und Zuschauer im Schauspiel des Daseins sind.

Die ersten 25 Jahre meiner Beschäftigung mit Physik gaben mir ein deutlicheres naturwissenschaftliches Modell der Art, wie wir Mitspieler sind, unter dem Titel der Geschichte der Natur. Meine Arbeit über die Entstehung des Planetensystems konfrontierte mich mit der veralteten theologischen Debatte, in der manche (selbst der große *Newton*) den Schöpfungsglauben aus den Lücken der Naturwissenschaft hatten rechtfertigen wollen. In den Dahlemer Jahren, 1936–42, hatte ich zugleich das Glück, von den besten deutschen Biologen und Biochemikern in die Probleme der Abstammungslehre und der werdenden Molekularbiologie eingeführt zu werden. Ich sah die genaue Analogie der Motive, die hinter der alten Ablehnung mechanischer Theorien der Planetenentstehung und hinter der neueren Ablehnung der Abstammungslehre und vor allem der Darwinschen kausalen Deutung der Abstammung durch die Selektionslehre stehen. Ich überzeugte mich rasch, daß solche Rückzugsgefechte stets verlorengehen, und fühlte mich mit dem jungen *Kant* der Vorrede zu der „Allgemeinen Naturgeschichte und Theorie des Himmels" einig, daß sie einer ungläubigen Theologie entspringen. Alles, was in der Geschichte geschieht, geht irgendwie zu, und die kausalen Theorien sind nichts als Modellentwürfe dafür, wie es wirklich zugegangen sein könnte. Ich meinte, wer Gott, der Seele, dem Leben nicht in den positiven Erkenntnissen der exakten Wissenschaften begegnen könne, der werde sich vergebens mühen, ihnen in den Lücken dieser Wissenschaften einen Raum auszusparen.

Die gedankliche Aufgabe lag aber nicht in diesen popularphilosophischen Debatten, sondern darin, zu begreifen, wie der „Zufall" Ordnung und Gestaltenfülle erzeugen kann. Hier half mir meine Analyse des zweiten Hauptsatzes der Thermodynamik. Zufall nennen wir Vorgänge, die den Gesetzen der Wahrscheinlichkeitsrechnung genügen. Diese Gesetze definieren Möglichkeiten, und gerade weil es Möglichkeiten sind, bleibt undeterminiert, welche von ihnen eintritt. Ich konnte plausibel machen, daß dieselbe Struktur der Zeit das Entropiewachstum und die wachsende Differenzierung der Gestalten zur Folge hat. Anschließend an eine spätere Formulierung von *Picht* kann ich sagen: Das Vergangene vergeht nicht, somit wächst die Menge der Fakten; die Gegenwart der Zukunft ist ihre in Fakten fundierte Möglichkeit; somit wächst die Menge der Möglichkeiten.

Der Darwinismus, gedanklich den frühkapitalistischen Theorien von *Smith* und *Malthus* verpflichtet, ist vielfach wegen der grausamen Art seines Fortschrittsoptimismus abgelehnt worden. Wir, die wir überleben, sind freilich die Erben von Siegern im Kampf ums Dasein. Das Erlebnis des Kriegs half mir, die Kehrseite zu sehen. Wesen, die dem Kampf ums Dasein entstammen, sind zum Tod und, wenn sie subjektive Empfindung der uns bekannten Art haben, zum Leiden verurteilt. Diese große Realität hat vielleicht nie jemand deutlicher gesehen als der *Buddha*. Erst wenn dies erfahren ist, kann man zu begreifen beginnen, wovon die großen Religionen sprechen. Nicht naiver Harmonieglaube, sondern die äußerste Erfahrung von Leiden, Schuld, Sinnlosigkeit ist ihr Ausgangspunkt.

Der Weg der Naturwissenschaft ist mit diesem Stück Geschichte der Natur nicht zu Ende gegangen, und der Übertritt zur religiösen Erfahrung ist auch hier noch ein Sprung. Nach dem Krieg kam die kybernetische Denkweise auf. In Göttingen behandelten wir im Seminar kybernetische Modelle des Lebens und des Denkens. Sie berührten sich mit den empirischen Ergebnissen der Verhaltensforschung. *Konrad Lorenz* und *Erich v. Holst* gaben uns einen reichen Schatz an Belehrung. Die Fragestellung war offensichtlich legitim, aber sie stieß an zwei Grenzen. Die kybernetischen Modelle beschrieben das Leben mit der objektivistischen Denkweise der klassischen Physik; die schon geschehene Einführung des Subjekts in der Quantentheorie stand beziehungslos neben ihnen. Und, was noch schwerer wog, eigentlich hatte niemand eine klare Vorstellung von den zu erklärenden Denkfunktionen, wenn diese über das Niveau relativ einfacher Gestaltwahrnehmung und Handlungsfähigkeit hinausgingen. Was ist denn die operative Struktur von Sprache, Begriff, Reflexion? *Chomsky* und *Piaget*, ein Jahrzehnt später berühmt geworden, glauben der klassischen Logik wahrscheinlich mehr als sie verdient. Wir können unsere Rolle als Mitspieler nicht weiter analysieren, solange wir die Rolle als Zuschauer nicht zum Thema gemacht haben.

Das führt zurück in den Kern der philosophischen Physik. Dieser wird meiner Überzeugung nach nur verständlich, wenn man zwei Probleme, die dem herrschenden Methodenbewußtsein streng getrennt erscheinen, als zusammengehörig, ja als letztlich identisch begreift: die inhaltliche Interpretation der Physik, also vor allem der Quantentheorie, und die Frage nach dem Wesen der empirischen exakten Wissenschaft. Jede der beiden Fragen führt, für sich allein genommen, in Aporien, die m. E. eben die Folge der Trennung sind. In dieser Getrenntheit seien sie hier zuerst skizziert.

Konfrontieren wir die Kybernetik mit der Quantentheorie! Darwinismus, Verhaltensforschung und Kybernetik behandeln das Subjekt als ein in Raum und Zeit erscheinendes Ding. Sie geben ein physikalisches Modell des empirischen Subjekts. Wem dieses Ding erscheint, ja daß Sein in Raum und Zeit eine Weise des Erscheinens ist, wird überhaupt nicht zum Thema. Die Quantentheorie nun zerstört die hier vorausgesetzte Ontologie. Am deutlichsten wird dies in der Komposition von Objekten, die sich in dem „Paradoxon" von *Einstein, Rosen* und *Podolsky* manifestiert: wenn ein Gesamtobjekt in Teilobjekte zerlegbar ist, so bedeutet das keineswegs, daß die Teilobjekte existieren, auch solange das Gesamtobjekt nicht faktisch in sie zerlegt ist. Nun muß jedes Objekt strenggenommen als Teil größerer Objekte verstanden werden. Objekte bezeichnen Faktizität, Fakten aber sind Fakten nur kraft der in ihnen angelegten Möglichkeiten. Das einzige irreduktible Gesamtobjekt könnte allenfalls das Weltall sein, aber eben dieses ist kein Objekt, denn für wen wäre es Objekt? Indem ich so spreche, bediene ich mich in stenographischer Abkürzung meiner eigenen, bisher nur unvollständig veröffentlichten Begriffsanalysen; sonst müßte ich hier ein Buch über die Sache statt eines Aufsatzes über ihre Spiegelung in meinem Bewußtsein schreiben. Die Quantentheorie also führt Objekte als Objekte für Subjekte ein. Aber sie beschreibt die Subjekte nicht. Um dieser Pflicht überhoben zu sein, ersetzt sie sie nach Möglichkeit durch Meßapparate. Jedoch eben daß diese Apparate nicht bloß Objekte, sondern zum Messen geeignete

Objekte sind, hält ihren Subjektbezug fest (deshalb müssen sie nach *Bohr* „klassisch" beschrieben werden). Die Kybernetik kennt, kantisch gesagt, nur das empirische Subjekt, und zwar nicht als Ich, sondern als existierendes Ding, die Quantentheorie aber kennt nur das transzendentale Subjekt, und zwar ohne Reflexion auf die Einheit der Apperzeption.

Philosophen der auf *Kant* und den Idealismus zurückgehenden Tradition, die in Deutschland herrschend gewesen ist, haben diese Einschränkungen der Weise, in der die Naturwissenschaft bisher das Subjekt aufzufassen vermochte, meist zur Zurückweisung der Kompetenz der Naturwissenschaft für diese Fragen verwendet. Ich habe diese Reaktion der Schulphilosophie schon als Student, lange ehe ich den Begriffsapparat handhaben gelernt hatte, als einen epigonalen Holzweg und als ein Mißverstehen der Kantschen Fragestellung empfunden. Um dies aussagen zu können, mußte ich Philosophie lernen – und nicht nur dazu, sondern weil Philosophie das war, worum es mir ging.

Wie weiter oben geschildert, begann ich mit dem Positivismus. *Machs* Gedanken, die Subjekt-Objekt-Spaltung von vornherein nicht einzuführen, sondern von Elementen zu reden, terminologisch als „Empfindungen" bezeichnet, deren gesetzmäßige Zusammenhänge nur denkökonomisch als Dinge und Ich bezeichnet werden, empfand ich als genial; aber die Durchführung war weder ihm noch einem anderen gelungen. Was sind Gesetze? Sie regulieren Möglichkeiten. Was heißt Möglichkeit? Woher kennt man die Gesetze? Aus Erfahrung? Wie kann Erfahrung Gesetze begründen? Und zwar Gesetze, die, einmal gefunden, in kristallener Einfachheit auf einer halben Druckseite formuliert werden können und sich milliardenfach in der Zukunft bewähren. Wie *Kant* könnte ich sagen, es sei die Erinnerung des *David Hume* gewesen, die mich aus dem dogmatischen Schlummer erweckt hat: wie kann man aus Fakten der Vergangenheit jemals logisch auf Notwendigkeiten der Zukunft schließen? Irgendwann entdeckte ich, daß *Humes* erkenntnistheoretisches Problem von genau derjenigen Struktur der Zeit Gebrauch machte, die ich als inhaltliche Basis der Thermodynamik und auch der Quantentheorie erkannte. Hier wurde mir klar, daß Erkenntnistheorie und inhaltliche Physik nur gemeinsam verstanden werden können.

Man wird mir vielleicht verzeihen, daß ich angesichts dieser Fragen die empiristische Wissenschaftstheorie, die sich zu meinen Lebzeiten entwickelte, nur peripher zur Kenntnis genommen habe. Sie war mir solange nicht interessant, als sie nicht erkannt hatte, daß *Humes* Problem in ihrem Kontext unlösbar bleibt. Auch *Popper* ist nur an den Rand der Probleme gelangt, die *Einstein* und *Bohr* klar vor Augen standen, z. B. daß die Begriffe, in denen wir simple empirische Sätze formulieren, nur im Zusammenhang einer Theorie überhaupt einen klaren Sinn haben. Den wichtigsten Durchbruch hat m. E. *Th. S. Kuhn* geleistet, mit dem ich mich bei dem einzigen Gespräch, das ich mit ihm hatte, sowohl über *Galilei* wie über *Einstein* und *Bohr* spontan verstand. Ich möchte seine Wendung zur Wissenschaftsgeschichte so interpretieren: Wenn empiristische Wissenschaftstheorie selbst Wissenschaft ist, muß sie ihren Begriff von empirischer Wissenschaft empirisch, d. h. historisch-deskriptiv gewinnen. In der historischen Deskription aber hat nicht *Kuhn* mit seinem an sich höchst lehrreichen Begriff der Paradigmen den harten Kern der „wissenschaftlichen Revolutionen" bezeichnet, sondern, schon ein Jahrzehnt vor *Kuhn, Heisenberg* mit dem Begriff der abgeschlossenen Theorien. Gemeinsam ist beiden die Erkenntnis, daß es in der geschichtlichen Entwicklung eine Folge von Plateaus gibt, auf denen sich dann „normale Wissenschaft" entwickeln kann, bis zur nächsten Krise. Mit vollem Recht vergleicht *Kuhn* diese Plateaus den Spezies in der Darwinschen Evolutionstheorie. Hier zeigt sich wieder die Strukturidentität einer wissenschaftstheoretischen mit einer inhaltlich-wissenschaftlichen Erkenntnis. Spezies sind Plateaus, weil sie einer ökologischen Nische angepaßt sind. Die ökologische Nische einer abgeschlossenen Theorie ist das, was man in direkter Sprechweise ihre Wahrheit nennt. Und so heißt denn die Kernfrage nach wie vor: Was ist Wahrheit?

Hier muß ich nun den klassischen Philosophen meinen Dank abstatten. Es war ein unvergleichliches Glück, daß ich zwölf Jahre lang in Hamburg die bürgerliche Verpflichtung hatte, über sie zu unterrichten; ich danke auch allen meinen Studenten und Hörern aus der Stadt dafür, daß sie hören wollten, was ich zu sagen hatte. Obwohl ich fleißig auch *Aristoteles, Descartes, Hegel, Heidegger* und die modernen Logiker studiert habe, hat ein Jahrzehnt nur ausgereicht, um zwei Philosophien einigermaßen gründlich durchzuarbeiten: zuerst *Kant,* dann *Platon.* Beide hatte ich schon als Schüler gelesen. Aber das ist ja die Erfahrung, wenn wir Philosophen lesen: jedesmal, wenn wir denselben Text nach fünf Jahren, oder, bei intensivem Studium, nach einem Jahr wiederlesen, enthüllt sich eine neue Zwiebelschale mit der Einsicht: „Ach, davon war hier eigentlich die Rede!" Das muß so sein, wenn das Wahre das Ganze ist. Den ersten Satz der Kritik der reinen Vernunft oder ein ironisches Adjektiv in einer Frage des Sokrates kann nur der verstehen, der die ganze Philosophie *Kants* bis zur Religionsschrift durchmeditiert hat, der bis zur Schau des Einen aufgestiegen ist. Kann ein vernünftiger Mensch, wenn er sich besinnt, etwas anderes erwarten? Ich weiß, wie weit ich noch hinter gründlicher Kenntnis und adäquatem Verständnis *Kants* und *Platons* zurückbleibe, aber ich denke mir, wenn ich ihnen auf den Wiesen des Hades begegnete, würden sie mich eines Gespräches würdigen.

Das viersemestrige Seminar über die Kritik der reinen Vernunft, 1960–62, war wohl der Gipfel gemeinsamen Philosophierens, gerade weil ich selbst alles erst zu lernen hatte. Mein unvergeßlicher Schüler *Peter Plaass* belehrte mich danach über die Härte des systematischen Anspruchs der Kantschen Theorie der Naturwissenschaft. Ich kann hier nicht *Kant* auslegen, sondern will alsbald die Härte des Anspruchs anknüpfen, den ich für die Möglichkeit von Naturwissenschaft im heutigen Kontext zu erheben gedrängt wurde. Es gibt (in der Zwiebelschale, in der es exakte Wissenschaft überhaupt gibt) nur *eine* Lösung des Humeschen Problems, nämlich die Kantsche. Geltung der Naturgesetze heißt Notwendigkeit, sonst gelten sie nicht für die Zukunft. Eine unkonditionale Notwendigkeit der Naturgesetze kann man überhaupt nicht beweisen, weder durch spezielle Erfahrung noch durch Metaphysik. Aber ihre konditionale Notwendigkeit läßt sich einsehen, nämlich daß sie gelten müssen, wenn überhaupt Erfahrung möglich sein soll. Erfahrung nun definierte ich im Hinblick auf die Zeitstruktur: aus Fakten Möglichkeiten, aus der Vergangenheit für die Zukunft lernen.

Kant ist am Problem der besonderen Naturgesetze gescheitert. In einer einheitlichen Physik aber, wie sie sich heute anbahnt, gibt es keine besonderen Gesetze. Die Quantentheorie als allgemeine Theorie indeterministischer Wahrscheinlichkeitsprognosen für entscheidbare Alternativen ist eine vermutlich noch vorläufige Fassung der einzigen Gesetze, die überhaupt gelten. Alle besonderen Gesetze müssen Anwendungen dieser Gesetze auf Spezialfälle sein, deren Möglichkeit selbst aus der allgemeinen Theorie folgt. In diesem Sinn ist der Raum selbst die durch die Quantentheorie der Alternative festgelegte Form der Gleichzeitigkeit.

Dieser Entwurf muß in solcher Schärfe formuliert werden, weil er nur so deutlich macht, daß das Grundproblem des Empirismus, die Rechtfertigung besonderer Gesetze durch besondere Erfahrung, überhaupt nicht besteht. Hier muß man die Fragen quid facti und quid juris unterscheiden. Faktisch findet man besondere Gesetze selbstverständlich durch besondere Erfahrung. *Humes* Problem war nur die strenge Rechtfertigung so gefundener Gesetze. Diese Rechtfertigung nun kann nur konditional, aber allgemein, in einer inhaltlichen Physik geschehen, die sich nur durch die Erwartung der Möglichkeit von Erfahrung überhaupt rechtfertigt. In diesem Sinne sind Wissenschaftstheorie und fundamentale Physik identisch.

Die so entworfene einheitliche Physik, das letzte Ziel, auf das ich bewußten Ehrgeiz konzentriere, wäre geschichtlich wieder ein Plateau. Was jenseits dieses Plateaus folgen mag, läßt sich heute nur ahnen. (Ein zentraler Satz einer geschichtlichen Philosophie muß heißen: Wir philosophieren *jetzt*). Der Begriff der Erfahrung ist, wie *Kant* gesehen hat, durch Gesetze und die nur in ihnen sinnvollen Begriffe erst definiert. In dieser Theorie wird er auf prüfbare Prognosen für entwerfbare Alternativen, also formulierbare Möglichkeiten zusammengezogen. Solche Möglichkeiten bestehen für Subjekte. Wie sind nun die Subjekte selbst zu denken? Hier können wir zunächst die Wissenschaften befragen.

Die Theorie umfaßt der Intention nach zugleich mit der Physik die operative Logik und Mathematik. Seit *Godel* weiß man, daß – etwas allgemein ausgedrückt – erkennbare Möglichkeiten niemals vollständig formalisiert werden können. Also ist, in bestimmtem Sinne, eine vollständige Theorie der Möglichkeiten zu keiner Zeit möglich; die Menge der Möglichkeiten wächst. Was aber ist der operative Sinn von „Erkennen" und „erkennbar"? Hier müßte eine Kybernetik der Reflexion entworfen werden. Sie wäre eine objektivierende Theorie des empirischen Subjekts, unter mitdenkender Einbeziehung der immanenten Grenzen der Objektivierung, eine reflektierende Theorie der Reflexion. Ich meine diese möglichen Theorien präzise vor mir zu sehen, aber die Verwirklichung übersteigt meine Kraft, und die Weitergabe der Aufgabe übersteigt bisher mein Vermögen, andere zu überzeugen.

Was aber ist das empirische Subjekt? Wer sagt hier ich?

Das von *Descartes* erzeugte Problem der Zweiheit der Substanzen verflüchtigt sich in diesem Entwurf. Wenn sich aus Molekülen Menschen entwickeln, sind Moleküle virtualiter cogitantia, der Möglichkeit nach bewußt. Aber die Vermittlung vom abstrakt Möglichen, das erst im Rückblick erkannt wird, zum aktual Möglichen, braucht im realen Vollzug Milliarden Jahre. Wer weiß, daß wir schon unsere Eltern und Lehrer nicht verstehen, den sollte die Uneinfühlbarkeit in so ferne Vorfahren nicht verwundern; *Freuds* Begriffe des Unbewußten, des Es, mögen dem heutigen Intellektuellen die Einfühlung in solche Zusammenhänge erleichtern. „Materie" heißt, was den Gesetzen der Physik genügt. Wenn diese Gesetze lediglich formulieren, was eindeutig erfahrbar ist, so steht nichts im Wege, das, was zugleich Erfahrung machen und erfahren werden kann, als bewußt Erfahrendes Ich, als Erfahrenes Materie zu nennen. Einer wissenschaftlichen Theorie stellt sich dann das Zentralproblem einer strukturellen Abhebung des Ichbewußtseins von anderen Arten der Quasi-Subjektivität. Hierzu gehören Fakten und Möglichkeiten in einem Zusammenhang und die Reflexion, die sie als Fakten, als Möglichkeiten, als Zusammenhang auffaßt (das „ich denke" muß alle meine Vorstellungen begleiten können). Dies ist der transzendentale Entwurf des endlichen Subjekts. Wer ihn denkt, denkt eine Einheit, die mehr ist als die Einheit des endlichen Subjekts. Sie ist auch mehr als die Gesellschaft und die menschliche Geschichte. Sie erscheint hier als die Einheit der Zeit. Wie sich in ihr endliche Subjektivität formt, wird zum diskutierbaren Problem, und so wenig es letzte Objekte gibt, wird man hier erwarten dürfen, daß die Beschreibung eines endlichen Subjekts ein letztes Wort ist. Auf diesem Wege habe ich, nicht immer auf derselben Seite des Bachs, aber unterwegs zur selben Quelle, nur *Georg Picht* zum Begleiter gehabt.

Warum dieser Monismus? Ich meine hier mit den Denkmitteln eines älteren Mannes das zu sagen, was ich als Kind geglaubt habe. Ich sehe aber auch keine andere spekulative Möglichkeit. Pluralismus ist niemals wahr, er ist höchstens aufrichtig, als Resignation gegenüber der Aufgabe, die stillschweigend vorausgesetzten Zusammenhänge zu denken. Zwei oder mehr letzte Prinzipien aber sind nicht letzte Prinzipien, denn ihr gemeinsames Prinzip ist, „letzte Prinzipien" zu sein. Ein einziges Prinzip hingegen scheint die Grunderfahrung unseres Daseins zu verleugnen, unser Geworfensein in die Endlichkeit; Leiden, Schuld, Sinnlosigkeit. Philosophie darf auch bei solchen Paradoxen nicht stehenbleiben. Sie muß fragen, wie es zu Fragen kommen kann, die zu solchen Antworten führen. Eines ist schon auf dieser

Stufe zu sehen: Zeit ist ein unendliches Prinzip der Endlichkeit. Sie ist jeweils andere Gegenwart, bestehend in diesen Fakten und keinen anderen, diesen Möglichkeiten und keinen anderen, und Möglichkeit heißt, daß dies oder jenes zur Wahl steht und nicht beides zugleich.

Mit der Frage nach der Einheit haben wir platonischen Boden betreten. *Platon* ist – wenn es nicht zu anmaßend ist, so etwas zu sagen – der einzige Philosoph, bei dem ich mich in der Heimat gefühlt habe. Dieselbe Heimat habe ich seit der Schulzeit bei *Goethe* empfunden, zumal in seiner späteren Lyrik. Aber *Platon* denkt, was *Goethe* sagt und verschweigt, und er überblickt mehr als *Goethe*. Politik und Ethik, Kunst und Leidenschaft, mathematische Naturwissenschaft, Logik, Ontologie und Mystik dürfen sich auf ihn berufen. Ich habe mir seine Philosophie, dem Höhlengleichnis folgend, in einem Schema von Aufstieg und Abstieg zu vergegenwärtigen gesucht. Der Aufstieg ist die Hinleitung. Er ist das, was man allgemein von *Platon* weiß, die Unterscheidung der Idee vom Sinnending. Als ich über *Platon* zu dozieren begann, suchte ich zunächst den Aufstieg dem modernen Bewußtsein von neuem zu ermöglichen, so in dem Gedanken, daß die Graugans des Zoologen, präzisiert durch ihre Angepaßtheit an ihre ökologische Nische, eben die Idee der Graugans ist. Es folgt, daß Ideen das einzige sind, was man erkennen kann. Ich wandelte die Adäquationstheorie der Wahrheit pragmatisch ab, indem ich adäquatio als Angepaßtheit übersetzte, nämlich des Handelns an die Umstände. So konnte ich Verhaltensforschung und Kuhnsche Wissenschaftstheorie zusammendenken, und die Struktur der Wirklichkeit, die die ökologische Nische des Begriffs ist, erwies sich als die Idee. Der Aufstieg zu den höheren Ideen läßt das sehen, was die Pragmatik ermöglicht und führt zu den Merkmalen der Idee als Idee: Sein und Wahrheit, die dem Einen entspringen, das das Gute ist. Die eigentliche Philosophie ist der Abstieg, der zurückführt bis zu den Schatten an der Wand, *Machs* Empfindungen, die nun verstanden werden durch das, dessen Schatten sie sind. Auch die Sinnendinge sind Ideen. Dies ist ein modernistisches Spiegelbild *Platons*, und ich könnte wohl, wenn ich noch einmal sechs Jahre darauf zu wenden hätte, ein zeitgetreues und viel großartigeres Bild seiner Philosophie ausführen. Das zu tun ist aber vermutlich nicht das Los, das ich mit dieser Inkarnation gezogen habe.

Das Eine ist, wie der *Parmenides-Dialog* lehrt, nicht widerspruchsfrei sagbar. Das Eine duldet kein Sein und kein Sagen als Zweites neben sich, und das seiende Eine ist als solches Zweiheit und damit alsbald unendlichfältig; das ist eben der Abstieg. Es ist das Wunderbare an dieser Philosophie, daß sie die Grenze der Rationalität nicht um einen Schritt zu früh zieht, sondern sie aus einer rationalen Analyse der Bedingungen der Möglichkeit von Rationalität entwickelt. Das Eine ist zugleich das Gute. Das Gute ist das Prinzip der Bewegung. Jede Idee ist gut; sie ist das Maß, an dem alle Dinge, die an ihr teilhaben, gemessen werden. So ist die Idee das Prinzip des Sollens, des Verlangens der erleuchteten Liebe, und eben damit der Bewegung. Sollen und Sein sind in dieser Philosophie nicht Gegensätze. Das Schlechte ist Mangel an Sein. Sind auch diese Gedanken für uns vollziehbar, oder sind sie ein Schmuckstück an der Wand?

Bislang habe ich die Frage ausgespart, wie ich mich zur christlichen Kirche verhielt. Als Sechzehnjähriger war ich innerlich nicht mehr an sie gebunden, aber ich kam früh zu der Meinung, es diene zu nichts, den Ort zu verlassen, an den gestellt man sich vorgefunden hat; ich bin stets, und nicht unwillig, Mitglied der lutherischen Kirche geblieben. Aber soviel mich das Neue Testament anging, so wenig ging mich, so schien mir zu meiner Enttäuschung immer wieder, die Kirche an. An den Stellen, an denen ich suchte, in der Ethik und in der Mystik, forderte sie mich nicht; sie mutete mir weder die Bergpredigt noch das Johannes-Evangelium zu. An der Universität hörte ich bei *Joachim Wach* eine Vorlesung über asiatische Religionen. Ich las die chinesischen Klassiker in *Wilhelms* Übersetzung, zumal die juwelengleichen kurzen Texte *Dschuang Dsis,* und die Reden *Buddhas* in *K. E. Neumanns* Übersetzung, die man so langsam lesen muß, daß der Atem dieser Lehre folgt, „deren Anfang begütigt, deren Mitte begütigt, deren Ende begütigt". Ich habe mich seitdem, bei wacher Bewußtheit der tiefen kulturellen Differenzen, im spirituellen Asien selbstverständlicher zu Hause gefühlt als in Europa. Ich wußte: dort gibt es Menschen, die sehen und sind.

Der entscheidende religiöse Einfluß eines lebenden Menschen kam lange Zeit von *Alastair,* einem hochbegabten Künstler, einem Liebenden und Mystiker, erbarmungslosen Seelenprüfer, und einem Menschen, der stets hilfsbedürftig war. Heute, sechzig Jahre nach seinem kurzen Glanz, erscheinen seine Zeichnungen wieder auf dem Kunstmarkt; wie er Klavier gespielt, gesungen, getanzt hat, ist der Nachwelt verloren; die zahllosen Übersetzungen, mit denen er sich jahrzehntelang unter Blumen und Seide in Pensionszimmern über Wasser zu halten suchte, sind verstreut wie seine Verse. Ich habe die Aufgabe, die diese Beziehung zu dem um zwei Jahrzehnte Älteren mir stellte, nicht gemeistert und habe in ihr schmerzlich gelernt, was ich kaum anders hätte lernen können. Wie viele, die ihm nahekamen, konnte ich das zu Lernende in seiner Gegenwart weder in Gedanken noch in Taten umsetzen, und so zitiere ich hier Einflüsse, die von geringerer Bedeutung, aber umsetzbarer waren als der seine.

1938 war ich einmal Gast einer Freizeit der evangelischen Michaelsbruderschaft in Marburg. Ich sah, daß ich dieser Gemeinschaft nicht angehören konnte, aber ich verdanke der Woche das Mitleben in einem liturgisch geordneten Tageslauf. Liturgie und Regelmäßigkeit teilen den tiefen, vom willentlichen Verstand nicht erreichten Schichten etwas mit, was jedenfalls für mich ist wie lebensnotwendige Nahrung. Auf permanente liturgische Gemeinschaft habe ich bisher verzichtet, da ich sie nie mit der mir notwendigen Modernität des Bewußtseins verbunden gefunden habe, aber ich übernahm die Gewohnheit einer allmorgendlichen Meditation. Eine Meditationsschule habe ich nicht durchgemacht, weil mir nie ein Lehrer begegnet ist, der meinem Intellekt – und vielleicht meinem Unabhängigkeitsdrang – genuggetan hätte. Das ist regelwidrig, gefährlich und niemandem zur Nachahmung vorgeschlagen. Ich habe nicht versucht, meditativ ins Extrem zu gehen, sondern habe kommen lassen, was sich meldete. Ohne diese stete Rückkehr zur Stille aber könnte ich nicht leben. Die Meinung mancher Menschen, Meditation sei Selbstbespiegelung und stehe im Gegensatz zum Einsatz für den Mitmenschen, ist ein kaum begreiflicher Irrtum. Freilich gibt es, sehr selten, auch eine kontemplative Lebensweise, die dem Mitmenschen ohne Handeln, selbst ohne sichtbaren Kontakt, mehr Gutes tut als durch Aktivitäten; die Entstellungen dieser seltenen Gabe und die vielen Gefahren der Öffnung unbewußter Quellen mögen jenen Irrtum hervorgebracht haben.

Erst nach dem Krieg normalisierte sich mein Verhältnis zur Kirche, als ich den Alltag würdigen lernte. Den entscheidenden Schritt verdanke ich amerikanischen Christen, die alsbald zur Hilfe in unserem Land waren. Die wissenschaftlichen Kollegen, die alten Freunde (mit Ausnahme *Tellers*) forschten zunächst, ob unser Verhalten unter den Nazis uns neuer Partnerschaft würdig machte; und wer durfte ihnen das verübeln? Die Christen aber wußten: „wir sind allzumal Sünder" und waren da, ohne zu forschen. Liebe erzeugt Liebe, gerade weil sie unverdient ist. Die Beziehung zur Theologie aber verdanke ich fast ausschließlich einem Manne, der kein akademisch ausgebildeter Theologe war: dem Mathematiker *Günther Howe,* den ich 1938 in Marburg kennengelernt hatte. Er sprach mich auf Beziehungen zwischen *Bohrs* und *Barths* Denken an und organisierte nach dem Krieg ein Jahrzehnt lang Physiker-Theologen-Gespräche. Hier lernte ich die Sprache des Fachs verstehen. *Howe* erwartete mehr von der Kirche als ich und litt darum mehr an ihr; an seinem Leiden habe ich gelernt, worum es ging. Nun eröffnete mir die Wissenschaft vom Alten Testament – die glaubwürdigste Form gelehrter theologischer Arbeit, die ich kennengelernt habe – ein Jahrtausend konkretester Geschichte, die uns, zumal in der Bußpredigt der Propheten, noch immer direkt angeht. Sie half mir damit den geschichtlichen Ort des Christentums begreifen. Dies brauchte ich, als ich mit *Howe* in zwei kirchlichen Kommissionen über Ethik und Politik der Atomwaffen saß, erst einer ökumenischen, dann einer deutschen. Ich lernte die kirchlichen Urteile und Verhaltensweisen von der Situation ihrer Träger her verstehen. Ich lernte, vernünftigen politischen Gebrauch von dem gegenüber den Verfilzungen und Konflikten der Interessen distanzierten guten Willen der Kirche zu machen. Und es fiel mir nun leichter, die in mir stets lebendigen Zitate aus den Reden *Jesu* so in ein Gespräch einfließen zu lassen, daß sie zur konkreten Situation paßten.

Nun konnte ich auch die Bergpredigt ein Stück weit auslegen, d. h. mit meinem modernen Bewußtsein verbinden. Es gibt wenigstens drei Wirklichkeitsschichten in ihr. Die äußerste ist die universalistische Ethik der goldenen Regel. Diese ist wohl nie präziser durchdacht worden als in der praktischen Philosophie *Kants.* Sie gebietet nicht dieses oder jenes Gebot, sondern die Form der Allgemeinheit der Gebote. Verhalte dich zu deinem Mitmenschen so, wie vernünftige Wesen sich zu ihresgleichen verhalten können. Die Bergpredigt wird überall verstanden, denn sie appelliert an das, was den Menschen zum Menschen macht. Die zweite Schicht ist die Enthüllung der Gesinnung als Ort der ethischen Entscheidung. Nicht daß ich meinen Bruder nicht faktisch ermorde, ist Erfüllung des Gebots, sondern daß ich ihn liebe. Dieses „Ich aber sage euch" enthüllt unsere Wirklichkeit und ihren Gegensatz selbst zu den von uns bewußt akzeptierten Geboten. Aus dieser unerträglichen Spannung sind wir Menschen immer wieder ausgewichen. Die typische Gefahr der Kirche ist der Eifer der guten Werke, auch des guten Werks, daß man den rechten Glauben habe; den Fluchtcharakter dieses Eifers hat *Luther* erkannt. Die Werke decken auch das Ausweichen aus der Wörtlichkeit, aus der Strenge der universalistischen Gebote. Die naturwissenschaftliche Betrachtung des Menschen schließlich neigt dazu, seiner kausal begreiflichen psychischen Wirklichkeit gegen das Gebot recht zu geben. Aber das Gebot ist Bedingung der Existenz menschlicher Gesellschaft; es ist die Wahrheit, deren Leib der Friede ist.

Die Geschichte ist eine Kette verschuldeten Leidens, weil das Gebot nicht befolgt wird. Und die Erfahrung, die in der Kirchensprache Buße heißt, könnte uns ebenso wie die Erfahrung der Psychoanalyse belehren, daß Heilung gerade dann nicht möglich ist, wenn wir unsere psychischen Zwänge als unser Wesen gelten lassen, sondern wenn wir uns von ihnen als Zwängen unterscheiden und die Schuld als unsere eigene anerkennen. Daß Heilung möglich ist – damit kommen wir in die dritte und eigentliche Schicht, die darum mit Grund in der Redaktion als Prolog vorangestellt ist: den Indikativ der Seligpreisungen. Ohne den Imperativ des Verhaltens ist keine Gesellschaft möglich, ohne den Imperativ der Gesinnung keine Reifung der Person. Aber die Welt der Imperative ist gnadenlos, sie treibt den Sensiblen zur Verzweiflung. Der Imperativ ist nur erlaubt, weil es die Wirklichkeit gibt: Selig sind die Friedensmacher, denn sie werden Gottes Söhne heißen, selig sind die nach dem Geist Verlangenden, denn ihrer ist das Reich der Himmel.

Dies lernte ich sagen und ein Stück weit denken. Aber bis zu meinem vierzigsten Jahr war „das moralische Gesetz über mir". Ich wußte, was von mir verlangt war, und tat es nicht. Ich wußte, daß die Menschheit in die Katastrophe treibt und daß ihr nur helfen kann, wer diesen Weg geht. Mit Depressionen quittierte ich, daß ich zur „Stütze der Gesellschaft" wurde. Eine persönliche Krise, in der ich an Menschen schuldig wurde, befreite mich. Mit einem Schlag sah ich den persönlichen Ehrgeiz im Selbstanspruch der Vollkommenheit, im Postulat, der Welt zu helfen. Ich erfuhr, daß es eine innere Stimme gibt, die eindeutig und unmittelbar verständlich lehrt, wenn wir sie unter völligem Verzicht auf Eigenwillen fragen; sie fordert, wo es am meisten wehtut, und sie tröstet, wo wir es nicht erhofft hätten. Ich schränkte mich auf den engsten Kreis der Pflichten ein, opferte den Ehrgeiz der Erkenntnis und der Politik. Und dann kam der erste Durchbruch zur philosophischen Physik und zur politischen Wirkung.

Diesen Bericht über Kirche und Christentum habe ich so nahe an das Ende der Einleitung gerückt, weil er Erfahrungen zur Antwort auf die vorher entwickelten Fragen enthält. Die letzte Frage war gewesen, ob *Platons* Philosophie des Guten uns noch etwas bedeuten kann. Den Indikativ der Seligpreisungen kann man auch so interpretieren, daß Sein und Sollen zusammenfallen und das Schlechte ein Mangel an Sein ist. So hat die kirchliche Tradition den Platonismus aufgenommen und hat damit vermutlich tiefer gesehen als die moderne protestantische Theologie. Aber der Blick auf *Platon* entstammte seinerseits der Frage nach einer Lehre vom Subjekt in der geschichtlichen Natur, die zugleich versteht, daß die Natur, die wir kennen, Natur für Subjekte ist. Die empirische Seite dieser Wissenschaft würde man Anthropologie nennen. Eine Anthropologie nun, die die Erfahrungen nicht kennt, von denen ich soeben zu berichten versucht habe, ist wohl eigentlich gar nicht Wissenschaft. Sie kann nur eine Registratur der oberflächlicheren Bewußtseinsinhalte unseres Zeitalters sein, durch zwangsläufig falsche kausale Theorien verbunden. Darum ist in der Neuzeit die anthropologische Relevanz der Kunst, zumal wenn sie nicht „engagiert", d. h. von gut gemeinten Bewußtseinsinhalten überschwemmt ist, so viel größer als die der Wissenschaft.

Der Bericht über Erfahrungen muß darum noch einen Schritt weitergeführt werden. Vor nun zwanzig Jahren sagte mir ein Besucher in Göttingen, um der hochnotwendigen Verbindung zwischen östlicher Weisheit und westlicher Wissenschaft willen solle ich den Kontakt mit bestimmten indischen Weisen suchen. Ich antwortete spontan, dies sei in mir nicht reif, und kein Willensakt sei hier von Nutzen. Ich sei überzeugt, daß die Inder Wahrheit lehren, und wenn ihre Lehre wahr sei, so sei auch wahr, daß das tiefere Selbst die Bewegung macht, wenn sie an der Zeit ist. Sie würden mir zur rechten Zeit begegnen. In dieser Haltung blieb ich lange. Der in China zum buddhistischen Mönch geweihte Deutsche *Martin Steinke-Tao Chün* brachte mir leibhaft die sprühende Weisheit des *Zen* und wurde mir ein älterer Freund. Der *Königin Friederike* von Griechenland verdanke ich die Begegnung mit Prof. *Mahadevan* aus Madras, der mir die Advaita-Lehre des Vedanta erklärte. Ich sah sofort ihre Nähe, wenn nicht Identität mit *Platons* Lehre vom Einen. Diese Welt der Dinge, der Vielheit, ist nur für die endlichen Subjekte, und diese selbst als Teile der Welt der Vielheit sind nur für einander und für sich selbst; in einer Wahrheit, die allein die meditative Erleuchtung erfährt, ist nur ein Selbst. Das bist du, o Svetaketu – oder wie Herr *Hilmer* in Kopenhagen mich anredete. Am Beginn des Todesjahres 1968 besuchte mich in Hamburg Pandit *Gopi Krishna* aus Kaschmir. Im Blitz einer Sekunde sah ich: hier kann ich hören. Er ist im Yoga und erst recht im westlichen Denken ein Autodidakt, aber eben ein Augenzeuge. Seine Kundalini-Erfahrung betrifft gerade auch den physischen Bereich, und es ist sein Schmerz, daß die westliche Medizin davon noch nicht wirklich Notiz nimmt. Ich vermute, damit unsere Wissenschaft das hier Erfahrene denken kann, ist der Weg über die Physik nötig.

Im Jahre 1969 übernahm ich ein Amt im Deutschen Entwicklungsdienst und benützte die Gelegenheit zu einer mehrwöchigen Inspektionsreise durch Indien. Von Elend und Entwicklungsarbeit wäre viel zu berichten, auch davon, wieviel mehr Fähigkeit zum Glück diese Armen haben als wir Reiche. Eigentlich war ich um der einen Erfahrung willen da. Ich sah *Gopi Krishna* wieder, war vierundzwanzig Stunden im Ashram der vielverehrten Heiligen *Anandamayi Ma* in Vrindaban und einen Tag zwischen zwei Nächten im *Aurobindo* Ashram in Pondicherry. *Mahadevan* brachte mich, mit freundlicher Unterstützung des deutschen Generalkonsuls Dr. *Pfauter*, nach Kanchipuram zum Oberhaupt der zweitgrößten Hindu-Gemeinschaft, der Shaivas (Shiva-Verehrer). Wie wird ein indischer Kirchenfürst aussehen? In einer Vorstadtstraße saß in einer lockeren Bambushütte ein weißhaariges Männlein auf dem Boden und sah uns mit unvergeßlichem Blick ein paar Minuten schweigend an; das war die Audienz. Die völlige kulturelle Fremdheit und die fraglose menschliche Nähe waren mir selten so deutlich wie in diesem Augenblick.

Mahadevans Meister war *Sri Ramana Maharshi* gewesen. Dieser hatte als 16jähriger, Brahmanensohn und Schüler einer amerikanischen Missionsschule, ein Todeserlebnis gehabt. Ihm wurde klar: „Was da stirbt, bin nicht ich." Wenige Monate danach entwich er in die alte Tempelstadt Tiruvannamalai, entledigte sich allen Besitzes und verharrte, nur von erst mitleidigen, dann verehrenden Passanten genährt, jahrelang in völligem Schweigen, allein mit dem einen Selbst, dessen Gegenwart er war. Später kehrte er zur äußeren Ordnung, zum Essen, zum Reden zurück, und um ihn entstand am Fuß eines heiligen Berges ein Ashram. Die in ihm gegenwärtige Seligkeit vermittelte er schweigend, lächelnd, fragend. Diejenigen, die ihn fragten, weil sie in ihm die Gegenwart Gottes sahen, lehrte er fragen: „Wer ist es denn, der fragt: wer bin ich?", um sie dahin zu führen, daß sie sich als dieselbe Gegenwart erkennten. 1950, zwanzig Jahre vor meinem Besuch, war er gestorben. All dies wußte ich, als ich mit *Mahadevan* nach Tiruvannamalai fuhr.

Der Leser möge entschuldigen, daß ich das, was nicht zu schildern ist, nicht eigentlich schildere, und doch davon spreche; denn andernfalls hätte ich diesen Lebensbericht nicht beginnen dürfen. Als ich die Schuhe ausgezogen hatte und im Ashram vor das Grab des *Maharshi* trat, wußte ich im Blitz: „Ja, das ist es." Eigentlich waren schon alle Fragen beantwortet. Wir erhielten im freundlichen Kreis auf grünen großen Blättern ein wohlschmeckendes Mittagessen. Danach saß ich neben dem Grab auf dem Steinboden. Das Wissen war da, und in einer halben Stunde war alles geschehen. Ich nahm die Umwelt noch wahr, den harten Sitz, die surrenden Moskitos, das Licht auf den Steinen. Aber im Flug waren die Schichten, die Zwiebelschalen durchstoßen, die durch Worte nur anzudeuten sind: „Du" – „Ich" – „Ja". Tränen der Seligkeit. Seligkeit ohne Tränen.

Ganz behutsam ließ die Erfahrung mich zur Erde zurück. Ich wußte nun, welche Liebe der Sinn der irdischen Liebe ist. Ich wußte alle Gefahren, alle Schrecken, aber in dieser Erfahrung waren sie keine Schrecken. Sollte ich nun immer hier bleiben? Ich sah mich wie eine Metallkugel, die auf eine blanke Metallfläche fällt und, nach der Berührung eines Augenblicks, zurückspringt, woher sie kam. Ich war jetzt ein völlig anderer geworden: der, der ich immer gewesen war. Ein junger deutscher Angehöriger des Ashram führte mich in einen Raum, in dem drei ältere Inder waren. Wir begrüßten uns mit einem Blick und saßen schweigend eine Stunde beisammen. Mein deutscher Freund kochte mir in seiner Stube eine Tasse Kaffee. *Mahadevan* kam, wir gingen durch den großen Tempelbezirk in der Stadt. Ich schlief im sehr einfachen Gästehaus des Ashram, und mein Freund begleitete mich am Morgen bei einem Gang zu einer Höhle im Berg unter großen Bäumen, wo der *Maharshi* Jahre gewohnt und manchmal die Kriege der Affenkönige oben im Laub geschlichtet hatte. Dann reisten wir weiter. Mit unendlicher Sanftheit verließ mich langsam die Erfahrung in den kommenden Tagen und Wochen. Ihre Substanz ist immer bei mir. Ohne sie hätte ich die Erstickungserlebnisse jener Jahre vielleicht nicht bestanden.

Der Bericht kommt hier an ein Ende. Offensichtlich nicht, weil die

Fragen der Theorie beantwortet wären, wenn auch der Leser wahrnehmen wird, daß ihre Formulierung schon auf die zuletzt geschilderten Erfahrungen zielte. Der Bericht kommt ans Ende, weil er ein Zwischenbericht von einer Wegstation ist. Wohin schnellt die wieder aufsteigende Kugel? Vielleicht darf ich sagen, was ich in der Theorie gerne noch arbeiten würde.

Eine Darstellung meiner Überlegungen zur Physik habe ich versprochen, und ich hoffe, sie mit Mitarbeitern noch zu geben. Dabei hoffe ich, noch bis zur konkreten Elementarteilchenphysik durchzubrechen. Wenn ich mich nicht im ganzen Ansatz täusche, ist dies die Linie, auf welcher Logik, Erkenntnistheorie und Ontologie konvergieren und eben darum die Basis einer Begegnung mit der überlieferten religiösen Metaphysik. Die Meinung, ein Philosoph entwerfe ein philosophisches System, ein anderer ein anderes, stellt ein vergangenes Plateau der Philosophiehistorie dar, vielleicht eher eine schiefe Ebene. Es gibt nur eine Philosophie, diese ist von der konkreten Wissenschaft nicht ablösbar, und viele Leute arbeiten an ihr in der Geschichte. Wie weit der eigene Beitrag reicht, ist schwer vorherzusehen.

Zunächst von ganz anderer Seite kommt die pragmatische Forderung, womöglich zu sagen, welchen Weg die Politik der kommenden Jahre in unserem Land und der Welt einschlagen sollte. Hier ist die Schwierigkeit, daß eine tiefdringende Einsicht gegenüber allen bestehenden Praktiken und Programmen kritisch sein muß. Es ist eine mögliche Rolle, nur diese Kritik zu sagen und vorzuleben, eine schwere Rolle, wenn man sie ernst meint. Ich habe statt dessen versucht, in Kenntnis der Kritik praktikable Politiken vorzuschlagen, und sollte aus dem, was mich das Institut gelehrt hat und noch lehren wird, künftig noch Konkreteres und Umfassenderes sagen als bisher. Ich habe aber starkes Verlangen danach, auch eine eigentlich kritische und darum eigentlich aufbauende Theorie noch wenigstens zu umreißen.

Diese kritische Theorie braucht als Fundament den Entwurf einer geschichtlichen Anthropologie. Damit nähert sie sich von der pragmatischen Seite her demselben Feld, zu dem die theoretische Arbeit strebt. Ich werde nicht mehr leisten können, als dieses Feld zu bezeichnen, und denen die es, ohne Scheuklappen gegen naturwissenschaftliche Biologie, linke Gesellschaftstheorie und religiöse Erfahrung beackern wollen, dazu Mut zu machen. Einige *Kant*-Interpretationen können hier einfließen, und es wäre schön, noch eine *Platon*-Vorlesung zu halten.

All dies ist in der Konsequenz der Theorie, und es sollte getan werden. Wir verstecken uns, wenn wir das Denkbare nicht denken. Aber wir werden alle noch durch andere Tore gehen. Vermutlich ist auch die Theorie nur eines der großen geschichtlichen Plateaus. Man kann nicht denken, was man nicht tut. Das äußere Tun steht unter der Ungewißheit der politischen Zukunft. Das innere ist Empfänglichwerden für neue Wahrnehmung. Tun ist hier Geschehenlassen.

II.

Religiöse Erfahrung und Naturwissenschaft

1. Gespräch über Meditation *

Reiter: Herr Professor von Weizsäcker, ich würde unser Gespräch gerne mit einer persönlichen Frage einleiten: Wenn Sie von Meditation reden, sind das ja nicht ausschließlich theoretische Reflexionen, sondern Sie sprechen dann von einer Sache, die Sie aufgrund persönlicher Erfahrung kennen. Darf ich Sie fragen, welchen Stellenwert die Meditation, das Meditieren in ihrem Leben hat?

Weizsäcker: Ja, da stellen Sie eine wichtige Frage, auf die ich nicht ganz schulmäßig antworten kann. Es ist zunächst richtig: Mich interessiert Meditation in erster Linie als etwas, das man tut – nicht aus irgendwelchen theoretischen Gründen. Ich habe selber nie regulären Meditationsunterricht genossen, wie man das ja haben kann und wie man es, wenn man sich darum kümmern will, eigentlich auch haben sollte. Im Grunde habe ich als junger Mensch einfach angefangen, etwas zu tun, von dem mir später Leute, die die Meditation schulmäßig kennen, gesagt haben, das sei schon Meditation. Es war zunächst also ganz spontan und eigentlich schon von meiner Kindheit her. Später habe ich erlebt, wie im christlichen Zusammenhang ein liturgisch gestalteter Tageslauf aussehen müßte. Ich habe zwar so etwas nie in einer Gruppe, der ich angehört hätte, permanent mitgemacht, aber ich bin gelegentlich bei Leuten, die so lebten, zu Gast gewesen. Ich kann ja ruhig sagen, wer das war. Es war die evangelische Michaels-Bruderschaft, und ich habe da wirklich ein großes Geschenk mitbekommen, eben die Hilfe, durch eine geregelte Form des Lebens tiefe Schichten im eigenen Wesen anzusprechen oder besser gesagt, diesen

---

* Gespräch mit Udo Reiter (Hrsg.), „Meditation – Wege zum Selbst", München, Mosaik Verlag, 1976. Für eine Rundfunksendung ohne Vorbereitung gesprochen, nach dem Tonband stilistisch leicht redigiert.

tiefen Schichten das Wort zu lassen. Ich habe mir dann angewöhnt, jeden Morgen einfach eine Zeitlang Stille walten zu lassen, still zu sein, dabei kam dann sehr viel – hat sich sehr viel gemeldet. Später bin ich dann auch mit asiatischer Meditation zusammengekommen, und was ich vorher gerade zitiert habe, daß man mir gesagt hätte, was ich da tue, das sei schon Meditation, habe ich aus dem Mund von indischen Meditationslehrern.

Reiter: Damit unsere Leser möglichst schon zu Anfang einen Eindruck von der Sache bekommen, über die Sie jetzt gesprochen haben, will ich die Dramaturgie eines solchen Gespräches einmal außer acht lassen, und gleich zu Beginn die zentrale Frage stellen, die Frage nach dem Wesen der meditativen Erfahrung. Was ist es, das man in der Meditation erlebt? Läßt sich das inhaltlich definieren, läßt es sich mit Metaphern umschreiben?

Weizsäcker: Die erste Antwort, die ich geben müßte, ist, daß eigentlich alles, was man dazu sagt, falsch ist; denn es geht hinaus aus dem Bereich der Begriffe, aus dem Bereich dessen, was man normalerweise mit der Sprache sagt. Wenn man nun trotzdem mit der Sprache darüber redet, dann kommt es ganz darauf an, zu wem man redet; entweder man redet zu einem, der dieselben Erfahrungen hat, dann versteht man sich fast ohne Worte, oder man redet zu einem, der diese Erfahrungen nicht hat, dann wird er alles, was man sagt, wahrscheinlich irgendwie sonderbar finden, oder man wird selber finden, er habe es nicht ganz richtig gedeutet. Das ist eine Schwierigkeit, aber eigentlich eine Schwierigkeit, die sich bei jeder Art von Erfahrung ergibt, nicht nur bei der meditativen, hier aber vielleicht ganz besonders.

Wenn Sie trotzdem eine Antwort wollen, in der Art beispielsweise, wie Psychologen vielleicht sprechen, dann würde ich eben sagen: Es ist ein Stillwerden des bewußten Getriebes und es meldet sich, es zeigt sich etwas, was auch vorher immer da war. Überhaupt, man wird durch die Meditation kein anderer, sondern man wird der, der man immer gewesen ist. Aber dies zeigt sich so, daß das, was wir normalerweise das Bewußtsein nennen, anfängt, etwas davon zu spüren und dadurch dann auch verändert wird.

Nun ist die Meditation ja historisch vorwiegend in der Gestalt der Religion aufgetreten. Man kann daher auch versuchen, die Sache mit

Begriffen religiöser Metaphysik zu fassen. Und was hier erfahren wird, hängt wohl tatsächlich sehr eng mit dem zusammen, was man bei uns in der religiösen Sprache des Westens „Gebet" nennt; aber wenn man sagt, es sei eine Gotteserfahrung, dann ist das so irreführend wie alles andere, was man sagen kann – außer wenn man es erfährt. Wenn man es erfährt, ist es gar nicht mehr irreführend, sondern ist so selbstverständlich, daß man es auch nicht mitzuteilen braucht.

Reiter: Ich will trotz dieser Schwierigkeiten nochmals versuchen, auf das Substantielle in diesem Erlebnis zu sprechen zu kommen. Es ist doch so, daß die meditative Erfahrung in einem Erlebnis kumuliert, das man in unserer Sprache meist als Erleuchtungs-Erlebnis bezeichnet. Sie haben einmal ein solches Erlebnis beschrieben, und ich fand da den folgenden Satz. „Das Wissen war da und in einer halben Stunde war alles geschehen." Ich will jetzt zur Verdeutlichung einmal ganz grob fragen: Welches Wissen war da? Ist es vielleicht doch so – Sie haben die Parallele eben selbst schon gezogen –, daß man – weil es sich ja um ein Ganzheits-Erlebnis handelt – in der Sprache des Christentums sagen würde, daß sich der einzelne plötzlich „in Gott" aufgehoben oder geborgen fühlt? Geht das etwa in diese Richtung?

Weizsäcker: ... Sie merken zunächst, daß ich nicht sofort antworte, und das ist wieder fast der wichtigste Teil der Antwort. Ich könnte sagen: Wenn Christen berichten, daß sie erlebt haben, in Gott geborgen zu sein oder irgend etwas von Gott zu schauen, dann will ich wohl glauben, daß sie eine solche Erfahrung gemacht haben. Aber der Satz, den Sie da zitiert haben, den habe ich aufge*schrieben,* da habe ich mir also gut überlegt, was ich sage, und ich habe genau gewußt, warum ich gesagt habe „das Wissen" und nicht gesagt: welches Wissen. Es handelt sich bei der Stelle, die Sie zitiert haben, um etwas, was ich in Indien erlebt habe, am Grab eines der großen indischen Weisen, des Maharshi, in Tiruvanamallai. Und ich glaube, ich bin viel deutlicher, wenn ich scheinbar undeutlich bleibe und sage: In dem Moment, in dem ich an diesem Ort stand, in einer halben Sekunde wußte ich „Ach so", und dieses „Ach so", das muß man erleben. Spricht man darüber, und ich fange nun ja an, mit vielen Vokabeln darüber zu sprechen – ich bin bereit, alle Vokabeln zu sagen, zu erklären, wie das zusammenhängt mit unserer Philosophie und unserer Physik und unserer Psychologie –, dann wird sich doch herausstellen, daß alle diese

Vokabeln irreführend sind, wahrscheinlich irreführender, als wenn man darüber schlicht schweigt.

Reiter: Kann man aus all dem ableiten, daß es bei der meditativen Erfahrung eigentlich nicht in erster Linie um irgendwelche Inhalte oder gar neue Inhalte über das Wesen der Welt oder des Seins geht, sondern daß diese Inhalte nur eine untergeordnete Rolle spielen; daß vielleicht auch die kulturelle Prädisposition oder das Wissen, das man in die Meditation einbringt, gar nicht so sehr das Entscheidende ist; daß der indische Guru, der japanische Zen-Meister, der christliche Mönch und vielleicht auch der deutsche Physiker sich hier im letzten irgendwo treffen, wo diese Inhalte aufhören, eine Rolle zu spielen?

Weizsäcker: Wenn Sie mich zwingen, auf diese Frage mit „ja" oder „nein" zu antworten, treffen sie sich oder treffen sie sich nicht, und ich darf kein Wort mehr dazufügen, dann sage ich: Ja, sie treffen sich. Wenn ich aber ein Wort hinzufügen darf, dann sage ich: Auch dieses „ja" ist nur dann verständlich, wenn man sich getroffen hat, und ist keinerlei Rechtfertigung für ein relativistisches oder synkretistisches Vergessen der Unterschiede, die dort bestehen, wo es noch Unterschiede gibt.

Es ist zum Beispiel eine kulturhistorische oder religionshistorische Erfahrung, daß es Visionen gibt, daß aber normalerweise der Angehörige einer bestimmten Kultur oder einer bestimmten Religion in seinen Visionen genau denjenigen Gestalten begegnet, die in seinem Kulturkreis die üblichen sind. Jeder skeptische Psychologe wird dann sagen: Nun, das ist ja ganz klar, was ihm da begegnet, das sind die in ihm gespeicherten Kulturinhalte. Und eben daraus würde der skeptische Psychologe folgern, daß das, was ihm begegnet, nicht das ist, wofür er es hält. Es begegnet ihm nicht die Jungfrau Maria, und es begegnet ihm nicht, was immer es für eine indische Figur geben mag, die dem entspricht, sondern es begegnet ihm seine Kultur. Wenn ich nun sage, und das glaube ich, ihm begegnet darin sehr wohl die Wirklichkeit oder er ist dabei sehr wohl „in der Wirklichkeit", dann muß ich mir das als Wissenschaftler so erklären, daß sich für sein Bewußtsein dieses In-der-Wirklichkeit-Sein eben mit den Mitteln ereignet, die seinem Bewußtsein durch seine individuelle Prägung zugänglich sind. So verstanden, soll man die Unterschiede durchaus ernst nehmen.

Reiter: Wenn wir hier im Westen von „Wirklichkeit" oder von „Wahrheit" sprechen, Herr Professor von Weizsäcker, dann meinen wir in der Regel die wissenschaftlich-empirisch nachprüfbare Wahrheit. Läßt sich charakterisieren, worin sich diese westlich-wissenschaftliche Wahrheit von der Wahrheit der Meditation unterscheidet?

Weizsäcker: Also ich habe immer Lust, auf Ihre Fragen zu antworten, daß man so gar nicht fragen kann. Aber das ist nur eine Lust, und ich gebe ihr nicht ganz nach.

Ich würde zunächst sagen: Eine Grunderfahrung der Mystik, eine Grunderfahrung, auf die die Meditation hinsteuert und die schon in niedrigen und einfachen Stufen der Meditation anklingt, ist die Erfahrung der Einheit. Was „eins" ist, kann man letzten Endes nicht mehr fragen; denn dann würde man ein Zweites hinzubringen, nämlich die Erklärung, was es ist. Die Erfahrung der Einheit verbietet letztlich auch zu sagen, wodurch sich das, was die Wissenschaft studiert, von dem, was die Meditation erfährt, unterscheidet; denn dann wäre nicht mehr Einheit-Erfahrung, sondern Vielheit. Wenn ich aber in die Ebene der Vielheit gehe, also in eine Ebene, die unsere Wissenschaft studiert, dann kann ich in wissenschaftlicher Sprache sagen, inwiefern die Wissenschaft diese Einheit – als Wissenschaft – nicht aussprechen kann, obwohl es dieselbe Wirklichkeit ist. Ich würde persönlich sagen, die Wirklichkeit, die der Physiker studiert, die Wirklichkeit, die der Historiker studiert, der Psychologe studiert, vielleicht sogar die Wirklichkeit, die der Mathematiker studiert, ist eben genau die Wirklichkeit und keine andere als die, die in der Meditation letztlich – vielleicht – erfahren werden kann; denn sonst wäre sie nicht die Wirklichkeit.

Aber, um auf den Kern Ihrer Frage zu kommen, man kann sagen, was unsere Wissenschaft leistet und was sie nicht leistet. Die Wissenschaft arbeitet begrifflich, und der Begriff beruht auf der Unterscheidung und der überwölbenden Zusammenfassung. Wenn ich sage: „Dieses Tier ist eine Katze", dann habe ich es unterschieden von Hunden, von Vögeln und allem; aber ich habe es zusammengefaßt mit allen Katzen. Diese Methode, mit dem Begriff die Wirklichkeit zu zerschneiden und das Zerschnittene wieder zusammenzufassen, scheint mir hinter dem ganzen wissenschaftlichen Verfahren zu stehen, während die Schulung, die wir heute mit dem lateinischen und deutsch gewordenen Wort „Meditation" bezeichnen, im Grunde eine Schulung zu einem anderen Verhalten ist, einem Verhalten, das nicht mit dem Zerschneiden beginnt, um dann wieder zusammenzusetzen, sondern ich würde am liebsten sagen, das mit dem Geltenlassen des Unzerschnittenen beginnt, also nicht mit einer Leistung der Integration; denn Leistung, das ist schon wieder genau das, was hier nicht vorliegt.

Reiter: Auch wenn Sie meine Art zu fragen eben kritisiert haben, habe ich den Eindruck, daß der Erfolg mir recht gibt, und wenn Sie gestatten, werde ich noch einmal so weiter fragen. Sie sagten: Der Mensch wird in der Meditation eigentlich *der, der er immer war.* Wenn man diese Feststellung positiv meint, dann liegt dem, so scheint es mir wenigstens, die Vorstellung zugrunde, daß es im tiefsten Innersten der menschlichen Psyche so etwas gibt wie ein reines, unverfälschtes Ich, das mit sich selbst in ewiger Identität existiert und das es nur von allem Gewordenen, Zufälligen, Uneigentlichen zu reinigen gilt, damit es dann als Kern der Persönlichkeit ans Licht tritt.

Nun sieht man aber doch seit Sigmund Freud die Sache etwas anders. Man glaubt nicht mehr so recht an diesen unverbrüchlichen Kern der Persönlichkeit, sondern sieht im tiefsten Inneren der menschlichen Psyche eher ein schwer definierbares Chaos von Antrieben und Motivationen, die sich überlagern, verstärken, aufheben – und als Ergebnis dieser Motivationen entsteht dann als sehr zerbrechliches und wandelbares Produkt das, was man die Persönlichkeit oder das Ich des Menschen nennt.

Vor diesem Hintergrund zwei Fragen: Wollen Sie trotzdem diese Fiktion eines Ur-Ichs aufrechterhalten „der, der man immer war". Und die zweite Frage (wenn Sie meine Bedenken in etwa teilen): Ist es denn so gut und so erstrebenswert, alles *das, was man immer war,* ich formuliere es jetzt bewußt so, auch wirklich ans Licht zu heben?

Weizsäcker: Ja, hier will ich gar nicht sagen, daß es falsch gefragt sei. Ich hatte auch vorher nicht gesagt, daß falsch gefragt sei, sondern nur, daß man so nicht fragen kann. Aber man fragt ja doch, und dieses Paradox muß man aushalten, damit kommt man auch durch.

Nun zu Ihrer Frage: Sie ist sehr komplex. Zunächst zu Freud. Da Sie ihn zitiert haben, gebe ich jetzt erst mein persönliches Empfinden über Freud wieder. Ich habe Freud nicht mehr persönlich gekannt;

aber ich habe ihn nicht ganz unfleißig gelesen, und ich habe viel Umgang gehabt mit Leuten, die in seiner Tradition stehen, und habe diesen Umgang auch heute noch. Mein Eindruck ist, daß Freud ein genialer Seher von Phänomenen war, daß er Phänomene gesehen hat, die viele andere Leute nicht gesehen haben.

Gleichzeitig war er ein manchmal ein wenig borniert Anhänger bestimmter wissenschaftlicher Ansichten des 19. Jahrhunderts. Was heute von Freud publik ist, ist leider überwiegend das, was an ihm nicht gut war. Das, was an ihm gut ist, das wäre, daß man so sehen lernt. Das ist aber so schwer zu lernen, daß die Leute, die Freudsche Begriffe gebrauchen, meistens nicht einmal merken, daß sie es nicht können. Deshalb tiefster Respekt vor Freud und doch große Zurückhaltung gegenüber Freud als argumentatives Hilfsmittel.

Jetzt angewandt auf Ihre Fragen: Was diese ganzen Theorien von Ich und Es und Über-Ich betrifft, da folge ich gerne, wenn gesagt wird, daß das, was Freud das Ich nennt, ein Produkt ist und nicht das Ganze. Ich würde geneigt sein, zu sagen: es ist ein Organ. Und wenn ich für das, dessen Organ das Ich ist, einmal das sehr allgemeine Wort „Psyche" nehme, was ja bei den Psychologen nicht völlig unerlaubt ist, dann würde ich also sagen: Das Ich ist ein psychisches Organ, und dieses Organ ist, wie Organe oft, entweder gut oder nicht so gut, aber jedenfalls nicht das Letzte, sondern ableitbar von etwas anderem. Wenn ich nun gesagt habe: Man wird der, der man immer war, dann heißt dies in der Sprache einer Psychologie, die mit dem Ich-Begriff von Freud arbeitet, daß sich in dem Erlebnis, das hinter diesen Worten steht, eigentlich die Total-Relativierung des Ich darstellt. Das Ich erkennt plötzlich, daß es nicht absolut ist, und genau dadurch wird ihm deutlich – und zwar anschaulich deutlich, nicht begrifflich – inwiefern es Organ eines viel Größeren ist, und es erkennt, daß es immer nur dieses Organ war und nichts anderes, und daß es seine Identität, die es mit Zähnen und Klauen gegenüber dem Ansturm des Chaos verteidigt hat, also gegenüber dem, was Freud das Es nennt, überhaupt nicht zu verteidigen braucht, wenn es sich damit bescheidet, Organ zu sein und nicht die Sache selbst. Und dann auf einmal hat es erkannt, daß es das geworden ist, was immer war, aber nunmehr *wissend;* und dann auf einmal ist das Ich ja in gewisser Weise nicht mehr nur das Organ, denn es ist ja auch das Organ, das weiß, daß es Organ ist, und diesen sehr komplexen Sachverhalt drücke ich so aus, daß ich sage: Es wird das, was es immer war. Und das ist ja eine bewußt paradoxe Formulierung, die übrigens anschließt an eine Formulierung, die in der abendländischen Tradition vorkommt. Ich glaube, sie steht bei Nietzsche, aber Nietzsche ist ja auch viel traditioneller, als er sich gibt, und sie heißt: Werde, der du bist.

Reiter: Ich möchte auf einer etwas anderen Ebene nochmals eine Frage an diese Formulierung anschließen. Das, was Sie jetzt eben erläutert haben, bedeutet doch gleichzeitig, wenn man es jetzt etwas psychologisch-mechanisch sieht, daß in der Meditation auch allerlei hochkommen kann, das man nicht unbedingt als hochkommenswert bezeichnen würde?

Weizsäcker: Ja, das hatte ich versäumt zu beantworten, aber ich sagte ja, Ihre Frage ist komplex. Ich würde zunächst sagen: Die bekannte Lehre, daß man meditieren soll unter einem Meister, oder wie das indisch heißt einem „Guru", die übrigens meines Erachtens eine westliche Analogie hat in der strikten Forderung Freuds, nur derjenige dürfe analysieren, der analysiert ist, diese Lehre, diese praktische Forderung hat ihren Sinn darin, daß in der Meditation, wenn man es sehr ernst nimmt, Dinge passieren können, die die Persönlichkeit zerstören, Dinge passieren können, die einen auf einen Weg lenken, von dem man nachher nur sagen kann: Wäre ich nie auf diesen Weg gegangen.

Das kann man nun auch so ausdrücken, daß man sagt, es tauchen aus dem Unbewußten oder wie man das nennen will, aus dem Es-Bereich oder von den Dämonen her, wenn man diese Sprache vorzieht, Inhalte auf und Verhaltensweisen auf, die normalerweise mit Recht unterdrückt sind, die vielleicht von einem wirklich Weisen einmal angesehen sein müssen, so daß er wirklich Weise das alles hat hochkommen lassen müssen; aber einer, der nicht entweder die eigene Wahrheit hat oder den Lehrer, der ihn da vielleicht rettet, ist in Gefahr, daß er die Geister, die er rief, nicht mehr los wird; daß ihn das Aufgetauchte das Ich nicht als das gerettete Organ des größeren Selbst, sondern als das nicht mehr zur Gegenwehr fähige kleine Schifflein auf einer hohen See erfahren läßt. Ich kenne das zum Beispiel von den Indern, von Gopi Krishna etwa, einem Inder, den ich persönlich sehr gut kennengelernt habe, der in seinem ersten Buch unter dem Titel „Kundalini" seine diesbezüglichen Erfahrungen geschildert hat, und wenn man das einem westlichen Psychiater zeigt, dann sagt der: Na ja, das ist Geisteskrankheit. Es ist aber gleichzeitig doch die Kundalini-Erfahrung; denn, wie Gopi Krishna selbst in seinem heutigen Zustand sagt, ist ein guter Teil dessen, was wir „geisteskrank" nennen, natürlich eine mißratene Erfahrung dieser Art.

Reiter: Sie haben hier Gefahren geschildert, die möglicherweise mit der Meditation verbunden sind. Die simple Gleichung „Meditation = das Gute" wird man demnach mit Vorsicht sehen müssen. Ich möchte gerne in diesem Zusammenhang auf ein Phänomen zu sprechen kommen, das ich bei vielen Meditationsanhängern sehr oft gefunden habe, nämlich einen fast grenzenlosen Optimismus; der reicht von den Möglichkeiten der eigenen inneren Entwicklung über eine Senkung der Verbrechensquote in der Gesellschaft bis zu einem Fortschreiten der Evolution, das sich letztlich sogar biologisch manifestieren soll (wenn man etwa an Aurobindo denkt). Sind solche Erwartungen nur die üblichen sektiererischen Heilshoffnungen, wie man sie durch alle Jahrhunderte fand und immer finden wird, oder sehen Sie einen harten Kern darin?

Weizsäcker: Ich würde schon einen harten Kern darin sehen. Aber um von dem zu sprechen, muß ich Ihnen natürlich zunächst zugeben, daß ich sehr vieles, was da in der Gestalt dieses Optimismus auftritt, doch als mehr oder weniger naiv empfinde, vor allem, wenn man einmal von der Weiterentwicklung der Spezies Mensch absieht, und einfach das Individuum ansieht. Ich verstehe sehr gut, daß Menschen, die an die Meditation gelangt sind, die das Heilsame, was es da gibt, erfahren haben, dann davon gewissermaßen überschwemmt sind, und nun auf einmal dieses als etwas Alleinseligmachendes ansehen. Das ist oft von der persönlichen Biographie her verständlich und in einer gewissen Phase vielleicht auch berechtigt. Es kann auch sein, daß ein Mensch mit solchen Erfahrungen dann ständig weiterschreitet, und in dieser von Ihnen jetzt „optimistisch" genannten Art wirklich zu einem Weisen, zu einem Wissenden wird. Ich habe allerdings das Gefühl, daß das doch dann auch voraussetzt, daß er sich in einer kulturellen Umwelt befindet, in der das als das einzige höhere Kulturgut gilt, das er überhaupt kennt; und selbst dann muß man davon ausgehen, daß die wirklichen Erfahrungen, die Menschen machen, die auf diesem Weg sehr weit fortschreiten, ungeheuer komplex und schwierig sind.

Es ist also kein leichter Weg, und ich würde daher meinen, daß das, was ich gerade „Überschwemmung" genannt habe, die Überschwemmung mit diesem Erleben, sich meistens als eine naive Vorstufe erweisen wird. Das gilt für uns in unserer westlichen Kultur ganz gewiß, vermutlich aber im Grunde auch für eine hinreichend breit verstandene indische oder japanische Kultur. In Wirklichkeit muß jemand eben für die Wissenschaft und für die schlichte Vernunft, für den Alltagsverstand sich offen erweisen, wenn er nachweisen will, daß das, was er da erlebt, nicht letztlich eine Regression ist, wenn man es psychologisch ausdrücken will. Ein Reif-Werden zeigt sich eben nicht nur daran, daß man bestimmte Erlebnisse immer häufiger hat, sondern auch darin, daß man umgehen kann mit den Problemen der Mitmenschen und der Welt.

Aber ich würde nach dieser Vorbemerkung, daß da sicher sehr viele Neubekehrten-Träume im Spiel sind, doch sagen: Ich glaube in der Tat, daß auf diesem Weg Erfahrungen zugänglich werden, die in der Vergangenheit im allgemeinen nur wenigen Menschen zugänglich waren. Ein großer Teil der Religion ist wahrscheinlich doch nur die Anerkennung dieser Erfahrungen durch diejenigen, die sie nicht selbst gehabt haben, die aber von ihnen hinreichend beeindruckt waren, um zu sehen, daß das etwas Wirkliches ist. Ich kann mir also denken, daß in unserer Zeit diese Erfahrungen mehr Menschen zugänglich werden als vielleicht in früheren Zeiten und daß damit auch eine Veränderung in der Gesellschaft und vielleicht noch darüber hinaus im ganzen Habitus des Menschen verbunden sein könnte. Ich möchte das aber nicht gern mit dem Verkünden von großen Zukunftsvisionen verbinden. Ich empfinde immer sehr stark: Wir leben jetzt, wir denken jetzt, wir philosophieren jetzt, und die Zukunft ist nicht in unserem Griff, auch wenn sie sich gelegentlich in einem Gleichnis enthüllen kann, das wir aber erst recht verstehen, wenn es sich vollzogen hat.

Lieber würde ich dagegen umgekehrt argumentieren: Wie Sie wissen, habe ich mich sehr viel beschäftigt mit Problemen wie Kriegsverhütung oder ökonomische Entwicklung auch unter dem Gesichtspunkt der Überwindung von Ungleichheiten und Armut oder der Vermeidung der Umweltzerstörung oder was immer das für Probleme sind, die im Alltag nur den Hintergrund für die kurzfristigeren Entscheidungen bilden, obwohl sie auch selbst völlig real und materiell sind. Und ich kann in diesem Zusammenhang nur die Ansicht von den Leuten teilen, die man heute Kritiker unseres Systems nennt, daß nämlich das bestehende System der modernen Welt diese Probleme nicht löst. Das sage ich nicht speziell vom kapitalistischen System; die Systeme, die sich sozialistisch nennen, sind meines Erachtens eine Neuauflage desselben Fehlers.

Und wenn ich nun frage: Warum lösen sie die Probleme nicht? – dann ganz sicher nicht, weil die Probleme unlösbar wären. Man kann sogar mit schlichter Vernunft, eigentlich mit dem Alltagsverstand sagen, was geschehen müßte, damit sie gelöst würden. Es ist also nicht so, daß ein besonders gescheiter Mensch kommen muß, um Manager- und Steuerungsaufgaben zu lösen, die komplex sind; aber daran liegt es nicht, sondern es liegt letzten Endes daran, daß unsere seelische Verfassung so ist, daß jeder von uns an irgendeiner Stelle und viele von uns an vielen Stellen das einzig Heilsame abweisen, weil jeder Angst hat, daß ihm etwas passieren würde, wenn er hier die Konzession machte, die letztlich die einzige ist, die ihn retten würde.

Und diese Struktur der angstvollen Selbstbeschützung des Ich, denn diese Angst ist nichts anderes als eine Selbstbehütung des Ich, kann überwunden werden, wenn das Ich sich erfährt als nicht die letzte und unbedingt zu behütende Wirklichkeit, sondern wie ich es vorhin ausgedrückt habe, als ein Organ. Und ich glaube deshalb, daß da, wo diese Erfahrung wirklich gemacht wird, von der wir vorhin sprachen, eine Aussicht besteht, daß die Menschen sich nicht mehr so angstvoll selbstzerstörerisch verhalten, wie es heute fast überall geschieht. In dem Sinn könnte ich den Leuten mit den großen Hoffnungen zustimmen; aber es muß natürlich erst einmal soweit kommen.

Reiter: Das ist im Grunde die alte Frage nach der Veränderbarkeit des Menschen. Nach 2000 Jahren Christentum wird man diese Aussicht doch mit einer gewissen Skepsis beurteilen müssen, und sie haben das ja indirekt auch getan?

Weizsäcker: Ja, aber da würde ich auch wieder lieber umgekehrt argumentieren. Ich meine: Es gehe mal jemand her und lese die Bergpredigt. Mir ist das als Kind passiert; ich habe als Elfjähriger die Bergpredigt gelesen und habe sofort empfunden: Wenn das wahr ist, was hier steht, dann ist unser ganzes Leben falsch, und auch das Leben von Menschen, die mir nahestehen und die ich verehre. Ich habe dann bald erfahren, daß es für den Menschen fast unmöglich ist, dieses Leben zu verändern. Und trotzdem habe ich nie einen Augenblick glauben können, die Bergpredigt habe Unrecht. Das heißt: Als Jesus diese Worte sagte, konnte er sich nicht darüber täuschen, daß die Menschen das nicht tun werden. Wenn Sie das Neue Testament mal unter diesem Aspekt durchlesen oder auch die Propheten im Alten Testament, dann finden Sie viele Stellen, aus denen das völlig klar hervorgeht.

Aber das Christentum ist nicht dadurch widerlegt, daß es sich erweist, daß die Menschen wirklich nicht so gehandelt haben. Denn auf der anderen Seite hätte der Text der Bergpredigt nicht geschrieben werden können, wenn da nicht jemand gewesen wäre, der das wirklich gelebt hat, der das aus seinem wirklichen Leben geschrieben hat, nicht aus einer abstrakten Forderung.

Das heißt: Es ist nicht wahr, daß der Mensch sich überhaupt nicht verwandeln kann; er kann es. Aber er kann es, wenn ich die christliche Sprache gebrauche, nicht durch eigene gute Werke, sondern durch die ihm entgegenkommende Gnade. Diese Gnade aber wird, wiederum christlich gesprochen, vermutlich nur dem entgegenkommen, der durch seine eigene Anstrengung bewiesen hat, daß es ihm überhaupt darum geht. Es gibt zwar auch die Gnade gegen alle Vernunft, aber in der Regel hat sie doch einen gewissen Antwortcharakter.

Das ist die zweite Seite. Die dritte Seite ist, daß ich schlicht bestreiten würde, daß das Christentum die Welt nicht verändert hat. Ich würde vielmehr sagen, das Christentum hat die Welt sogar sehr schnell verändert. Die Tierarten ändern sich in Hunderttausenden von Jahren; 6000 Jahre Geschichte sind, wenn man einen Blick auf die vorangegangene Weltgeschichte wirft, ein Bruchteil einer Sekunde. Daß die Menschheit sich so verändern kann, daß ungefähr alle 1000 Jahre eine wirkliche Neuerung passiert, das ist ungeheuer schnell, gemessen an dem, wie die Tiere leben. Das kommt daher, daß die Menschheit Erfahrungen akkumulieren kann, daß sie Sprache hat, daß sie Tradition bilden kann, daß sie sich auseinandersetzen kann mit der Vergangenheit und der Gegenwart, daß sie Reflexion hat. Und in dem Tempo, das man von den geschichtlichen Veränderungen überhaupt erwarten kann, behaupte ich nun, hat das Christentum die Welt sehr verändert.

Ich persönlich habe seit langem das Empfinden, daß die neuzeitliche Kultur eigentlich zu einem erheblichen Teil eine Säkularisierung christlicher Inhalte ist, und dabei verstehe ich das Wort „Säkularisie-rung" so wie etwa der protestantische Theologe Gogarten es verstan-den hat, nämlich als Wirklichkeit dessen, was vorher nur gefordert wurde. Natürlich enthält aber die Säkularisierung immer die Gefahr, daß man etwas anderes, das mit der Forderung verbunden war, ver-gißt. Zum Beispiel soziale Gerechtigkeit: Das war eine Forderung des Christentums, eine Forderung, die in der alten Welt nicht erfüllt war, und in der frühen christlichen Welt nicht erfüllt war, der wir aber doch, das dürfen wir so optimistisch sagen, näher und näher ge-kommen sind. Die Forderung sozialer Gerechtigkeit entbindet uns aber nicht von der anderen Forderung, der Nächstenliebe, die etwas ganz anderes ist –

Reiter: – der wir nicht nähergekommen sind?

Weizsäcker: Doch, der wir auch näherkommen; der wir aber ferner-rücken würden, wenn wir meinen, derjenige, den wir nun gerade als das Hindernis für die Forderung der sozialen Gerechtigkeit ansehen, dürfe eliminiert werden. Nicht wahr, der Kern der Nächstenliebe ist unter anderem ausgedrückt in dem Satz „Wir sind allzumal Sünder", während die Leute, die den sozialen Fortschritt betreiben, zwar eine gute Sache betreiben, aber häufig meinen, nur die anderen, die politi-schen Gegner, seien Sünder. Und wer nicht weiß, daß er selber Sün-der ist, wird Verbrechen begehen. Er ist nicht zu hindern. Die Selbstgerechtigkeit ist die Wurzel aller wirklichen tiefen Verbrechen, und ich sehe in der Säkularisierung der christlichen Inhalte die Ge-fahr, daß man diesen Punkt vergißt, und wer ihn vergißt, wird alles zerstören. „Wir sind allzumal Sünder und ermangeln der Gerechtig-keit, die wir haben sollten" – das ist nun in der christlichen Sprache gesagt. Sie können das alles auch in einer, wenn Sie so wollen, athei-stischen Sprache, wie es vielleicht im Buddhismus der Fall ist, struk-turell wiederholen. Mir liegt hier nicht an der Verwendung der christlichen Tradition. Ich spreche aber in dieser Tradition, weil es die ist, in der ich aufgewachsen bin, in der ich mich leicht ausdrücken kann.

Reiter: Ich möchte jetzt noch einmal eine konkrete Frage zum Thema „Meditation" stellen, Herr Professor.
Im Westen war meditative Erfahrung lange Zeit kaum gefragt. Das

hat sich vor einigen Jahren dann allerdings schlagartig geändert. Plötzlich war vor allem unter jungen Menschen eine Nachfrage nach Meditationsunterricht zu verzeichnen, die zeitweilig boomartige Ausmaße annahm und zum Teil auch heute noch solche Ausmaße hat. Wo, glauben Sie, liegen die Wurzeln dieser plötzlichen Sehnsucht?

Weizsäcker: Nun, es wird ab und zu einmal eine neue Wirklichkeit entdeckt, wahrscheinlich dann, wenn man sie dringend braucht. Ich halte im Grunde diesen Boom, obwohl er zum Teil etwas absurde Formen angenommen hat, und auch manchen Leuten Chancen gibt, die diese Chance nicht verdienen – ich halte im Grunde diesen Boom für ein Wachwerden, für ein dringendes Bedürfnis.

Ich begrüße ihn, weil ich finde (und darum bin ich von der Meditation vorher noch auf diese anderen Sachen abgekommen), weil ich finde, daß die richtige Erkenntnis, daß wir in bezug auf die Sozialstruktur, auf die Gesellschaftsordnung Fortschritte machen müssen, selbstzerstörerisch ist, wenn sie nicht mit denjenigen Erfahrungen verbunden wird, zu denen eine gut gelingende Meditation den Weg bahnt. Und ich habe das Gefühl, daß gerade die enttäuschten Gesellschaftskritiker diejenigen wären, denen am meisten geholfen würde, wenn sie die meditative Erfahrung hätten.

Reiter: Das hängt vielleicht auch damit zusammen – Sie haben vorhin den Unterschied zwischen der wissenschaftlichen Art, die Welt in den Griff zu bekommen, und der meditativen Erfahrung geschildert –, daß wir mit dieser wissenschaftlichen Art, an die Dinge heranzugehen, eigentlich doch in eine Krise geraten sind, die heute fast die Existenz der Menschheit bedroht. Hier scheint die Meditation als eine Art fundamentale Alternative empfunden zu werden. Würden Sie diesen Eindruck teilen?

Weizsäcker: Das ist wieder eine sehr interessante Frage. Also, ich neige eigentlich selber zu der Meinung, daß die Wissenschaft, die die Welt zerstört, schlechte Wissenschaft ist. Das heißt: Das Zerschneiden und wieder Zusammenfassen, von dem ich vorhin geredet habe, in der Form des Begriffs, hat natürlich sein Korrelat in einem Zerschneiden der wirklichen Welt, einem physischen Zerschneiden, einem Kaputtmachen von etwas, das unter Umständen gar nicht wiederhergestellt werden kann, wo die Einheit nicht wieder zu gewinnen ist. Insofern ist die Wissenschaft sicher voller Gefahren, und dafür sieht man ja viele Beispiele.

Heute gibt es viele Leute, die deshalb rigoros antiwissenschaftlich eingestellt sind. Ich glaube nur, daß man hier – wissenschaftlich – jedesmal zeigen kann, daß dann in einer Weise zerschnitten worden ist, die ein ebenfalls noch wissenschaftlich auffaßbares Stück Wirklichkeit nicht gesehen hat. Ich glaube also eigentlich, daß es sich primär nicht darum handelt, die Wissenschaft durch etwas anderes zu ersetzen, sondern nur, die Wissenschaft auf das Niveau zu bringen, das ihr eigentliches Niveau wäre.

Historisch glaube ich aber allerdings, daß die Schulung im begrifflichen Denken der Wissenschaft, die vor allem im Westen ausgebildet worden ist – obwohl auch im Osten – und die Schulung in meditativem Sich-Öffnen, die vor allem im Osten ausgebildet ist – obwohl auch im Westen – alternative Wege sind. Ihnen gemeinsam ist, daß sie Schulung sind; alternativ ist das, wofür geschult wird. Und ich glaube: In einer letzten Wirklichkeit, in der Einheit, die in der Meditation ja sichtbar wird, führen sie genau zum selben Ziel.

Reiter: Die Situation hier und heute, Herr Professor v. Weizsäcker: Wenn ein junger Mensch das Bedürfnis nach Meditation hat, findet er diese Szene hier vor, die Sie zum Teil schon angesprochen haben; einige wunderliche asiatische Exotik ist im Spiel, Kommerzielles sicher auch. Welchen Rat überhaupt würden Sie ihm geben?

Weizsäcker: Also, obwohl ich fürchten muß, daß ich dann viele Briefe bekomme, die zu beantworten ich keine Zeit habe, oder die ich nicht hinreichend beantworten kann, wäre meine Antwort: Ich würde jeden, der mich danach fragt, individuell ansehen, und würde vielleicht jedem einen anderen Rat geben. Ich kann nicht allgemein raten: Er soll meditieren. Ich kann auch nicht allgemein raten: Ihr sollt es bleiben lassen. Und kein Guru tut das, sondern er kann nur den einzelnen ansehen, und wenn er merkt, was mit dem einzelnen los ist, ihm sagen: Du solltest eigentlich diesen Weg gehen.

Die westliche Meinung, die nun allerdings mit schlechter Wissenschaft zusammenhängt, man könne einen allgemeinen Rat geben: Alle müssen das und das tun, alle müssen mit dieser Zahnpasta sich die Zähne putzen sozusagen, kann nur falsch sein.

Eines würde ich allerdings generell sagen: Man soll sich nicht aufs

Geratewohl und auch nicht, wenn man plötzlich begeistert ist, von irgendeiner Führerpersönlichkeit, die man getroffen hat, in dieser Begeisterung oder in diesem Überschwemmtwerden von diesen Gefühlen kritiklos darauf einlassen. Man soll immer sein waches Bewußtsein, auch sein rationales Bewußtsein, seinen Verstand dabei behalten. Ich habe genug Unglücksfälle gesehen, die eingetreten sind, wenn Leute diese Forderung nicht erfüllt haben.

Reiter: Noch etwas zu einem Komplex, den Sie vorher schon kurz angesprochen haben. Es wird von Gegnern der Meditation häufig argumentiert, daß die Meditation eigentlich eine Flucht aus der Wirklichkeit sei, eine Abkehr von den Erfordernissen dieser Welt, von den Bedürfnissen des Mitmenschen, ein Rückzug in die eigene Innerlichkeit. Was würden Sie auf solche Vorwürfe antworten?

Weizsäcker: Dazu möchte ich am liebsten zitieren, was der von mir vorher genannte Guru Krishna einmal darauf geantwortet hat. Es war in meinem Institut, und ein junger Mann stellte fast genau diese Frage. Darauf blickte Gopi Krishna ihn sehr freundlich an und sagte: „Je mehr ich die Europäer über Meditation reden höre, desto mehr empfinde ich, daß ich ihnen eigentlich davon abraten muß. Die verstehen ja gar nicht, worum es geht. Lesen Sie in Ihren Heiligen Schriften, Sie finden dasselbe wie in unseren: Du sollst deinen Mitmenschen lieben; du sollst Gott lieben; du sollst deinen Mitmenschen in Gott lieben. Und alles andere ist überflüssig. Nirgends steht: Du sollst meditieren. Wenn du aber Gott lieben willst und deinen Mitmenschen und du entdeckst die große Wahrheit, daß meditieren dir dazu helfen kann und eine ganz entscheidende Hilfe dazu sein kann, dann sollst du meditieren, und wenn du das nicht entdeckst, sollst du es bleiben lassen."

Also es ist nicht eine Flucht in die eigene Innerlichkeit, sondern es ist ein Sichstellen gegenüber denjenigen inneren Hemmnissen, die einen hindern, sich seinen Mitmenschen und der Wirklichkeit zuzuwenden. Und noch etwas: Ein großer Teil der sogenannten aktiven Zuwendungen zur Wirklichkeit ist ja nur eine Flucht davor, einmal sich selber anzusehen.

Reiter: Ich habe unser Gespräch mit einer persönlichen Frage begonnen und möchte es auch mit einer solchen beenden. Herr Professor von Weizsäcker, es ist ja eigentlich nicht selbstverständlich, daß ein Physiker, also ein exakter Naturwissenschaftler hier, in unserer Zeit, in unserer Gesellschaft, neben der wissenschaftlichen Wahrheit auch die meditative Wahrheit so hoch schätzt. Soviel mir bekannt ist, sind Sie auch deswegen angegriffen und als Guru oder Mystiker etwas abschätzig beurteilt worden. Wie reagieren Sie darauf, und auf Grund welcher Erfahrung wurde der Physiker Weizsäcker ein Anhänger der Meditation?

Weizsäcker: Also ich würde sagen: Kritiken bekommt man immer, leider höre ich sie oft nicht; aber das ist ja weiter nicht schlimm.

Ich habe schon als Kind die Naturwissenschaft sehr geliebt und habe gleichzeitig in einer Weise gelebt, von der ich hinterher sagen würde, sie hatte eine meditative Basis. Es war mir schon, als ich 12 Jahre alt war, eine Frage, die mich sehr beschäftigt hat, daß diese beiden Wirklichkeiten doch offensichtlich dieselbe Wirklichkeit sein müssen, daß ich nur nirgends die intellektuellen Hilfsmittel bekam, um das zu verstehen. Also für mich ist das seit langem gleich ursprünglich, und ich würde sagen, daß im Grunde die Einheit der Natur, die uns die Naturwissenschaft in ihrem geschichtlichen Prozeß schließlich zu sehen lehrt, eben eine Spiegelung der Einheit ist, um die es in der Meditation geht. Also kann ich die Frage eigentlich jetzt nur so beantworten: Ich sehe keinen Unterschied. Ich sehe einen Unterschied im Verfahren, ich sehe einen Unterschied in den kulturellen Traditionen, in den verwendeten Begriffen, aber an einen Unterschied in der Sache kann ich nicht glauben.

2. Die biologische Basis der Glaubenserfahrung

Als mir zum Anfang des Jahres 1968 durch deutsche Vermittlung der Besuch des mir bis dahin völlig unbekannten Pandit Gopi Krishna aus Srinagar in Kaschmir angekündigt wurde, war ich nahe daran, mich mit Zeitmangel zu entschuldigen. Die grundlegende Wichtigkeit der asiatischen meditativen und philosophischen Tradition war mir seit meinen Studentenjahren voll bewußt; ich fühlte mich ihr sehr nahe, aber ich habe lange gewartet, ehe ich mich auf sie einließ. Für die meisten von uns, die wir in die westliche Kultur hineingeboren sind, schien mir zu gelten, daß wir dem inneren Gesetz dieser eigenen Kultur soweit folgen sollten, bis eben diese unsere Entwicklung selbst uns zu Partnern der östlichen Kultur machen würde. Die heutige Überschwemmung westlicher Länder mit Heilsliteratur, reisenden Yoga-Meistern und ihren meist unvollkommen nachgeahmten Praktiken scheint mir eher eine Verzweiflungsreaktion in unserer eigenen Bewußtseinskrise, die falsche Antwort auf eine richtige Frage.

Zum Glück überwand ich meinen Widerstand. Als dann der angekündigte Gast mein Zimmer betrat, empfand ich im Bruchteil einer Sekunde: Dieser Mann ist echt. Ein bescheiden und sicher auftretender Mann, dem man seine fast siebzig Jahre nicht ansieht, dem Partner ruhig ins Auge blickend, in der heimischen Kleidung des Brahmanen aus Kaschmir (jener hellhäutigen Gesellschaftsgruppe, der auch die Familie Nehrus entstammt), präzise Fragen präzis und manchmal überraschend beantwortend, in einem oft lächelnd vorgebrachten tiefen und humanen Ernst – seine Gegenwart tat mir wohl, und die Spur dieser einfachen und guten Ausstrahlung blieb wohl einen Monat lang fühlbar in mir. Ich bekam und las dann sein erstes Buch „Kundalini"[*], das eine Schilderung seines Lebens ist. Aus dem Gespräch und dem Buch erfuhr ich, daß er fast sein ganzes Leben im heimatlichen Kaschmir verbracht hat. Er war jahrzehntelang Regierungsbeamter. Er ist verheiratet, nun sind auch seine drei Kinder verheiratet, und er ist heute noch der indische Hausvater im klassischen Sinn. Als ich ihn unlängst in seinem bescheidenen, aber bürgerlichen Haus in Srinagar eine Woche lang besuchte, sah ich, wie er in die Gesellschaft, der er entstammt, integriert ist. Er ist ein verehrter Führer in der Hindu-Minorität, der auch Respekt von den Moslems genießt und mit vielen von ihnen befreundet ist. Er war jahrelang Leiter eines Hilfswerks für Arme. Kommt man mit ihm in ein Dorf, so erkennen ihn oft die Bauern und begrüßen ihn freudig. Er hat sich mit großem persönlichem Mut und Risiko, und mit Erfolg, für die Überwindung überholter religiöser Bräuche in der eigenen Gemeinschaft eingesetzt. So hat er erreicht, daß es üblich geworden ist, daß Witwen wieder heiraten dürfen, und hat sich darum bemüht, daß die unerträglichen finanziellen Lasten, die die Verheiratung von Töchtern mit sich bringt, eingeschränkt wurden; wie tiefe Einbrüche in die Tradition dies bedeutet, macht sich vielleicht ein europäischer Leser nicht leicht klar.

---

[*] Gopi Krishna „Kundalini. Erweckung der geistigen Kraft im Menschen". O. W. Barth Verlag, Weilheim/Obb., 1968.

Wer nur dies wüßte, würde sagen: eine reelle, Respekt und Zuneigung verdienende lokale Größe.

Der wesentliche Inhalt des Gesprächs und Buchs aber erwies sich als etwas ganz anderes: die erschütternde, lebensgefährliche, die ganze Persönlichkeit neu bildende Erfahrung einer jenseitig-diesseitigen Kraft, eben der Kraft, die er mit ihrem traditionellen indischen Namen Kundalini nennt. Vom Inhalt dieser Erfahrung will ich im dritten Abschnitt dieser Einleitung sprechen, hier nur von ihrer biographischen Rolle. Gopi Krishna hat seit seinem siebzehnten Lebensjahr, zunächst aus einem Impuls seelischer Reinigung heraus, meditiert. Vierunddreißigjährig erlebte er den Durchbruch eines neuen, größeren und beseligenden Bewußtseins. Aber der begonnene Vorgang hatte eine physische und seelische Umwandlung zur Folge, die wie ein verzehrendes Feuer seine Existenz bedrohte. Er suchte einen Meister (einen Guru im Sinne indischer Tradition), aber keiner wußte ihm zu helfen.

Sein Ich behielt jedoch die Kontrolle der Vorgänge, die sich nach zwölf Jahren in eine nun nicht mehr weichende innere Helligkeit und Lebendigkeit lösten. Jetzt empfand er sich wie ein neuer Mensch, mit objektiven Gaben, die er nie zuvor gehabt hatte, so der Gabe des inspirierten Schreibens, ein Mensch der sich neu, helfend und leitend, seinen Mitmenschen zuwenden konnte. Eine in seiner Umwelt aufflammende Berühmtheit als Erleuchteter bog er, kritisch gegen solche Räusche, entschlossen ab; sein Umgang mit den Mitmenschen lag in der kontrollierbaren Realität. Aber er war gewiß, das in den klassischen Schriften beschriebene Erwachen der Kundalini selbst erfahren zu haben. Er las die Schriften der meditativen und mystischen Tradition nun als einer, der wußte, wovon dort die Rede ist. Nach jahrzehntelanger Selbstprüfung entschloß er sich, für die Welt, zumal auch für die Welt der modernen Wissenschaft, hierüber zu schreiben. Das erste Buch war die Beschreibung seiner persönlichen Erfahrung. Das zweite Buch, eben das hier vorgelegte, ist eine Einleitung in das, was er in weiteren Schriften an Objektiven zu lehren gedenkt.

Wenn ich zu diesem Buch nun selbst eine Einleitung schreibe, so möchte ich damit seinem Verständnis und seiner Wirkung dienen. Dazu ist notwendig, daß ich offen auch auf seine Schwächen hinweise. Wer als moderner Intellektueller dieses Buch liest, dem bleibt eine gewisse Naivität des Verfassers nicht verborgen. Er ist eine eigentümliche Mischung eines ganz traditionellen und eines ganz modernen Menschen. Die Werte, zumal die moralischen Werte der Tradition, in der er aufgewachsen ist, sind ihm selbstverständlich. Er ist unfähig auch nur zu einem Anflug desjenigen Zynismus, mit dem jeder, auch der ernsthafteste moderne Intellektuelle geimpft und die Welt des modernen Denkens durchsucht ist. Wir Intellektuellen bilden uns naiv ein, wer diese Impfung nicht hat, wisse etwas Entscheidendes nicht. Das mag sein, aber hier müssen wir uns von unserer Naivität distanzieren, um das in einer anderen Naivität mögliche Wissen zu begreifen. Andererseits ist Gopi Krishna in dem Sinn ganz modern, daß sein Adressat durchaus das moderne Bewußtsein, vor allem die moderne Wissenschaft ist. Der Orthodoxie des Hinduismus steht er fern, und ich habe erlebt, wie er mit Europäern, welche die indische Tradition gegen den modernen Westen ausspielen wollten, in eine nicht auflösbare Meinungsverschiedenheit geriet. Hier ist es nun eine Schwierigkeit, daß seine eigene Kenntnis der europäischen Geisteswelt und der modernen Wissenschaft autodidaktisch ist. Er zitiert nicht immer diejenigen Autoren, die uns heute relevant erscheinen, und er unterscheidet nicht immer scharf zwischen der gängigen Schuleinordnung einer wissenschaftlichen Lehre und ihrer subtileren Meinung. So ist er nicht immer ein kompetenter Analytiker, aber er ist etwas viel Wichtigeres: ein Augenzeuge der Wahrheit, die er vertritt. Auch der manchmal breit dahinströmende Fluß der Worte, eine in Indien nicht ungewöhnliche Stileigentümlichkeit, ist ein Ausdruck der Weise, wie seine Schriften entstehen, nämlich nicht als Ergebnisse der Reflexion, sondern unter dem inneren Drang einer spontan sich wiederholenden Wahrnehmung.

Religion als Problem und Wissenschaft als Problem

Die beiden einleitenden Kapitel dieses Buchs von Gopi Krishna werfen lediglich die Fragen auf, von denen die im dritten Kapitel beginnende Antwort ihren Ausgang nimmt.

Das *erste* Kapitel macht die Religion zum Problem. Es beginnt wie eine der aufklärerischen Religionskritiken mit der Irrationalität und den widerwärtigen Praktiken der Religion, vom Schamanentum bis zur Hochreligion. Es geht über zu der ungelösten Frage der Theodizee, der Rechtfertigung Gottes gegen den Vorwurf, der dem Schöpfer aus dem Elend seiner Schöpfung gemacht wird, und erörtert in Breite die einander vielfach widersprechenden Lehren vom Leben nach dem

Tode in der Vielzahl der Religionen. Es vergleicht diese Widersprüche der Offenbarungslehren mit dem sicheren Gang der Wissenschaft und sagt den unfehlbaren Sturz der Herrschaft der Religionen über die Menschen voraus. Angesichts der noch ungebrochenen Gläubigkeit der erdrückenden Mehrheit der Hindus hat diese Vorhersage einen schärferen Klang als im Blick auf die Welt des westlichen Christentums, wo sie tatsächlich schon weitgehend erfüllt ist.

Trotzdem ist das Ziel dieses Kapitels nicht, die antireligiöse Aufklärung zu verfechten, sondern ein Paradox zu formulieren: wenn die Religion so voller Widersprüche steckt, wie konnte sie der Menschheit jahrtausendelang eine echte Führerin sein? Gerade der sich für aufgeklärt haltende Religionsgegner sollte hier vor ein ungelöstes Problem gestellt werden. Man könnte es mit der Denkfigur der Dialektik erläutern. Eine dialektische Geschichtsphilosophie wird die Herrschaft der Religion als eine heute in Wahrheit schon überwundene Phase der Weltgeschichte ansehen. Geschichtsdialektik bedeutet aber, daß in jeder dieser Phasen Wahrheit herrscht, nur eine Wahrheit, die durch die ihr innewohnenden Widersprüche über sich hinaus in ihre bestimmte Negation getrieben wird. Wenn man vereinfachend sagen darf, die Geschichtsphase der Religion sei durch die Phase der Wissenschaft abgelöst, so wird die Wissenschaft selbst naiv in ihrem Gegensatz zur Religion stecken bleiben, solange sie nicht zu fragen vermag, inwiefern gerade in der überwundenen Religion Wahrheit war. Diese Frage muß im unverwandten Hinblick auf die Widersprüche und die Greuel der Religion gestellt werden, sonst fragt sie nicht nach der Wirklichkeit der Religion. Und die Antwort muß uns gleichwohl die Verbindung der Wahrheit der Religion mit dem, was für uns wahr ist, sehen lehren, sonst fragt sie nicht nach der wahren Religion.

Wenn ich nun den Gedanken des *zweiten* Kapitels etwas eigenwillig weiterspinnen darf, so erweist sich die weltbeherrschende Wissenschaft zu dieser Frage nicht fähig, da sie soeben den Zusammenbruch der von ihr geschaffenen und beherrschten Welt erlebt. Diese Bemerkung läßt sich aufgliedern. In der Phase ihrer ungebrochenen eigenen Herrschaft vermochte die Naturwissenschaft – denn um sie geht es – die Frage nach dem Wahren in der Religion nicht einmal zu stellen. Sie selbst war naiv-materialistisch und leugnete schlicht die Wirklichkeiten, die in ihren Begriffen nicht vorkamen. (Man sieht hier, nebenbei bemerkt, welche Schriften Gopi Krishna in seiner Jugend gelesen hat. Ich erinnere mich, wie ich mich als Schüler mit dieser naturwissenschaftlichen Popularphilosophie herumgeschlagen habe; nur hatte ich das Glück, dann an der Universität Bohrs und Heisenbergs Physik und die klassische europäische Philosophie lernen zu können.) Heute aber wird in der ganzen modernen Welt die Lebenskrise der von der Wissenschaft bestimmten Gesellschaft manifest. Für Gopi Krishna enthüllt sie sich vor allem in dem moralischen Zusammenbruch der einst durch die Religion geschützten Werte. Diese Darstellungsweise wird den Gesellschaftskritikern in der jungen Generation, die selbst einen moralischen Protest anmelden, nicht überzeugend erscheinen. Aber auch ihre Kritik läßt sich so verstehen, daß sie in der von Gopi Krishna intendierten Richtung weist. Diesem Verständnis möchte ich hier zwei Absätze widmen.

Ein Name für das, was die junge Generation angreift, ist Technokratie. Sie erscheint ihr im Westen vor allem in der Gestalt des Kapitalismus, in Osteuropa im Gewand der Bürokratie. Diese beiden letzteren Namen verraten noch etwas vordergründige Vorwürfe, nämlich, daß bestimmte Menschengruppen, die Eigentümer von Privatkapital bzw. die Funktionäre des Apparats, ihr Eigeninteresse vor das Interesse der Gesamtheit stellen. Der Vorwurf wird tiefer begründet, wenn man zunächst die Verteidigung beider Menschengruppen ernstnimmt, daß sie nämlich in ihrem jeweiligen Gesellschaftssystem eine unentbehrliche Rolle spielen: die Kapitaleigentümer in der privaten Marktwirtschaft, die Funktionäre in der Staatswirtschaft. Der vordergründige politische Kampf wird heute freilich von denjenigen Ideologen ausgetragen, die jeweils eines der beiden Systeme für prinzipiell falsch, das andere hingegen für das richtige, nur leider seinem Ideal vielleicht nicht voll entsprechend ansehen. Ich überlasse diesen Streit denen, die an ihn glauben, und frage den Liberalen, warum das Kapital, und den Sozialisten, warum der Partei- und Staatsapparat so schmählich versagt. Hier gewinnt nun der Technokratie-Vorwurf erst seine eigentliche Dimension. In beiden Fällen machen sich die Träger der Mittel, die Herren der Technik, selbständig und dienen nicht der Gesamtheit. Solange dieser Vorwurf individuell-moralisch bleibt, hat er freilich die Schwäche jedes bloßen Moralisierens. Er muß strukturell werden und fragen: Was in den Systemen legt denn die Versuchung so fast unüberwindlich nahe, daß die Mittel sich gegenüber den Zwecken verselbständigen?

Als Vermutung stelle ich die Antwort auf: Dies liegt gerade an dem technischen Charakter beider Gesellschaftssysteme, an der gedanklichen und funktionalen Trennung der Mittel von den Zwecken. Heisenberg sagt in seinem Buch „Der Teil und das Ganze"*, man müsse politische Systeme grundsätzlich nicht nach ihren Zielen, sondern nach ihren Mitteln beurteilen. Gandhi lehrt eine politische Kampfesweise, die jedes Mittel verbietet, das dem angestrebten Ziel nicht gleichartig ist: er glaubt, daß ein gewaltloser Zustand nur gewaltlos erreicht werden kann. Die linear-kausale Denkweise der Technik trennt jedoch Zweck und Mittel scharf. Sie sieht sich darin durch die klassische Naturwissenschaft bestätigt. Dies erinnert mich an eine Äußerung, die mein Onkel Viktor v. Weizsäcker mir gegenüber einmal getan hat, und die ich etwas erweitert so wiedergebe: „Kapitalismus, Staatssozialismus und klassische Physik sind alle drei derselbe Irrtum." (Er sprach im damals vorgegebenen Kontext nicht vom Staatssozialismus.) Dies führt uns zu Gopi Krishnas Kapitalüberschrift „Der Irrtum der Wissenschaft" zurück. Die Auflösung der Wirklichkeit in ein Geflecht von Kausalfäden ist ein Irrtum. Eine Kultur, welche die Wirklichkeit so mißversteht, kann nicht anders als die Wirklichkeit zerstören, die sie zu beherrschen und zu verbessern meint.

Um nun das dialektische Denkschema noch einmal anzuwenden: Auch in der Wissenschaft ist Wahrheit. Man *kann* die Wirklichkeit objektivieren, indem man sie in ein Kausalgeflecht auflöst. Das Unternehmen ist erfolgreich; die Frage ist nur, was dabei verlorengeht. Hier müßte die Frage nach der Wahrheit der Religion einsetzen. Eine im echten wissenschaftlichen Sinn erfahrungsoffene wissenschaftliche Frage nach der Wahrheit, die in der Religion verborgen gewesen sein mag, könnte dazu führen, daß die Gegenpositionen dogmatischer Religion und dogmatischer Wissenschaft in einer neuen Wahrheit gleichermaßen „aufgehoben" würden, in dem Doppelsinne, in dem Hegel dieses Wort gebraucht: überwunden und zugleich in dem, was ihre Wahrheit war, aufbewahrt. Freilich würde diese Wahrheit voraussichtlich das dialektische Denkschema nicht mehr nötig haben, dessen Motor die begriffliche und insofern selbst objektivierende Reflexion auf die Ergebnisse der Objektivierung ist.

Gopi Krishna denkt und spricht viel einfacher und direkter. Er

---

* Werner Heisenberg „Der Teil und das Ganze". Piper Verlag, München, 1969.

sieht gerade die alten Schriften der Religion erfüllt von Hinweisen auf ein geistiges Gesetz. Dieses zu entdecken, ist er einst ausgezogen. Was er heute dazu beigetragen hat, sind nicht Mutmaßungen, sondern in erster Linie der Bericht seiner persönlichen Erfahrung. Zu dieser persönlichen Erfahrung bedeuten die beiden Kapitel, die wir soeben besprochen haben, zugleich den persönlichen Hintergrund. Wie aus dem Lebensbericht in „Kundalini" hervorgeht, war das Ungenügen der Religion und der Wissenschaft gerade das, was seine jungen Jahre erfüllt hat und ihn veranlaßte, in stetiger, jeden Morgen vor Sonnenaufgang wiederholter Meditation die innere Öffnung für eine höhere, geistige Wirklichkeit zu suchen.

Gopi Krishnas Erfahrung

„Eines Morgens, Weihnachten 1937, saß ich mit gekreuzten Beinen im Zimmer eines kleinen Hauses in der Umgebung von Jammu, der Winterhauptstadt des Staates Jammu und Kaschmir in Nordindien. Ich meditierte, das Gesicht zum Fenster nach Osten gewendet. Die ersten grauen Strahlen der langsam sich erhellenden Morgenröte fielen in das Zimmer. Durch lange Übung war ich daran gewöhnt, stundenlang in der gleichen Stellung zu sitzen ohne die geringste Unbequemlichkeit, und ich saß da, atmete langsam und rhythmisch, richtete meine Aufmerksamkeit auf den obersten Teil meines Kopfes und versenkte mich in eine imaginäre Lotusblüte, die dort in hellem Licht erstrahlte. Ich saß unbewegt und aufrecht. Ohne Unterbrechung strömten meine Gedanken zu dem leuchtenden Lotus hin in der festen Absicht, meine Aufmerksamkeit dort zu halten, vom Abschweifen zu bewahren und sie immer wieder zurückzubringen, wenn sie sich in einer anderen Richtung bewegten. Die Intensität der Konzentration unterbrach meinen Atem, langsam wurde er so still, daß er kaum mehr wahrnehmbar war. Mein ganzes Wesen war so sehr in den Lotus eingetaucht, daß ich für mehrere Minuten hintereinander die Berührung mit meinem Körper und meiner Umgebung verlor. Während einer solchen Unterbrechung – für einen Augenblick – war es mir, als ob ich mitten in der Luft ohne irgendein Körpergefühl schwebte. Das einzige, dessen ich gegenwärtig wurde, war ein Lotus in hellem Glanz, der Strahlen von Licht aussandte. Diese Erfahrung haben viele Menschen gemacht, die in dieser oder anderer Form sich für eine längere Zeit regelmäßig in der Meditation geübt haben. Aber, was sich an diesem schicksalhaften Morgen bei mir ereignete und mein ganzes Leben wandelte, mögen nur wenige erlebt haben. Während eines Augenblicks der starken Konzentration fühlte ich etwas Seltsames unten an der Wirbelsäule, gerade dort, wo ich den Boden berührte. (Ich saß im Schneidersitz auf einer gefalteten Decke auf dem Boden.) Die Sensation war so außerordentlich und so wonniglich, daß ihr meine Aufmerksamkeit folgen mußte. In dem Augenblick, in dem sich meine Konzentration nicht mehr auf den Lotus richtete, auf den Punkt, auf den sie eingestellt war, hörte die Empfindung plötzlich auf. Ich dachte, dies könnte nur Täuschung sein, von meiner Phantasie hervorgerufen, und schlug mir die ganze Sache aus dem Kopf. Dann brachte ich meine Aufmerksamkeit zurück an den Punkt, von dem sie abgeschweift war. Ich konzentrierte mich wieder auf den Lotus, und als das Bild auf dem Scheitel meines Kopfes klar und ganz deutlich wurde, hatte ich erneut die gleiche Empfindung. Dieses Mal versuchte ich, meine Aufmerksamkeit nicht schweifen zu lassen und war für einige Sekunden erfolgreich, aber die Empfindung, die von unten immer höher nach oben wanderte, war so intensiv, so ungewöhnlich und stellte alles bisherige in den Schatten, daß trotz aller meiner Anstrengung meine Gedanken sich darauf richteten. Im selben Augenblick verschwand sie wieder. Nun war ich davon überzeugt, daß mir etwas Außerordentliches widerfahren war und daß hierfür meine täglichen Konzentrationsübungen verantwortlich waren.

Ich hatte wunderbare Berichte von gelehrten Männern über große Wohltaten als Ergebnis der Konzentration gelesen und über geheimnisvolle Kräfte, die die Yogis durch solche Übungen erlangt hatten. Mein Herz begann wie wild zu schlagen und ich fand es schwierig, meiner Aufmerksamkeit den notwendigen Grad der Zielgerichtetheit zu geben. Aber nach einer Weile wurde ich ruhig und fand mich bald in tiefer Meditation. Als ich vollkommen versunken war, erfuhr ich die gleiche Empfindung, aber diesmal nahm ich meine ganze Kraft zusammen, um meine Gedanken auf dem Punkt zu halten, auf den ich sie eingestellt hatte. Mit großer Disziplin blieb meine Aufmerksamkeit dort gebannt. Die Empfindung stieg wieder nach oben, wuchs an Intensität, und ich fühlte, wie ich zu schwanken begann. Mit großer Mühe konzentrierte ich mich wieder auf den Lotus. Plötzlich fühlte ich einen Strom flüssigen Lichtes, tosend wie ein Wasserfall, durch meine Wirbelsäule in mein Gehirn eindringen.

Ganz unvorbereitet auf ein solches Geschehen, war ich völlig überrascht. Ich blieb in derselben Stellung sitzen und richtete meine Gedanken auf den Punkt der Konzentration. Immer strahlender wurde das Leuchten, immer lauter das Tosen. Ich hatte das Gefühl eines Erdbebens, dann spürte ich, wie ich aus meinem Körper schlüpfte, in eine Aura von Licht gehüllt. Es ist unmöglich, dieses Erlebnis genau zu beschreiben. Ich fühlte, wie der Punkt meines Bewußtseins, der ich selber war, immer größer und weiter wurde und von Wellen des Lichtes umgeben war. Immer weiter breitete es sich nach außen hin aus, während der Körper, normalerweise der erste Gegenstand seiner Wahrnehmung, immer mehr in die Entfernung zu rücken schien, bis ich seiner nicht mehr bewußt war. Ich war jetzt reines Bewußtsein, ohne Grenze, ohne Körperlichkeit, ohne irgendeine Empfindung oder ein Gefühl, das von Sinneswahrnehmungen herrührte, in ein Meer von Licht getaucht. Gleichzeitig war ich bewußt und jedes Punktes gegenwärtig, der sich ohne jede Begrenzung oder materielles Hindernis gleichsam in alle Richtungen ausbreitete. Ich war nicht mehr ich selbst, oder genauer: nicht mehr, wie ich mich selber kannte, ein kleiner Punkt der Wahrnehmung, in einen Körper eingeschlossen. Es war vielmehr ein unermeßlich großer Bewußtseinskreis vorhanden, in dem der Körper nur einen Punkt bildete, in Licht gebadet und in einem Zustand der Verzückung und Glückseligkeit, der unmöglich zu beschreiben ist.

Nach einer Weile – wie lange es gedauert hat, wüßte ich nicht zu sagen – begann der Kreis wieder enger zu werden. Ich fühlte, wie ich mich zusammenzog und immer kleiner wurde, bis ich der Grenzen meines Bewußtseins erst dumpf, dann klarer bewußt wurde. Als ich in meine alte Beschaffenheit zurückschlüpfte, nahm ich plötzlich wieder den Lärm auf der Straße wahr, fühlte ich wieder meine Arme, meine Beine und meinen Kopf und wurde wieder mein enges Selbst in Kontakt mit Körper und Umgebung. Als ich meine Augen öffnete und um mich blickte, fühlte ich mich ein wenig schwindelig und verwirrt, als ob ich aus einem seltsamen Land zurückkehrte, das mir ganz fremd gewesen war.

Die Sonne war aufgegangen und schien mir voll ins Gesicht, warm und angenehm. Ich versuchte meine Hände zu heben, die während der Meditation übereinander in meinem Schoß ruhten. Meine Arme fühlten sich lahm und leblos an. Mit Mühe erhob ich sie und streckte sie aus, um das Blut frei fließen zu lassen. Dann versuchte ich, meine

Beine aus der Stellung zu befreien, in der ich gesessen hatte, und sie in eine bequemere Lage zu bringen, aber ich vermochte es nicht. Sie waren schwer und steif. Mit Hilfe meiner Hände befreite ich sie und streckte sie aus, dann lehnte ich meinen Rücken gegen die Wand und entspannte mich in einer leichten und angenehmen Art."

Mit diesem Bericht beginnt das Buch „Kundalini". Es schien mir notwendig, ihn wörtlich zu zitieren, wenn auch dadurch die Lektüre des ganzen Buches, dem er entstammt, nicht ersetzt, sondern eher zu ihr angereizt werden soll. Auf die Gefahr hin, Evidentes auszusprechen, möchte ich den Leser auf ein paar Züge des Berichts aufmerksam machen.

Zunächst die Genauigkeit der Selbstbeobachtung, zumal der physischen Beschreibung. Der Autor bleibt orientiert, der Leser wird orientiert, Jahr und Jahreszeit, Ort und Tageszeit, Körperhaltung und Bewußtseinsinhalt sind registriert. Der physiologische Ort des Geschehens ist das Zentralnervensystem: Wirbelsäule und Gehirn. Am unteren Ende des Rückens meldet sich die Empfindung, eine Antwort auf die Konzentration des Bewußtseins auf die oberste Krönung des Gehirns. Nach mehrerem Hin und Zurück bricht sie „wie ein Strom tosenden Lichts" hinauf ins Gehirn durch. Nun wird das Bewußtsein räumlich viel größer als der Körper, die Körperlichkeit verschwindet, Licht und unaussprechliche Seligkeit wird erfahren. Auch die Zeit ist nicht mehr da – „wie lange es gedauert hat, wüßte ich nicht zu sagen" – und „nach einer Weile" zieht sich der Kreis zusammen, das Bewußtsein wird seiner Grenzen wieder bewußt, er öffnet die Augen, und das Ganze hat einen Bruchteil der in den Tropen so kurzen Spanne von der Morgendämmerung zum Sonnenaufgang eingenommen. Mühsam wird er wieder Herr seiner Glieder, der Arme, der Beine; den Rücken lehnt er entspannt an die Wand.

Bald hierauf folgt im Text, den ich hier nicht mehr abdrucke, die Skizze der objektiven Voraussetzungen des Vorgangs: die siebzehnjährige vorangegangene Meditationspraxis, das objektive Symbol des göttlichen Bewußtseins im Bilde des den Kopf krönenden tausendblättrigen Lotus, die alte Überlieferung der am unteren Ende der Wirbelsäule in dreieinhalb Windungen eingerollt schlafenden „Schlangenkraft" Kundalini, die erweckt werden kann und dann das Bewußtsein verwandelt. Vor diesem Hintergrund sei in dem Bericht, den wir soeben gelesen haben, auf das dreigipflige Frage- und Antwortspiel zwischen dem menschlichen Bewußtsein, dem unbewegten

Lotus und der erwachenden Schlange aufmerksam gemacht. Das Bewußtsein konzentriert sich auf nichts als den Lotus. Siebzehn Jahre der Reinigung und Festigung dieser Konzentration sind notwendig gewesen, damit sich die Schlange aus ihrem Schlaf rührte. Die Beseligung ihres Erwachsens, als physische Sensation erfahren, lenkt das Bewußtsein vom Lotus ab, und siehe, die Schlange erstarrt, das Erlebnis verschwindet. Nicht auf sich will die Schlange den Blick gerichtet sehen, sondern unerschütterlich nur auf den Lotus. Da das Bewußtsein das endlich leistet, steigt sie durch den Sitz des Bewußtseins im Sturm zum Lotus auf. Wenn es erlaubt ist, für den westlichen Leser als Wink die Worte Lotus, Bewußtsein, Schlange für einen vorübereilenden Augenblick durch die für uns so abgeblaßten Begriffe unserer Metaphysik Gott, Mensch, Natur zu ersetzen, so müßten wir buchstabieren: Die Natur sucht die Einigung mit Gott durch den Menschen und in dem Menschen, der nicht auf sie, sondern nur auf Gott schaut. Wer ihr diesen Weg eröffnet, den erfüllt sie mit dem Sturm ihrer Seligkeit, mit der Realisierung eines neuen Bewußtseinsfeldes*. All dies hat Gopi Krishna in diesem Augenblick offensichtlich nicht gedacht, sondern als unerklärtes Faktum erlebt.

Wer meint, hier eröffne sich dem Verfasser ein Weg des Glücks, der hat die Hinweise, die schon im oben abgedruckten Text stehen, nicht genau gelesen. Nach dem Erlebnis sind die Glieder starr und unbrauchbar. Der Text des Buches schildert weiter, wie der Tag in Unruhe und Erschöpfung verging, der Schlaf in der folgenden Nacht nicht kommen wollte, wie eine schwächere Wiederholung des Erlebnisses am nächsten Morgen noch mehr Zerschlagenheit hinterließ und nach wenigen Tagen die Fähigkeit zur Konzentration und damit sowohl die neue Beseligung wie der bisherige wohlgeordnete Alltag verlorengingen. Was blieb, war ein immer wachsender innerer Feuerstrom in allen Nerven, Erregung der Sexualregion, dröhnende Töne, ein Wirbel kupferfarbener durcheinanderrasender Lichter, eine unerträgliche, trockene, brennende innere Helligkeit bei Tag und bei

---

* Es sei freilich bemerkt, daß nach der Schultradition des Kundalini-Yoga die Schlangenkraft auch zu niedrigeren Zentren und damit zu niedrigeren Zielen erhoben werden kann, so zu einer bloßen Steigerung der sexuellen oder vitalen Persönlichkeit. Gopi Krishna selbst erklärt diesseitige – z.B. künstlerische oder wissenschaftliche Genialität – durch eine Erhebung der Kundalini zum zweithöchsten Zentrum. Nur die Erhebung zum höchsten Zentrum aber führt nach der Tradition zum mystischen Bewußtsein.

Nacht. Zu seinem Entsetzen gingen ihm selbst die elementaren Empfindungen menschlichen Kontakts, der Liebe zu Frau und Kindern verloren. Die Schilderung dieses Vorgangs im Buch erscheint gerade darin genau, daß sie nicht die deutliche Gliederung des eingangs abgedruckten Stücks besitzt, sondern in nichtendender, verwirrender Wiederholung diese tödlich qualvollen Sensationen und den Kampf beschreibt, den die bewußte Persönlichkeit des Verfassers mit unglaublicher äußerer Beherrschung (nur *einem* Menschen erzählte er damals, was in ihm vorging), aber dem Gefühl abnehmender Kraft zwei Monate lang gegen diesen Wirbel führte.

Mit allen ihm verfügbaren intellektuellen Mitteln suchte er sich klarzumachen, was mit ihm geschah. In der ihm zugänglichen Yoga-Literatur fand er die Beschreibung der Erweckung des Kundalini, in der er, ständig zweifelnd, doch mit wachsender Überzeugung sein Erlebnis wiedererkannte. Aber die Literatur, welche diesen Vorgang als Verleihung höherer Kraft pries, enthielt nur leise Andeutungen der mit ihm verbundenen Gefahren. Sie wußte von drei Kanälen, durch welche die Kraft aufsteigen kann: den zentralen, ihr eigentlich bestimmten, Susumna genannt, und zwei seitliche, die Gopi Krishna heute dem sympathischen und antisympathischen Nervensystem zuordnet, von denen der rechte, Pingala, der Sonne, der Hitze und Erregung zugeordnet wird, der linke, Ida, dem Mond, der Kühle und Dämpfung. Steigt die Kraft durch einen der Nebenkanäle einseitig auf, so kann sie durch „Hitze" oder „Kälte" tödlich sein. In seiner körperlichen Verfassung war, wie er heute sagt, in der Jugend stets die heiße Seite überstark, die kühle unangeregt. Ihm kam in seiner höchsten Not, in der er nur den Wahnsinn als Ende vor sich sah, der Gedanke, die Potenz sei bei ihm nur durch den heißen Kanal aufgestiegen, und mit aller verbleibenden Kraft des Bewußtseins konzentrierte er sich auf die linke, kühle Seite. „Da, als hätte es auf diesen schicksalhaften Augenblick gewartet, geschah ein Wunder. Es entstand ein Ton, als reiße ein Nervenfaden entzwei. Sofort lief eine silberne Ader zickzack durch die Wirbelsäule, genau wie die gewundenden Bewegungen einer weißen Schlange in schnellem Flug, die einen leuchtenden, springbrunnenartigen Schauer von strahlender Lebenskraft in mein Gehirn führte." Er war gerettet, der Schlaf kam wieder, und eine langsame Gesundung.

Ich übergehe die lange, von theoretischen Betrachtungen durchsetzte Schilderung der nachfolgenden zwölf Jahre. Der innere Strom, die physische und psychische Umwandlung ging weiter, während er äußerlich ein normales, aber anfälliges und etwas reduziertes Leben führte. Menschliche Wärme und Pflichterfüllung kehrten zurück. Die Nähe zu seiner Frau, die hingebend für ihn sorgte, rettete ihn in wiederkehrenden Krisen. Aber noch zehn Jahre später, als seine Tochter verheiratet wurde, konnte er, wie mir sein Schwiegersohn erzählt hat, seiner Familie keine sichtbare Nähe zuwenden. Einige beglückende Veränderungen stellten sich schließlich ein, so eine Verwandlung der inneren Lichterlebnisse in eine konstante Wahrnehmung aller Farben der äußeren Welt in einem neuen, deutlichen Glanz. Ein Versuch, die Meditation wieder aufzunehmen, endete nach kurzem Glück des Besitzes in einer erneuten, noch tieferen Katastrophe. Einen Meister, der ihn hätte führen können, fand er nicht. Die Frage lastete auf seinem Gemüt, ob die Verwandlung seiner inneren Erlebensweise, die keinem Mitmenschen nützte, denn die lebenslange Bemühung gelohnt, ob diese nicht vielmehr eigentlich ihm ein sinnvolles Leben verdorben habe. Die englische Ausgabe von „Kundalini" enthält einen fortlaufenden Kommentar von J. Hillman, der diese gesamte Entwicklung behutsam in Begriffen der Jungschen Psychologie nachzeichnet. Gopi Krishnas eigene Interpretation ist in beiden Büchern im Umriß gegeben; ihr müssen wir uns in den nachfolgenden Abschnitten zuwenden.

Der endgültige Übergang in ein gesichertes, weltoffenes, aber nicht weltabhängiges, höheres Bewußtsein geschah Anfang 1950 in einer nochmals völlig überraschenden Wendung im Zusammenhang mit inspiriertem Schreiben. Gopi Krishna hatte ganz aufgehört, aktiv zu meditieren, aber er ließ sich dann und wann ohne Anstrengungen in das Meer des ihn umgebenden Bewußtseins versinken. Er hatte sich nie für Dichtung interessiert. Nun fühlte er einen Drang danach, sagte mystische Reime, die er liebte, vor sich hin, versuchte zu schreiben, und eines Tages, mitten auf einer Brücke zwischen den Menschen, flossen ihm, „in einer machtvollen Gegenwart, die aus dem Nichts aufgetaucht war und mich umfaßte und alle Gegenstände überschattete, die um mich waren, ... zwei Zeilen eines wunderbaren Verses in Kaschmiri ... vor meinen Augen vorbei wie ein leuchtendes Schreiben in der Luft, das ebensoschnell verschwand, wie es gekommen war." Am selben Tag trat er in ein kosmisches Bewußtsein ein, in dem alles, was im ersten Erlebnis vor zwölf Jahren explosiv feurig war, nun „wie ein von innen her bewegtes Meer des Lebens" die eigentliche Wirklichkeit wurde (G. Krishna, Kundalini, S. 172). Ich gebe die Beschreibung dieses Bewußtseins hier nicht wieder, wir werden auf es zurückkommen; denn es ist eigentlich nicht mehr Biographie, sondern die Sache selbst. Aber aus dieser Empfehlung heraus begann Gopi Krishna nun zu dichten.

Zuerst kamen ihm die Reime, die dem Vers folgten, den er auf der Brücke vor Augen gesehen hatte. Dann schrieb er weitere kaschmirische Verse. Nach vierzehn Tagen wechselte die Sprache und an Stelle von Kaschmiri erschienen die Reime in englischer Sprache. Einige Tage später erschienen Gedichte in Urdu, dann in Punjabi. Alle diese Sprachen kannte er. „Doch meine Überraschung kannte keine Grenzen, als ich einige Tage später die Weisung bekam, ich solle mich vorbereiten, Verse auf Persisch zu empfangen. Ich hatte niemals diese Sprache gelesen, konnte sie auch nicht im mindesten sprechen. Ich wartete in atemloser Erregung, und es blitzten unmittelbar nach diesem Vorzeichen einige persische Verse vor meinen Gedanken auf ... Da die Kaschmir-Sprache reich an persischen Worten ist, fiel es mir leicht, solche zu verstehen, die in meiner Muttersprache geläufig sind. Nach einem genügenden Maß an Anspannung und Bemühung gelang es mir, endlich die Zeilen niederzuschreiben. Aber es blieben viele weiße Stellen, die erst sehr viel später ausgefüllt und richtiggestellt werden konnten." (G. Krishna, Kundalini, S. 176). Dann folgte ein Gedicht in der – wie ich bestätigen kann – ihm auch heute im Bewußtsein ganz unbekannten deutschen Sprache, ein französisches und ein italienisches, schließlich einige Verse in Sanskrit.

Ich sehe den unwiderstehlich aufsteigenden Unmut des wissenschaftlich geschulten Lesers, denn ich habe diesen Unmut bei der Lektüre des Berichts genau so empfunden. Man ist bereit, die Geschichte einer an die Psychose grenzenden zwölfjährigen Integrationskrise einer sensitiven Persönlichkeit zu lesen, und man ist auch bereit, zu glauben, daß der Mann, der eine solche Krise durcherlebt hat, einiges weiß, was für uns andere von großer Wichtigkeit sein kann. Aber warum muß diese Geschichte in Mirakeln auslaufen? Was würde uns an einer reifen und inspirierten Persönlichkeit fehlen, wenn sie Gedichte in eben den Sprachen schriebe, die sie gelernt hat? Meine wissenschaftliche Skepsis, die an der Psychologie der Zeugenaussage geschult ist, ist nicht leicht zu überwinden. Ich gestehe offen, daß ich an dieser Stelle des Buchs zum erstenmal beim Lesen das Gefühl hatte: „Hier geht die erinnernde Phantasie mit dem Autor durch; das deutsche Gedicht möchte ich erst einmal sehen, ehe ich ihm glaube."

Aber ich muß den Tatsachen die Ehre geben. Inzwischen hatte ich die Gedichte gelesen, denn sie wurden 1952 in einem Privatdruck gedruckt. Das deutsche Gedicht ist alles andere als ein vollkommenes Diktat einer nach menschlichen Maßen perfekten höheren Intelligenz. Es ist, wenn man so will, rührend. Es ist, in holprigem, des Ausdrucks kaum mächtigem, an den Volksliedton anklingendem Deutsch die naive Mitteilung einer fraglosen Erfahrung. Ich fühle mich angesichts des Zynismus intellektueller Kritik nicht ermächtigt, heute und hier das ganze Gedicht abzudrucken. Einige herausgerissene Zeilen als Beleg:

> „Ein schöner Vogel immer singt
> In meinem Herz mit leisem Ton ...
> ... Und wenn vergießt der Nachtwind auf
> Die grünen Gräser seine Tränen,
> ... dann der Vogel wacht."

Wie dies volksliedhaft deutsch, ist das italienische Gedicht volksliedhaft italienisch und reimt cuore auf amore. Im Englischen aber spricht er im Ton der großen Prophetie, wenngleich auch hier naiv reimend, die moralische Forderung an die Völker der Welt aus:

> O people of the world unite
> And pave the way to peace sublime;
> Divided you yourself invite
> Disastrous wars, unrest and crime.

Wie ist dieser poetische Vorgang möglich, und wozu ist er gut? Ich weiß es nicht. Verehrung dem Unbegriffenen!

Hier schließt nun biographisch das kraftvolle, weltlichweise Leben in seiner Gemeinschaft an, von dem ich im ersten Kapitel dieser Einleitung berichtete, ein Beleg der Gesundung, des klaren Verstandes. Hier schließt auch das Studium der Yoga-Tradition an, um aus ihr das glaubwürdig Erfahrene herauszuheben. Ihr folgt der im siebten Lebensjahrzehnt unternommene Versuch, die westliche Wissenschaft, zumal die Medizin, auf diese Phänomene und ihre Wichtigkeit aufmerksam zu machen. Schließlich knüpft hier auch ein späteres, formal viel vollkommeneres großes englisches prophetisches Gedicht an, das die Schrecken des Kriegs schildert, den die heutige Menschheitsentwicklung zwangsläufig heraufführen muß. Es ist, nach seiner eigenen mündlichen Erläuterung, nicht eine faktische Prophetie, welche das Zukünftige wie schon Geschehenes abliest, sondern eine Schilderung der unausweichlichen Konsequenzen dessen, was heute geschieht. Davon war schon in meinem ersten Gespräch mit ihm die Rede. Er sagte damals in aller Einfachheit: „Die Völker der Erde werden vereinigt werden. Aber Krieg ist unvermeidlich." Er meinte einen Weltkrieg. Er sprach aus, was ich seit langem fühle, aber nicht in Bestimmtheit zu denken gewagt habe. Man darf es in der Tat nicht anders denken als: „Krieg ist unvermeidlich, wenn nicht das Notwendige geschieht." Aber was ist das Notwendige?

Im Blick auf diese Frage verstehen wir Gopi Krishnas Drängen, der Welt das zu bringen, was er als das Notwendige erfahren hat. Seine Lebensgeschichte ist nur dann mehr als ein Stück gut ausgegangener Pathographie, wenn sie Erfahrungsmaterial zum Verständnis von etwas Objektivem bietet. Dieses Objektive ist nicht einfach der moralische Appell, dessen Wirkungslosigkeit uns bekannt ist. Die Frage ist: warum handeln Menschen moralisch oder unmoralisch? Es handelt sich in seiner eigenen Ansicht um ein geistiges Gesetz (Spiritual Law). Das Besondere seiner Ansicht ist, daß dieses geistige Gesetz zugleich ein biologisches Gesetz ist. Deshalb haben wir es in der Ebene unserer naturwissenschaftlichen Fragestellungen zu prüfen. Unabhängige Prüfung jeder einzelnen seiner Behauptungen ist es, worauf er mit Ungeduld drängt. Er denkt vor allem an empirische Prüfung. Wer die westliche Wissenschaft kennt, weiß, daß sie fast nur dasjenige empirisch zu Gesicht zu bekommen vermag, worauf sie theoretisch – wenigstens in der Begrifflichkeit der Fragestellung – vorbereitet ist. Dieser theoretischen Vorbereitung dient, was ich hier schreibe.

Der biologisch-medizinische Aspekt

Gopi Krishnas biologische Ansicht läßt sich begrifflich knapp zusammenfassen. Das spirituelle Gesetz ist seinem Wesen nach zugleich ein biologisches Gesetz. Es ist das Gesetz der Entwicklung. Er spricht es, soweit ich sehe, nirgends in Urteilsform aus, aber es besagt jedenfalls, daß sich das Niedrigere zum Höheren weiterentwickeln soll und tatsächlich entwickelt. Um sich den Vorgang dieser Entwicklung begreiflich zu machen, braucht er zwei Begriffe aus der indischen Denktradition: *Prana* und *Kundalini*.

Prana ist die alldurchdringende subtile Lebenssubstanz. Prana ist materiell, fein-stofflich, wie man gelegentlich sagt. Auf diese Materialität des Prana legt Gopi Krishna großen Wert, und er zitiert als Beleg im Gespräch gern die stehende Rede der Upanischaden: „Prana entsteht aus Nahrung." Zugleich erscheint Prana aber als eine der Seele zugehörige Substanz, nach Gopi Krishnas eigener Darstellung wird Prana zur Nahrung des sich entwickelnden menschlichen Bewußtseins. Prana ist schließlich etwas wie die allgegenwärtige Energie der höchsten kosmischen Intelligenz, Prana baut das Lebendige sinnvoll, nach einem uns verborgenen, aber wenigstens ahnenden Blick sich teilweise erschließenden Plan.

Ehe er weiterliest, wird der westliche Wissenschaftler angesichts eines solchen Begriffs schon seine Verwirrung bekennen, eine Verwirrung, die er, solange er sich seiner eigenen begrifflichen Grundlage sicher fühlt, unbefangen jenen vorwissenschaftlichen Hindu-Lehren in die Schuhe schiebt. Unsere Naturwissenschaft, wenigstens unsere Biologie und Medizin, steht heute methodisch streng auf dem Standpunkt der cartesischen Trennung von Materie und Bewußtsein. Solange sie an die methodische Notwendigkeit dieser Trennung glaubt, wird sie sagen: „Wenn Prana eine Materie sein soll, so haben wir Begriffe wie Bewußtsein von ihr fernzuhalten, umgekehrtenfalls gehört Prana in den Bereich der Psychologie und hat nichts mit Physik zu tun." Nun ist freilich dieser Standpunkt ein Relikt einer Denkweise, deren begriffliche Brüchigkeit auch viele derjenigen fühlen, die sie nicht durch eine bessere zu ersetzen wissen. Die Physik steht seit der Quantentheorie nicht mehr auf diesem Standpunkt, hat aber sichtbare Schwierigkeiten, einen besseren zu formulieren. Dem kybernetischen Versuch, psychische Phänomene in materiellen Modellen zu simulieren, liegt ein schwer artikulierbarer Einheitsglaube zugrunde. Schließlich halte ich es nicht für einen Mangel, daß es in der Praxis der Verhaltensforschung faktisch fast nie glückt, eine rein behavioristische Sprechweise durchzuhalten und alle „subjektiven" oder „anthropomorphen" Ausdrücke zu vermeiden, hier ist m. E. wie so häufig, die Praxis gescheiter als die Theorie, in der sie sich selbst auslegt.

Ich werde auf diese Frage im Abschnitt über Physik und Zeit zurückkommen und bitte den Leser, hier zunächst nur ein Problem anzumerken und im jetzigen die Fragen exponierenden Kapitel, zunächst (wenn er noch Lust hat) weiterzulesen.

Die *evolutive Potenz heißt Kundalini*. Sie hängt aufs engste mit der sexuellen Potenz zusammen. Dies ist schon in der Lage der „Schlange" in nächster Nachbarschaft der Geschlechtsorgane angedeutet. Diese Entwicklungskraft wirkt in wenigstens zwei getrennten Stufen. Bei den Tieren wirkt sie direkt durch die sexuelle Fortpflanzung. Bei ihnen sind die höher Entwickelten die physischen Nachkommen von niedriger Entwickelten. Beim Menschen gibt es die Entwicklung des Bewußtseins, das sich in jedem Individuum auf der Basis seiner körperlichen Ausstattung, insbesondere des Nervensystems, von neuem aufbaut. Diese Bewußtseinsentwicklung hat selbst zwei Stufen. Das normale Ichbewußtsein ist heute Allgemeinbesitz der Menschen; aber Gopi Krishna wirft einen hypothetischen Blick auf jene prähistorische Zeit, in der dieses Bewußtsein in höheren Anthropoiden vielleicht auch nur sporadisch und wie eine Abirrung von der Normalität hervortrat. Das höhere Bewußtsein hingegen deutet sich heute ebenso nur in einzelnen genialen oder mystisch begabten Individuen an, die sich unter ihren Mitmenschen und gegenüber ihren eigenen, von der Umwelt geprägten gesellschaftskonformen Vorstellungen oft ebenso verloren und heimatlos vorkommen und von dorther ebenso mißbilligt werden wie H. C. Andersens „häßliches junges Entlein" im Hühnerhof. Daß nun auch die Bewußtseinsentwicklung von den in der Kundalini enthaltenen sexuellen Kräften gespeist wird, ist Gopi Krishnas These. Er beschreibt, wie, nach seiner eigenen leiblichen Erfahrung, die Samensubstanz oder ihr Prana das Nervensystem durchdringt und die zu Instrumenten des höheren Bewußtseins heranreifenden Nerven nährt.

Der moderne Wissenschaftler wird bei dieser Beschreibung wieder an ein paar Stellen den Atem anhalten und sich fragen, ob er weiter folgen soll. Versuchen wir, die Fragen aufzugliedern.

Daß die Entwicklung der Tiere durch physische Abstammungsreihen erfolgt, ist eine These der europäischen Wissenschaft seit dem 19. Jahrhundert, die Gopi Krishna ebenso wie andere evolutionistische indische Denker unseres Jahrhunderts (vor allem Sri Aurobindo) schlicht übernimmt. Die Vorstellung, es gebe eine besondere „Kraft der Evolution", steht hingegen im Gegensatz zur herrschenden Lehre in der heutigen Biologie, der Darwinschen Selektionstheorie. Hier liegt ein sehr subtiles theoretisches Problem verborgen, das ich erst im 6. Kapitel aufnehmen will. Der moderne Biologe wird sich aber vorerst an Gopi Krishnas Sprechweise durch eine Umbenennung akklimatisieren können. Das materielle Substrat der Entwicklung sind für die heutige Genetik die *Chromosomen*. Diese werden von Generation zu Generation durch die Geschlechtszellen weitergegeben, und in diesem Sinne ist bei den Tieren die materielle „Kraft der Entwicklung" in den Geschlechtsorganen lokalisiert.

Daß beim Menschen, unbeschadet der Möglichkeit auch weiterer biologischer Evolution, die Entwicklung, oder wie wir sagen, der Fortschritt im Bewußtsein liegt, daß es „die Natur des Menschen ist, Geschichte zu haben", macht uns, so empfinden wir, keine Denkschwierigkeiten. Unter dem Einfluß soziologischen Denkens sehen wir diese Entwicklung vor allem in der Umbildung und Neubildung kultureller, gesellschaftlich überlieferter Traditionen. Darüber, daß es solche gesellschaftliche Entwicklung gibt, sind beide Seiten einig. Gopi Krishnas Interesse liegt aber nicht bei den sozialen Interaktionen, in denen diese Entwicklung zustandekommt, sondern in einer Weise, die man ebensowohl personal wie biologisch nennen kann, bei dem individuellen Bewußtsein als Träger dieser Entwicklung. Hier weicht er nun von der herrschenden Lehre des modernen soziologisierten Westens in zweifacher Weise ab, einer milderen und einer schärferen. Die mildere Abweichung: im Einklang mit unserer klassischen Geschichtsschreibung betont er stärker als unsere Gegenwart die historische Rolle großer Persönlichkeiten, ohne sie doch aus dem gesellschaftlichen Prozeß zu isolieren. Hierin spiegelt sich z. T. gewiß die Bewußtseinslage derjenigen historischen Wissenschaft, die auf seine Bildung in der Jugend eingewirkt hat. Andererseits handelt es sich für ein abgewogenes Urteil hier um eine Differenz in Nuancen. Wer dürfte, um bei unserem Jahrhundert zu bleiben, die geschichtsbeeinflussende Kraft so entgegengesetzter Persönlichkeiten wie Gandhi und Hitler leugnen oder die Prägung der Gedanken und Verhaltensweisen der Jahrhunderte durch Kant oder Marx, durch Platon und Shankara, durch Christus und Buddha?

Die schärfere Abweichung ist, daß er eine *physiologisch* beschreibbare Evolution des Organs des Bewußtseins in den Mittelpunkt seiner ganzen Betrachtung stellt. Von einer solchen Evolution weiß unsere Wissenschaft nichts. Hier ist der Turnierplatz. Wir treten in die Kämpfe durch ein Vorgefecht ein, in dem wir zunächst eine unserem Denken assimilierbare, ja frappierende Parallele hervorheben. Denken wir rein psychologisch (was Gopi Krishna freilich nicht tut), so muß uns seine These von der fundamentalen Bedeutung der Sexualität für den Bewußtseinsaufbau unmittelbar an die Lehre Freuds erinnern. Wo Gopi Krishna in einer dem Psychologen rein symbolisch vorkommenden Sprache vom Aufsteigen der Samenflüssigkeit spricht, spricht Freud von der Sublimierung der Libido. Das ist abstrakter und verschleiert ein wenig die Verwendung genau gleichartiger Begrifflichkeit: Libido behandelt Freud wie eine Substanz, für die ein Erhaltungssatz gilt, und was heißt Sublimieren, wenn nicht Emporheben? Interessanter als diese noch rohe Parallele ist aber der Unterschied beider Auffassungen. Für Gopi Krishna ist die Evolution letzten Endes durch ihr Ziel bestimmt; die sexuelle Potenz ist ihm „Nahrung" einer höheren Struktur. Freud hingegen hängt einem „psychologischen Reduktionismus" an. Die Kultur, die er liebt und verteidigt, ist ihm doch „eigentlich" sublimierte Libido, so wie für die klassischen Atomisten ein Kristall „eigentlich" eine Menge regelmäßig angeordneter Atome ist, und für die biologischen Physikalisten ein Paradiesvogel „eigentlich" ein Regelsystem aus organischen Molekülen.

Nun bin ich zwar der Meinung, daß dieser Gegensatz sehr schwer sauber zu artikulieren ist und vielleicht bei präzisem Nachdenken ganz verschwindet. Aber die Mängel der streitenden Vertreter beider Seiten in ihrer Auffassung der Wirklichkeit beruhen meist gerade darauf, daß sie dieses präzise Nachdenken nicht leisten. Dieser Mangel führt bei Freud dazu, daß seine reduktionistische Theorie nicht auf dem begrifflichen Niveau steht, das nötig wäre, seine eigene Praxis zu interpretieren. (Vgl. dazu den hochinteressanten Schlußteil von J. Habermas' „Erkenntnis und Interesse".) Die psychoanalytische Heilung einer Neurose beruht darauf, daß der Patient die ihn bedrängenden Zwänge als seine eigenen Taten erkennt und auf sich nimmt. Er muß in seinem Unbewußten sich selbst erkennen. Solange er sagt: „Das hat man mir angetan" oder „So ist eben die Triebstruktur", wird er nicht geheilt; er muß erkennen: „Das habe ich selbst gewollt", „Das bin ich". Man kann auch sagen, die Heilung geschehe nur durch die Wahrheit. „Ich" und „Wahrheit" aber sind „höhere" Begriffe verglichen mit „Sexualität" oder „Libido"; „höher" kann dabei formal dasjenige genannt werden, was größere Komplexität zu einer Einheit zusammenfaßt. Die „Reduktion" des Höheren auf das Niedere wird dort gefährlich, wo sie uns daran hindert, die der höheren Einheit adäquaten Begriffe zu verwenden. Auch hierauf komme ich im 6. Kapitel zurück. Gopi Krishnas „finalistische" Denkweise vermeidet, wenn sie auch naturwissenschaftlich noch ganz ungeklärt ist, jedenfalls diese Gefahr.

Aber nun hat Freuds Sexualitätsthese selbst in der Psychoanalyse an Gewicht verloren. Man fühlt sich bei Gopi Krishna im einzelnen auch eher an die späte Lehre von Wilhelm Reich erinnert, die mir aber der von Gopi Krishna interpretierten indischen Tradition auch eher unterlegen als überlegen scheint. Alle diese Vergleiche verwischen jedoch die Grunddifferenz, daß bei Gopi Krishna *die sexuelle Substanz nicht als „Wesen", sondern als „Nahrung" des Bewußtseins* erscheint, und daß sein Bild der Vorgänge physiologisch ist und Anspruch auf physiologische Nachprüfbarkeit erhebt. Immer wieder kommt bei ihm der Gedanke: Kein Naturwissenschaftler wird an der Realität dieser Vorgänge zweifeln, wenn er sie einmal beobachtet und gemessen hat.

Ist hier aber nicht der Konflikt am Ende unvermeidlich und unüberbrückbar? Was soll sich ein Physiologe bei der These vorstellen, die Samensubstanz wandere entlang den Nervenbahnen ins Gehirn? Und wie soll hier noch der physiologischen Verschiedenheit männlicher und weiblicher Sexualität Rechnung getragen werden? Die Sache wird für den westlichen Wissenschaftler noch schlimmer, wenn er die Nachbarschaft dieser Gedanken zu indischer Volksmeinung gewahr wird, nach der sexuelle Enthaltung wertvoll ist, damit möglichst viel Samen im Gehirn gespeichert werden und dort als Kraftquelle wirken kann. Hierauf ist nun die Antwort unseres Autors, daß nicht die Samenzellen strömen, sondern das zugleich mit ihnen erzeugte besondere Prana.

Diese Antwort entweicht aber aus der Stelle des Konflikts, aber damit zugleich zunächst auch aus der Stelle der Nachprüfbarkeit. Samenzellen hätte man beobachten können, aber man fühlt sich a priori sicher, daß man sie in den Nervenbahnen nicht finden wird. Was Prana ist, ist dem Naturwissenschaftler völlig unbekannt; wie soll er es messen? Aber es ist die aufrichtige Absicht des Verfassers, gerade hier eine empirische Prüfung anzuregen. Er hat eine Fülle somatischer Beobachtungen an sich selbst gemacht, die ich im vorigen Kapitel nicht aufgezählt habe. Diese sind zunächst vor allem in der Ebene der Körpergefühle, die im Yoga ja so sorgfältig beobachtet und klassifiziert werden; hier drängen sich ihm ständig physikalische Gleichnisworte wie „Strom", „Strahlung" etc. auf. Sie beziehen sich ferner auf die große Bedeutung sehr genau dosierter Ernährung. Ich meine, einen Arzt müßten diese Beobachtungen sehr interessieren, und ein „Lexikon" der Übersetzung zwischen Körpergefühlen und Physiologie müßte herzustellen sein. Das könnte wenigstens ein Präludium zur physiologischen Einordnung des „Prana" sein.

Zum Prinzipiellen des Pranabegriffs hier noch eine Vorbemerkung. Was nach unserer Auffassung die Nerven transportieren, ist nicht eine Substanz, sondern Information. Man müßte also fragen, wie sich Prana zu unserem Begriff der Information verhält. Darauf komme ich unten zurück.

Ich ende mit einer Bemerkung über den Sinn der sexuellen Potenz und der sexuellen Enthaltung. Die Ferne vorneinander, in der die verschiedenen Wissenschaften operieren, führt dazu, daß gewisse naheliegende Fragen viel zu selten gestellt werden. Die europäische Geisteswissenschaft hat sich und uns über die Bedeutung der Sexualität für die Kultur im Durchschnitt unzureichend unterrichtet; auch wo sie sich als aufgeklärt verstand, trug sie das Erbe der Verdrängung aus der christlichen Kultur, der sie entstammt, naiv mit sich. (Ich konnte als Philosophiedozent z. B. die Befangenheit gegenüber dieser Thematik in der Auslegung von Platons „Symposion" beobachten.) Der Gegenschlag der Psychoanalyse, der Romanciers und der Subkultur der modernen Intellektuellen (von der modernen Sexualindustrie zu schweigen) nimmt etwas anderes ohne Rückfrage als gegeben an: die Allgegenwart des sexuellen Triebs. Hier könnte uns nun die evolutionistische Biologie belehren. Die ständige Bereitschaft zum Sexualverkehr ist biologisch eine Eigentümlichkeit der Primaten, wenn nicht gar des Menschen allein. Es ist gerade nicht „das Tier im Menschen", das nach ständiger geschlechtlicher Erfüllung drängt. Die Moral der Beschränkung des Geschlechtsverkehrs auf den Zweck der Fortpflanzung kann man einem Hirsch sehr viel leichter klarmachen als einem Menschen; vielmehr der Hirsch bedarf hierzu gar keiner moralischen Vorschriften. Ich empfinde es seit langer Zeit als ein tiefes, allen Nachdenkens wertes Rätsel, warum die Pansexualität so wie der Krieg, wie die Religion und die Wissenschaft ein spezifisches Humanum ist. Erst wer dies verstanden hätte, könnte dann auch die kulturelle Rolle der Unterdrückung der Sexualität begreifen und damit vielleicht auch eine der Prämissen der Kompartimentalisierung unserer Wissenschaften in solche, die von „Geist" und solche, die vom „Körper" handeln.

Mit der Unbefangenheit des Autodidakten greift Gopi Krishna dieses Problem auf. Für ihn ist die Unbegrenztheit der sexuellen Potenz des Menschen die Schaffung des Reservoirs der Nahrung der Evolution. Die Unterdrückung der Sexualität aus Haß oder Verachtung gegen die „niedere Natur" sieht er als ein Mißverständnis an, das erst in einer Spätphase der religiösen Entwicklung eintreten konnte, in der man den schlicht biologischen Sinn sexueller Enthaltung nicht mehr verstand. In der Tat bleibt bei der Erklärung der Repression des Sexuellen aus Naturverachtung unklar, woher eigentlich der Drang zu dieser Verachtung kommt. Die hinduistische (freilich nicht nur hinduistische) These Gopi Krishnas macht dies klar. Es handelt sich hier nicht um die Wahl zwischen Gut und Böse, sondern zwischen Gut und Besser. Die Sexualität kann der Evolution in der Fortpflanzung oder in der Steigerung des Bewußtseins dienen. Aber in gewissen Stufen der Intensität der Bewußtseinsentwicklung reicht sie bei den meisten Menschen, die diese überhaupt erfahren, nicht für beides aus. So entsteht das sinnvolle Ideal der Enthaltung, aber, wie es in der katholisch-christlichen Sprechweise heißt, als „evangelischer Rat" für die, denen der Rat entspricht, und nicht als Gebot für alle.

Diese Gedanken waren mir nicht neu, als ich Gopi Krishna kennenlernte; er gibt ihnen nur eine Einordnung in seine Gesamtsicht. Ich finde zum mindesten diese Fragerichtung die einzige, die eine Auflösung des Rätsels der humanen Sexualität und ein Verständnis ihrer Rolle in der Kultur in Aussicht stellt. Hier wäre natürlich noch sehr viel zu sagen; vielleicht, wenn die Kraft und Zeit ausreicht, ein andermal.

Genie und Wahnsinn

Dieses Kapitel ist eine einordnende Bemerkung zum hauptsächlichen Anwendungsgebiet der Gedanken Gopi Krishnas. Er spricht von der biologischen Grundlage für Religion und Genie. Auch die Religion sieht er vor allem in der Gestalt des religiösen Genies. Nicht der religiöse Alltag ist sein Thema, sondern der religiöse Stifter, der diesen Alltag einst herbeigeführt hat, und der Mystiker, der ihn hinter sich läßt. Aber auch die negative Erscheinungsform der Kreativität ist voll einbezogen. In den Gewaltherrschern, den großen Zerstörern und Bösewichtern der Weltgeschichte sieht er Kundalini am Werk. Er erinnert an die Doppelgestalt der großen Göttin als Durga und Kali; Kali tanzt auf dem Leichnam ihres Gatten. Unter den Menschen, die nicht

„groß" sind, bezieht er schließlich gerade die aus dem Gleis der Normalität geratenen ein: die Wahnsinnigen und diejenigen, die sich am Rande des Wahnsinns bewegen.

Von seinem Ausgangspunkt her ist diese Auswahl voll begreiflich. Seine eigene Erfahrung war etwas Außergewöhnliches; seine persönliche Leistung war es, gleichwohl im Rahmen der diesseitigen Normalität weiterzuleben. So klingt in ihm bei den außerordentlichen Gestalten die Saite der eigenen Erfahrung an, und in der Tat hat er damit ein Gespür für einen qualitativen Unterschied einer bestimmten menschlichen Erfahrung von allen anderen Erfahrungen. Die Anerkennung dieses Unterschieds hat nichts damit zu tun, daß alle Menschen vor Gott, vor dem Gesetz und vor der Nächstenliebe gleich sind. Sie sind gleich, indem jeder unverwechselbar dieser und kein anderer ist, und es ist nicht Nächstenliebe, sondern Haß, ihnen das Recht ihrer Eigentümlichkeit zu verweigern. So ist die Kreativität, die der Autor schildert, auch kein Anspruch, sondern ein Schicksal und damit dann eine Aufgabe. Der „böse Genius" ist oft genug genau der, der die Macht und Ehre auf sein Ich bezieht, die nur der ihn belebenden Kraft zusteht, und weit jenseits des Endes des Ehrgeizes wartet auf den „Guten" die Versuchung des Stolzes.

Unserem Verständnis des Phänomens kann es gleichwohl dienen, wenn wir die kontinuierliche Verbindungslinie zwischen der außerordentlichen Kreativität und der Kreativität des Alltags ziehen. Gopi Krishna selbst leugnet nicht, daß Kundalini in allen Menschen wirksam ist, aber sie strömt nicht, sondern „tröpfelt" nur. Auch tritt die physische Erfahrung, die er selbst gemacht hat, offensichtlich beim kreativen Vorgang gewöhnlich nicht auf. So wie wir normalerweise, außer etwa in der Gestalt von Kopfschmerzen, nicht an unser Gehirn denken, sondern an das Gedachte, nicht das Auge sehen, sondern das Gesehene, so nimmt auch die Kreativität gewöhnlich ihr Organ nicht wahr. Das Eigentümliche seiner Erfahrung und der ganzen Yoga-Schule, auf die ihn diese Erfahrung verwiesen hat, ist die somatische Selbstwahrnehmung eines Bewußtwerdevorgangs. Ich komme auf die Berechtigung dieses somatischen Aspekts zurück und frage jetzt nach der phänomenologischen Struktur der Kreativität, also nach ihrer mentalen Selbstwahrnehmung.

Ich möchte diese Phänomenologie einspannen zwischen die Pole der Wahrheit und des Hergangs. Einerseits stellt jeder kreative Akt eine Wahrheit hin, andererseits kommt er auf irgendeine Weise in der Zeit zustande. Dem Pol der Wahrheit entspricht die finale Betrachtung: das schöpferische Vermögen ist um der Wahrheit willen da, die es hinstellt. Dem Pol des Hergangs entspricht die kausale Betrachtung: die und die begreiflichen Prozesse müssen dabei ablaufen. Wir haben hier von neuem die Polarität des Entwicklungsprozesses vor uns und ordnen so die Kreativität in die Entwicklung ein, auf die wir im nächsten Kapitel zurückkommen werden.

In diesem Sinne ist nun jeder alltägliche Lernprozeß, jede Herstellung einer Kinderzeichnung, eines Kleids, eines Werkzeugs, jeder Akt sozialer Begegnung für das betreffende Individuum kreativ. Etwas nicht rückgängig zu Machendes geschieht, eine Struktur entsteht, die damit einmal da war, selbst wenn sie nachher wieder zerstört wird. Sie ist sinnvoll eingeordnet in einen Lebenszusammenhang und hat darin ihre Wahrheit. (Wahrheit = adaequatio rei et intellectus = Anpassung zwischen Sachverhalt und verständigem Handeln; vgl. „Die Einheit der Natur" S. 338 bis 341.) Wir können ihren Hergang genau soweit begreifen, als wir schon zuvor ein Verständnis erworben haben oder an Hand ihrer selbst ein Verständnis erwerben für die Teilelemente von Umwelt und Verhalten, die in ihr zusammenspielen (Kausalität) und für die Einheit der Struktur, die in diesem Zusammenspiel entsteht (Wahrheit).

Sprechen wir speziell von der rationalen Erkenntnis, insbesondere der Wissenschaft! Die übliche Weise, sie darzustellen, ist als System mehr oder weniger logischer Folgerungen, sei es aus Axiomen, sei es aus Erfahrungen. Dies ist die Festungsgestalt der Wissenschaft, die Weise, wie sie, wenn sie gefunden ist, gegen Kritik verteidigt wird. Gefunden wird sie nicht so. In der Mathematik ist es ein bekanntes Phänomen, daß man einen Satz vor dem Beweis, eine Strukturintention vor dem formulierten Satz, scheinbar inkohärente Beweisfragmente vor der Beweiskette „sieht". In der empirischen Wissenschaft hat *Thomas Kuhn* („Die Struktur wissenschaftlicher Revolutionen") die führende Rolle von „Paradigmen" gezeigt, welche erst definieren, wonach wissenschaftlich gefragt werden kann; die einzelne „Erfahrung" ist dann nicht mehr als eine zu drückende Taste auf einer von uns gebauten Tastatur, deren Auswahl wir der befragten Natur erlauben. Das letzte Wort des Archäologen Ludwig Curtius am Tag seines Todes war die Mahnung, die er einem ihn besuchenden Romreisenden nachrief: „Und vergessen Sie nicht, man sieht nur, was man weiß."

Wissenschaft ist (so Konrad Lorenz) wesentlich Gestaltwahrnehmung, und diese Gestaltwahrnehmung hat die Natur eines kreativen Akts an sich; man „macht" die Gestalt, indem man sie wahrnimmt, man nimmt sie wahr, indem man sie macht.

Von hier aus können wir wieder zur „großen" Kreativität aufsteigen. Die große wissenschaftliche Entdeckung ist die Wahrnehmung einer besonders einfachen und grundlegenden, bisher im Chaos der Erscheinungen und der Unverstandenheit der Theorien verborgenen Gestalt. Ihr Auftreten wird oft wie eine Inspiration, wie eine Gnade beschrieben, die nie als zwingende Folge der forscherischen Anstrengung, sondern wann und wie sie selbst will, als eine Antwort einer „anderen Instanz", oft dann fast mühelos, dem Forscher begegnet. Hier ist das, oft erschütternde und beseligende, Erlebnis: „Ich bin es nicht. Nicht ich habe das gemacht." Und doch bin ich es in gewisser Weise, aber nicht dieses wollende Ich, sondern ein umfassenderes Selbst. Wer hier sensibel geworden ist, der kann diese Erfahrung dann aber auch im Alltag des Denkens und Handelns wiederfinden: wie wenig weiß ich von den Bedingungen dafür, daß auch der einfachste Denkakt, der einfachste Schritt und Handgriff glückt?

Wir können nun diese wissenschaftliche Erfahrung des Ich und des Selbst nach zwei Seiten verknüpfen: Freud folgend mit der Neurosenheilung, Gopi Krishna (und hier auch z. B. C. G. Jung) folgend mit der Mystik. In der Neurosenheilung trat mir etwas als Nicht-Ich gegenüber, und ich mußte es als Ich anerkennen, um so die Einheit eines zerrissenen Bewußtseins wieder herzustellen. In der wissenschaftlichen Entdeckung tritt etwas als meine Leistung auf, was ich als Nicht-Ich und doch Ich-Selbst anerkennen muß. Aber das Selbst bleibt dabei meinem Bewußtsein verhüllt und bekundet sich nur durch das Geschenk, das er mir macht, durch seine Leistung. In der Mystik aber habe ich mich dem Selbst zu öffnen, das Ich aufzuheben oder, was dasselbe ist, es als Manifestation des Selbst zu wissen. Letzten Endes habe ich das Selbst zu sein, das ich immer war.

Was mit diesen Worten gesagt ist, dem müssen wir später nachgehen. Jetzt wollte ich nur mit einem ersten phänomenologischen Blick andeuten, wie die Vorgänge zusammenhängen.

Hier läßt sich nun auch das Negative einordnen. Es zeigt sich grundsätzlich als ein Sieg des Hergangs über die Wahrheit, als eine „falsche Wahrheit" („Die Einheit der Natur", S. 339). Das beginnt schon bei den „gesunden" unvollkommenen Manifestationen des

Selbst, bei den „zweitbesten" Leistungen wie Wissenschaft und Kunst. Die „Fachidiotie" ist der Schatten der Wissenschaft. Die Wissenschaft weiß das jeweils Einzelne durch die Leistung der Objektivierung, d. h. der Herauslösung des Einzelnen aus dem Ganzen. Durch den Begriff des Gesetzes stellt sie nachträglich das Ganze wieder her, aber dies bleibt selbst eine bruchstückhafte Wiederherstellung. Daher die Möglichkeit der Selbstzerstörung einer wissenschaftlichen Welt. Analog kann auch Kunst zwar aufs Leben weisen, aber das Leben nicht tragen. Die Zeile „des Dichters Aug, im holden Wahnsinn rollend" geht auf Platons Meinung zurück, daß die Dichter in einer göttlichen Inspiration Wahrheiten aussprechen, die sie als Menschen selbst nicht verstehen. Auch Kunsttheorien, die das Handwerkliche oder das Gedanklich-Objektive in der Kunst betonen, können, wenn sie bei der Wahrheit bleiben, nicht leugnen, daß die Kunst ein unverfügbares Geschenk ist, selbst noch in der Form der Sicherheit eines altgewordenen Meisters. Und wer die Lebensprobleme von Künstlern kennt, wird vielleicht die These nicht übertrieben finden, daß ein Künstler eigentlich nicht leben kann; er ist durch das, was in ihm ständig geschieht, über die Grenzen des Normalen hinausgetrieben, ohne in einem anderen Raum einen festen Stand zu finden. Ein älterer Freund, der mir zuerst den spirituellen Bereich aufgeschlossen hat und der selbst Künstler war, sagte: „Kunst ist eine Ersatzleistung. Hier handelt ein Wesen, das nicht zu sein vermag." Eine vielen gängigen Anschauungen widersprechende, bedenkenswerte Ansicht.

Schließlich ist die Nachbarschaft zwischen Genie und Wahnsinn ein altes Thema. Der Sinn des Zusammenhangs wird verfehlt, wenn in „reduktionistischer" Weise der Wahnsinn – in einer oder verschiedenen seiner vielen Formen – als das häufiger Vorkommende zugrundegelegt wird und man dann versucht, geniale Persönlichkeiten von ihrer Nachbarschaft zu Zügen des Wahnsinns her zu interpretieren. Dies ist auf höherer Stufe der Thematik gleichsam eine Wiederholung der von Platon schon dem Protagoras in den Mund gelegten, heute u. a. von *Gehlen* vertretenen These vom Menschen als „Mängelwesen", verglichen mit den angepaßteren Tieren. „Umgekehrt wird ein Schuh daraus." Gegen die Mängelwesentheorie hebt Konrad Lorenz überzeugend hervor, daß der Mensch sowohl rein körperlich wie instinktiv reicher ausgestattet ist als wohl irgendein Tier. Nur ist seine somatische und instinktive Ausstattung dazu bestimmt, einer integrierenden Intelligenz zu dienen. Stilisierend gesagt: der Mensch trägt nicht Kleider, weil er unbehaart ist, sondern er ist unbehaart, weil er Kleider trägt, und darum ist er schlecht dran, wenn ihm einmal die Kleider fehlen. Analog hebt Gopi Krishna die wohlbekannte Tatsache hervor, daß schöpferische Persönlichkeiten, insbesondere auch religiös schöpferische, im allgemeinen in den Gaben der Normalität wie Intelligenz, Auffassungsgabe, Spannkraft sehr viel besser ausgestattet sind als der Durchschnitt der Normalen. Aber ein partielles Mißlingen des Integrationsprozesses läßt sie gleichsam ohne die ihnen bestimmten Kleider. So besteht dann auch vielleicht Aussicht, psychotische Abläufe von demjenigen schöpferischen Vorgang her zu interpretieren, dessen mißratene Kopie sie sind. Ich war einmal Adressat der Redeflut eines begabten jungen Mannes in einem wohl schizophrenen Schub. Ich konnte jedes Wort „verstehen". Alles Material der Genialität war darin enthalten, aber hoffnungslos derangiert.

Sehr ähnlich wird man dann auch über die Nachbarschaft der Wirkung von Drogen zu mystischen Erlebnissen urteilen müssen. Die Droge gäbe demnach ein mißlingendes, unproduktives Bruchstück. Es war mir auffallend, wie scharf Gopi Krishna im Gespräch jeden Drogengebrauch, auch als „Anlockung" zur Meditation, verurteilte. Er bestätigte mir damit ein Gefühl, zu dem ich mich, wie manchmal, nicht ganz zu bekennen gewagt hatte.

Was ist Evolution?

Die nun folgenden Kapitel müssen kürzer sein als die bisherigen, aus dem paradoxen Grund, daß sie sonst noch länger sein müßten. In den bisherigen Kapiteln habe ich versucht, Gopi Krishnas Gedanken und sein uns vielfach fremdes altindisches Begriffs- und Erfahrungsmaterial dem westlichen Leser in möglichst zugänglicher Form vorzulegen. „Vorkauen" in Gestalt eigener gedanklicher Verarbeitung war dabei unvermeidlich, sollte aber eine dienende Rolle behalten. Dies kann niemals weiter führen als dazu, die Thesen des Autors, seinem Wunsch entsprechend, zur Diskussion und womöglich zur Nachprüfung zu stellen. Im folgenden möchte ich wenigstens andeuten, wie sich mir diese Thesen zu verhalten scheinen zu einer Philosophie der Natur und der Geschichte, die ich aus durchaus westlichen Prämissen heraus zu entwickeln suche. Ich kann aber diese Philosophie selbst hier nicht darstellen; soweit sie vorliegt, weil das zu breit würde, soweit sie nicht vorliegt, weil sie nicht vorliegt. So muß ich stenographisch reden und, des darin liegenden schlechten Stils bewußt, auf eigene Schriften verweisen.

Die Entgegensetzung von Natur und Geschichte bezeichnet m. E. den qualitativen Sprung vom Tier zum Menschen mit undeutlichen Begriffen; ich spreche lieber auch von der „Geschichte der Natur" und bleibe damit dem Begriff der Evolution nahe, den Gopi Krishna wie Aurobindo oder Teilhard de Chardin letzten Endes dem Evolutionismus des 19. Jahrhunderts verdankt. Die Spiritualisierung dieses Begriffs, die alle drei Denker vollzogen haben, scheint mir unausweichlich, wenn man den Menschen als das spirituelle Wesen, das er nun einmal ist, in die Evolution einbezieht. Trotzdem besteht hier die Gefahr eines begrifflichen Kurzschlusses zwischen Vitalität und Geist, die viele kritische Köpfe von dieser Philosophie fernhält. Ich schlage deshalb im Vertrauen auf den Geist, der uns in alle Wahrheit führt, ein sehr langsames Verfahren vor.

Zunächst teile ich nicht den Affekt aller spiritualistischen Evolutionisten gegen den Darwinismus. Man muß m. E. die Selektionstheorie nicht verwerfen, sondern verstehen*. Nach ihr beruht die Evolution genau wie die thermodynamische Irreversibilität auf der „Geschichtlichkeit der Zeit", die sich u. a. in der Offenheit der Zukunft und der Faktizität der Vergangenheit manifestiert. Das philosophische Rätsel ist die Zeit; außer ihr braucht man zur Deutung der Evolution keine weiteren Rätsel einzuführen. Im einzelnen gilt, daß das Wachstum der Anzahl und Differenziertheit der Gestalten dem zweiten Hauptsatz der Thermodynamik nicht nur nicht widerspricht, sondern unter gewissen Voraussetzungen, die in der wirklichen Welt erfüllt sind, sogar aus ihm logisch folgt. Man kann dann sagen: Die „Kraft" der Evolution ist nichts anderes als das „Strömen der Zeit" selbst, als die Unentrinnbarkeit der Zukunft. Der „Biologismus" der Evolutionsdenker ist dann nichts anderes als das „Strömen der Zeit" selbst, als die Unentrinnbarkeit der Zukunft. Der „Biologismus" der Evolutionsdenker ist dann nichts anderes als daß sich die

---

* Vgl. dazu C. F. v. Weizsäcker „Die Geschichte der Natur", Vorlesungen 6 bis 10; Vandenhoek & Rupprecht, Göttingen, 1962.
„Die Tragweite der Wissenschaft, Teil 1", Vorlesung; S. Hirzel Verlag, Stuttgart, 1964.
„Die Einheit der Natur", Teil III; Carl Hauser Verlag, München, 1971.

Geschichtlichkeit der Zeit schon im organischen Leben zeigt. Ihr „Spiritualismus" bedeutet einerseits, daß auch der Geist, insofern er in der Zeit erscheint, der Struktur der Zeit gehorcht. Andererseits bedeutet er die Forderung, die Zeit selbst geistig zu verstehen.

Ein Anlauf dazu ist zunächst der scheinbar anfangs in entgegengesetzter Richtung laufende Versuch, die volle Einheit der Natur durch eine Rückführung der biologischen Begriffe auf Begriffe der Physik sichtbar zu machen. Der zentrale Begriff einer logischen Analyse dieses Zusammenhangs ist der Begriff der Information. Virtuelle Information ist Entropie. Das Gestaltenwachstum ist Wachstum der virtuellen Information und damit Wachstum der Entropie. Die Molekularbiologie und die Kybernetik geben Hoffnung zu einer Reduktion biologischer Gesetze auf physikalische. Ist damit aber nicht gerade der Materialismus auf den Thron gesetzt?

Die Frage ist, was „Materie" bedeutet. Für den Physiker ist sie kaum anders definierbar als „das, was den Gesetzen der Physik genügt". Was besagen die Gesetze der Physik?

Physik und Zeit

Den Versuch, die Physik zu begreifen, kann ich hier nur andeuten*. Der Leser, dem dieser Abschnitt spezialistisch ist, möge ihn überschlagen.

Die Physik als empirische Wissenschaft entwickelt sich historisch zu einer einzigen einheitlichen Theorie. Den Grund der Möglichkeit von Theorie überhaupt suche ich in der Einheit dieser Theorie, und deren Grund in den Bedingungen der Möglichkeit der Erfahrung. Erfahrung heißt, aus der Vergangenheit für die Zukunft lernen; sie ist also nur möglich in der Zeit. Die Struktur der Zeit ist der Grund der Einheit der Physik. Diese Struktur muß begrifflich auseinandergelegt werden in einer Logik zeitlicher Aussagen und einer Theorie der Wahrscheinlichkeit als der Form empirischer Vorhersage der Zukunft. Die physikalische Verwendung des Wahrscheinlichkeitsbegriffs bestimmt die Gestalt der beiden aufeinander bezogenen Fundamentaltheorien: der Quantentheorie und der Thermodynamik. Sie sind aufeinander bezogen, insofern die statistische Thermodynamik eine elementare Theorie voraussetzt und andererseits der Begriff

---

* Vgl. „Die Einheit der Natur", Teil II und III 3, III 5.

der Messung in der Quantentheorie nicht ohne den thermodynamischen Begriff der Irreversibilität klargemacht werden kann. In einer noch nicht erreichten Phase sollten beide Theorien daher zu einer Einheit verschmelzen. Schließlich sollten die flankierenden Theorien der Raumstruktur, der Elementarteilchen und des Universums sich als Konsequenzen einer semantisch konsistent interpretierten Quantentheorie ergeben. Auch hierzu ist der zentrale Ansatz zeitlich; ich nenne ihn jetzt temporalen Finitismus. Die Quantentheorie ist eine Theorie der probabilistischen Vorhersage der Entscheidungen von kontingenten Alternativen („Messungen"). Bis zu jeder Zeit haben nur endlich viele Alternativen entschieden werden können (endliche Faktizität der Vergangenheit), aber die Menge zukünftig noch entscheidbarer Alternativen ist unbegrenzt (Offenheit der Zukunft). Dies ergibt einen zu jeder Zeit endlichdimensionalen quantentheoretischen Zustandsraum, der in einem kompakten expandierenden Ortsraum mit kleinsten physischen Objekten („Elementarteilchen") dargestellt werden kann.

Philosophisch ist an diesem hypothetischen Ansatz wichtig, daß die ganze Physik als eine Theorie der Wahrscheinlichkeitsprognosen empirisch entscheidbarer Alternativen erscheint. Daß die Quantentheorie diese Beschreibung zuläßt, ist auch ohne die hypothetischen Weiterungen klar. Hierin sieht man oft einen auf den Beobachter bezogenen Subjektivismus. Andererseits ist diese Physik zweifellos intersubjektiv: verschiedene Beobachter werden nur miteinander vereinbare Erfahrungen machen, es sei denn sie verfielen Irrtümern. Für keinen denkbaren Beobachter ist die Zukunft faktisch. Diese „objektive Subjektivität" ist im Begriff der Information gefaßt. Die Rückführung der Eigenschaften der „Materie" auf eine Abzählung entscheidbarer Alternativen und vermutlich die Begriffe Masse, Energie und Information auf einen einheitlichen Grundbegriff bewegter Form reduzieren. Die physische Welt wäre nach dieser Auffassung, in Nähe zu Kant, das, was einem endlichen Bewußtsein erscheinen kann. Insofern ein endliches Bewußtsein sich selbst empirisch, in entscheidbaren kontingenten Alternativen, erscheinen kann, wäre es selbst „Materie". Ich drücke das gelegentlich in der an Schelling anlehnenden Formel aus: Natur ist Geist, der nicht als Geist erscheint.

Ich verlange vom Leser nicht, daß er diesen Mutmaßungen glaubt. Ihre bloße Denkmöglichkeit sollte aber zeigen, daß der Begriff des Prana mit unserer Physik nicht unvereinbar zu sein braucht. Prana ist räumlich ausgedehnte belebende, also zunächst einmal bewegende Potenz. Die Quantentheorie beschreibt etwas davon nicht völlig Entferntes unter dem Namen der Wahrscheinlichkeitsamplitude. Die Beziehung wird vielleicht deutlicher, wenn man Wahrscheinlichkeit streng als einen futurischen Begriff versteht, also als den quantifizierten Ausdruck dessen, wohin der „Strom der Zeit" evolutiv drängt. Und die cartesische Spaltung ist in der skizzierten Denkweise nicht mehr vorhanden, außer insofern in ihr getrennte Subjekte mit je ihrem objektiven Bewußtseinsinhalt vorausgesetzt sind. Eben dies aber wird sich, wenn wir hypothetisch die Quantentheorie auf den Menschen selbst anwenden, nicht als letzte Wahrheit erweisen, sondern als die klassische Näherung, ohne welche wir nicht objektivierend sprechen können. D. h. der Subjekt-Objekt-Dualismus besteht in genau derjenigen Näherung, die erforderlich ist, damit Subjekte objektivierend handeln und denken können.

Kann man aber das, was Voraussetzung des Objektivierens ist, jenseits der Objektivierung noch denken? Kann man die Totalität, zu deren Gliedern wir gehören, *als* Totalität denken? Wir kommen zum Problem des Einen.

Das Eine

Treten wir zu einem Anlauf noch einmal einen Schritt zurück! Gopi Krishna behauptet, ein einziges Gesetz beherrsche die ganze Wirklichkeit, das zugleich biologische und spirituelle Gesetz der Evolution. Wir haben mutmaßend die Einheit der Physik zugleich mit der Evolution auf die Geschichtlichkeit der Zeit, letztlich auf eine noch unverstandene Einheit der Zeit zurückgeführt. Was bedeutet in diesen Zusammenhängen eigentlich Einheit?

Wir treten noch einen Schritt zurück. In der Quantentheorie läßt sich ein Objekt in Teilobjekte zerlegen, besteht aber nicht an sich aus ihnen. Man sieht das daran, daß es verschiedene, miteinander begrifflich unvereinbare Teilungen zuläßt (technisch gesagt: verschiedene Zerlegungen des Hilbertraums; Einstein-Rosen-Podolsky-Paradoxon). Es ist also ein Ganzes, das nicht aus Teilen besteht, sondern bei der Zerlegung in Teile seine Ganzheit verliert. So „ist" ein Atom nicht ein System aus Kern und Elektronen, sondern man findet nur Kern und Elektronen, wenn man das Atom zerstört. Ebenso „ist" dieser Tisch nicht ein Gebäude aus Atomen, sondern man findet Atome, wenn man den Tisch radikal auflöst. Der Gültigkeitsbereich des Begriffs getrennter Objekte ist genau der Bereich der klassischen Näherung, in dem die „Phasenbeziehungen" zwischen den Objekten („ihre Verbindungen im Prana", wenn wir so leichtfertig reden dürfen) als vernachlässigbar angesehen werden. Versuchen wir nun die ganze Welt als ein quantentheoretisches Objekt zu denken, so „ist" die Welt wiederum nicht die Vielheit der Objekte in ihr, sondern sie zerfällt nur für den vielheitlich objektivierenden Blick in diese Vielheit*.

Dies ist nur einer der Wege, sich dem Einen zu nähern; man könnte ihn den physisch-objektiven nennen. Platon wählt in der Mitte des „Staats" den mehrfach gestuften Aufstieg vom Abbild zum Urbild. Die Vedanta-Philosophie hat die möglichen Auffassungen des Problems vielfältig diskutiert. Wenn ich mir als Nichtkenner des Sanskrit hier überhaupt ein Urteil erlauben darf, so scheint mir Platons an der Mathematik geschultes Denken dieser Probleme argumentativ noch strenger als das indische. Sein „Parmenides" kann wie ein Vorentwurf der hier auftretenden Denkmöglichkeiten gelesen werden, zugleich mit dem Nachweis, daß ihrer keine dem Widerspruch entgeht. (Man darf dazu bemerken, daß der Satz vom Widerspruch die wenigstens zweiwertige Logik und somit die Nicht-Einheit voraussetzt.) Andererseits ist die indische Philosophie des Einen stets nur als begriffliche Auslegung der Meditationserfahrung verständlich. Auf diesem Wege liegt die Erfahrung des kosmischen Bewußtseins, bei der ich oben (S. 76) abbrach, weil sie nicht mehr Biographie, sondern die Sache selbst sei; so auch die Erfahrung der Stille, die Erfahrung des Selbst. Es ist nach allem Gesagten klar, daß dieser Weg zu gehen, nicht theoretisch zu beschreiben ist.

Christentum und Geschichte

Zwei Fragen möchte ich, wenn auch in der nun gewählten Kürze nicht unberührt lassen: das Verhältnis des Gesagten zum Christentum und zu unserer eigenen Zukunft.

Gopi Krishna hat die bei aufgeklärten Hindus übliche offene Haltung gegenüber der Vielheit der Religionen. Christus ist ihm eines der größten, zwingendsten Beispiele des religiösen Genius. Er benützt das Gespräch mit Nikodemus als Beleg des Sinnes der zweiten Geburt, der

---

* Vgl. den letzten Aufsatz in „Die Einheit der Natur".

Geburt aus Wasser und Geist. Den unkirchlichen modernen Intellektuellen geht diese Haltung leicht ein, um so schwerer aber, und wahrlich nicht nur aus konfessioneller Enge heraus, den christlichen Theologen. Gewiß kann man oft genug beobachten, daß Christen angesichts der Forderung, die *Wahrheit* anderer Religionen anzuerkennen, in eine Art von Panik geraten. Da heute die Intoleranz, auch die bloß gedankliche Intoleranz gegenüber den „Ungläubigen" nicht mehr überzeugt, sucht man mit einem gewissen Krampf nach dem „letztlich doch entscheidenden" Unterschied des Christentums gegen alle diese Religionen. Diese angstvolle Reaktion (die sich ihrer Angst meist nicht bewußt bleibt) halte ich für unchristlich und für die Quelle immer neuer mystifizierender Mißverständnisse der fremden *und* der eigenen Religion. Etwas anderes ist es aber, sich klarzumachen, daß in der Differenziertheit des geschichtlichen Vorgangs die Rollen der großen Religionen und ihrer Stifter nicht dieselben sind und es auch nicht sein sollen. Es ist mir neulich zugestoßen, in kirchlichen Kreisen etwas Staunen zu erregen, als ich sagte, zum Christentum gehöre der Glaube an die Wiederkunft Christi.

Es gibt hier sowohl eine Reihenfolge der Fragen wie eine Verteilung der Aufgaben für heutige Menschen, nun insbesondere für heutige Christen. Daß ein entwurzelter Europäer oder Amerikaner festeren Boden unter die Füße bekommt, indem er Buddhist oder Angehöriger einer Hindu-Lebensgemeinschaft wird, als wenn er zur christlichen Kirche zurückfände oder auf dem suchenden Weg des Intellektuellen bliebe, dafür gibt es einige überzeugende Beispiele, aber sie sind die Minderzahl. Aus der Ferne erscheint das Exotische oft zugänglicher, weil wir unter seinen Lebensproblemen nicht leiden. Ich würde Menschen lieber in die verfaßte Kirche herein als aus ihr hinausführen. Aber die Meinung, man könne dies durch eine objektive Überlegenheit des Christentums begründen, ist eine Selbsttäuschung, solange wir das nicht vollzogen haben, wovon hier bisher die Rede war. Eine solche Begründung ist auch nicht nötig.

Wir können aber heute schon gewisse Züge der christlichen Tradition bezeichnen, die aufzugeben wir keinen Anlaß haben. Das ist insbesondere das Verhältnis des Christentums zur diesseitigen Geschichte. Inder wie Gopi Krishna haben mit dem Evolutionsgedanken ein Stück säkularisierten christlichen Denkens übernommen, und es ist ihm sehr bewußt, daß er mit der Diesseitigkeit seines Evolutionsbegriffs zu jenen Hindu-Traditionen im Gegensatz steht, die nur einen Aufstieg zum Einen und ein Verharren dort anstreben. Die Philosophie der offenen Zeit ist eine hebräisch-christliche Philosophie. Ihr Verhältnis zum Einen ist freilich in der christlichen theologisch-philosophischen Tradition völlig ungeklärt. Wir verlassen aber die Stufe des notwendigen Weiterfragens, wenn wir diese Zeit mit dem linearen Zeitbegriff der chronologischen Geschichte und Prognose gleichsetzen. Ich besitze keine Lösung dieser Frage, aber ich möchte erreichen, daß wir sie als Frage vor uns sehen. Die Vorbereitung zu ihrem Verständnis ist wie in allen großen theoretischen Fragen die Praxis. Gewiß haben auch im Christentum die Kontemplativen einen notwendigen Ort. Aber nur, weil auch sie auf ihre Weise die Verantwortung für die Welt, für jeden einzelnen lebenden Mitmenschen, mittragen.

Die Zukunft unserer Welt

Die Kapitelüberschrift bezeichnet nur eine Leerstelle, denn hier wäre nur eine breite Erörterung möglich, die andernorts geschehen muß. Gopi Krishna hat Erwartungen der Zukunft, die er selbst im vorliegenden Buch nur andeutet. Er erwartet, daß der Weg, den die Welt heute geht, in ein Unglück führt, daß aber die Öffnung eines höheren Bewußtseins einen besseren Zustand der Menschheit, eine wahrhafte Entwicklung mit sich bringen wird. Diese Erwartungsfigur ist oft in der Geschichte aufgetaucht, vielleicht weil sie, mit dem jeweiligen Stand angepaßtem Inhalt, oft berechtigt war. Ich halte sie heute gewiß für berechtigt. Es gilt, in der Welt, für die diese Erwartung berechtigt ist, zu wirken. Wie?

III.
Zur Stellung der Religion im modernen Denken

1. Mythos, Philosophie, Theologie, Wissenschaft

Auch die Aufklärung ist unvollendet. Der unvollendeten Aufklärung kann die unvollendete Religion nur unglaubwürdig sein.

Die Aufklärung hat die drei „kulturellen Pointierungen" – Moral, Theorie, Kunst – nicht zur Einheit gebracht. Es scheint mir, daß ihre Bemühung in allen drei Feldern unvollendet ist. Selbst gerechte Moral wird böse, selbstgerechte Theorie unwahr, selbstgerechte Kunst wesenlos. Das Wort „selbstgerecht" ist in allen drei Fällen anwendbar, um eine „Pointierung" zu bezeichnen, die den breiten Boden der Wirklichkeit unter sich läßt.

Die *politische* Aufklärung hat einen wunderbaren moralischen Impuls entwickelt. Sie hat die Selbstgerechtigkeit der traditionellen Religion bloßgestellt. Das meine ich vor allem, wenn ich sage, sie habe die Stafette der christlichen Selbstkritik übernommen, und damit die Stafette der Weltveränderung. Aber indem sie ein Äußeres kritisiert, von dem sie sich selbst verschieden weiß, bleibt sie oder wird sie blind gegen ihr eigenes Machtmotiv.

Die *gedankliche* Aufklärung hat die Menschheit die größte intellektuelle Bereicherung ihrer bisherigen Geschichte gebracht. Nichts kann heute gedanklich ernstgenommen werden, das sich der Kritik des aufgeklärten Denkens entzieht. Aber was sich den Ja-Nein-Entscheidungen heutiger Wissenschaft bisher nicht gefügt hat, versinkt in das Dunkel des Nichtwissens. Wie lernen wir wahrzunehmen, was uns dadurch entgeht?

Die *Kunst* bietet der Welt der Aufklärung Wahrnehmung an. Aber indem die Gesellschaft die Kunst als einen ihrer Werte stilisiert, entzieht sie sich der schmerzhaften Kritik dieser Wahrnehmung.

Wir haben Kunst als eine Wahrnehmung von Gestalt durch Schaffung von Gestalt bezeichnet. Ebensolche Wahrnehmungen durch Schaffung von Gestalt ist aber auch die Selbstdeutung der Religion im

Mythos und, nach einem ersten Durchgang durch die gedankliche Arbeit früher Aufklärung, in der Theologie. Was lehrt uns diese Wahrnehmung?

Der *Mythos* vermittelt Wahrnehmung, indem er eine Geschichte erzählt. So erscheint er als eine Dichtung, als eine Art Kunst. Aber sein „geheiligter" Charakter, seine religiöse Würde, unterscheidet ihn von der „artistischen" Freiheit neuzeitlicher Kunst. Was nimmt er wahr?

Es gibt, schon im tierischen Verhalten, in jeder differenzierten Einzelwahrnehmung schon eine „Mitwahrnehmung des Ganzen", eine *Orientiertheit*. Die Katze sieht nicht einfach eine Maus, sondern sie sieht in der Wiese, durch die sie selbst schleicht, eine unter den Gräsern huschende Maus. „Orientieren" heißt für den Reisenden, die Himmelsrichtungen durch den Ort des Sonnenaufgangs, den Orient (*oriri:* aufgehen) zu bestimmen. Diese Mitwahrnehmung des Ganzen bleibt meist unausdrücklich. Vernunft, als Wahrnehmung eines Ganzen definiert, macht diese Mitwahrnehmung ausdrücklich.

Der große religiöse Mythos ist eine Weise, uns im Ganzen des Lebens und der Welt zu orientieren. Mythos ist in diesem Sinne das älteste Organ der Vernunft. Der Babylonier ist orientiert in der Welt, die sein Reichsgott Marduk aus dem erschlagenen Leib der Urgöttin gebaut hat. Der Jude und später der Christ sind orientiert in der Welt, die der eine Gott geschaffen hat wie ein Gärtner seinen Garten.

Die Mythen sind vielgestaltig wie die Götter, von denen sie erzählen, wie die Situationen, in denen sie orientieren. Die großen religiösen Denker – so im Hinduismus, im Buddhismus, in der griechischen Philosophie – haben den Gleichnischarakter dieser Erzählungen voll durchschaut. Sie haben von dem Ganzen, in dem wir uns befinden, in großen Abstraktionen gesprochen: dem Einen des Vedanta und des Platonismus, dem Leeren des Buddhismus. Ein klassischer islamischer Philosoph, ich glaube Al Khindi (ca. 800–870), soll gesagt haben: „Auf die Frage, ob der Koran von Gott geoffenbart ist, lautet die Antwort: Ja, er ist von Gott geoffenbart, um den Menschen, die die Philosophie nicht auffassen können, den Inhalt der Philosophie verständlich zu machen."

Die griechische *Philosophie* ist *Aufklärung* durch das Machtmittel des *Logos,* der auf Wahr oder Falsch entscheidbaren Aussage. Sie thematisiert aber die Wahrnehmung des Ganzen gleichsam in einem „Mythos des Logos". Den Aufstieg zu dieser Wahrnehmung erzählt

Platon im Höhlengleichnis, das eine politisch-ethische, eine mathematisch-naturwissenschaftliche und eine meditativ-mystische Deutung zuläßt. Der Gott des Aristoteles* ist der ewige Geist, der die ewigen Formen des Geschehens weiß, er ist der unbewegte Beweger alles bewegten Seienden, er ist die einzige volle Wirklichkeit, der nichts bloß Mögliches noch aussteht.

Die christliche *Theologie* kommt wesentlich *nach* der griechischen Philosophie. Sie ist eine Rationalisierung der biblischen Erzählungen und der christlichen Erfahrung mit den Mitteln des philosophischen Logos. Sie nötigt sich selbst damit zu dem Anspruch, wahr und nicht falsch zu sein. Von den Mythen der anderen Religionen und von den Vernunfteinsichten der Philosophie unterscheidet sie die biblischen Aussagen als *Offenbarung (revelatio:* Entschleierung; *apokálypsis:* Enthüllung). Dieses Wort bezeichnet also sprachlich selbst eine Wahrnehmung, ermöglicht durch die von Gott geschaffene Gestalt der biblischen Aussage. Die dogmatischen Konzilsentscheidungen, die den Irrenden verurteilen, werden zu kirchenpolitischen Instrumenten: Einheit der Kirche durch Einheit der Lehre.

Das gedankliche Machtmittel der *neuzeitlichen Aufklärung* ist die *Wissenschaft.* Methodisch stützt sich die Wissenschaft in ihrem heutigen Selbstverständnis auf den Aufweis des Einzelnen, auf *Erfahrung.* Dieses methodische Prinzip kann, isoliert genommen, den großen Einheitsanspruch des Mythos, der Philosophie, der Theologie nicht aufrechterhalten. Die Wissenschaft kennt aber eine bescheidene Mitwahrnehmung eines Ganzen, durch das Mittel des *Begriffs,* ohne den es wissenschaftlich aussprechbare Erfahrung gar nicht geben könnte. Für unsere jetzige Überlegung ist wesentlich, daß man die Wissenschaften, auf zwei etwas verschiedene Weisen, in zwei Gruppen einteilen kann. *Inhaltlich* kann man die *Naturwissenschaften* den *Geistes- und Sozialwissenschaften* gegenüberstellen. Diese Einteilung geht also von der Unterscheidung der Natur vom Menschen aus. Sie ist offensichtlich nicht scharf, denn der Mensch ist selbst ein Kind der Natur. Medizin ist weitgehend Naturwissenschaft vom Menschen, tierische Verhaltensforschung ist Sozialwissenschaft von Tieren. *Methodisch* unterscheidet man *Gesetzeswissenschaften* von *interpretierenden Wissenschaften.* Das schärfste Instrument der Ge-

---

* Vgl. heute: G. Picht, *Aristoteles „De Anima",* Stuttgart 1987; E. Rudolph, *Zeit und Gott bei Aristoteles,* Stuttgart 1986.

setzeswissenschaft ist die *Mathematik*. Das Hilfsmittel der interpretierenden Wissenschaften ist das *Verstehen*, das der Mensch vom Menschen hat; man spricht hier auch von *Hermeneutik*, was wörtlich Dolmetscherkunst bedeutet. Roh gesprochen ist Naturwissenschaft der Gesetzesform fähig und bedürftig. Die Sozialwissenschaften, auf Verstehen aufruhend, eifern doch vielfach dem Ideal der Gesetzeswissenschaft nach. Geistes- oder Kulturwissenschaft ist ohne Verstehen (ohne Kommunikationsfähigkeit, um einen modernen Terminus zu gebrauchen) undenkbar. Diesen methodischen Unterschied meint man, wenn man im heutigen Englisch dem deutschen Oberbegriff „Wissenschaft" gar nicht gebraucht, sondern von *science* und *humanities* (oder *arts*) spricht.

Beide Formen der Wissenschaft sind historisch der Religion kritisch gegenübergetreten. Die *Naturwissenschaft* hat im Gesetzesschema der klassischen Physik ein Bild von der Einheit der Natur entworfen, das – wie Laplace es gegenüber Napoleon ausdrückte – „die Hypothese ‚Gott' nicht nötig hatte". Man mußte dann den cartesischen Dualismus von Materie und Bewußtsein erfinden, um das Verstehen des Menschen durch den Menschen beschreiben zu können; in diesem Schema blieb eine Lücke für Gott, aber keine *wissenschaftliche* Nötigung, von dieser Lücke Gebrauch zu machen. Große Naturforscher haben wohl immer eine religiöse Ehrfurcht gegenüber der wunderbaren Ordnung der Naturgesetze gehabt. Sie erkannten sich wieder in dem Beitrag der Mathematik zur Sichtweise der klassischen Philosophie; Einstein bekannte sich zum „Gott Spinozas". Aber gegenüber dem Christentum ist dies zum mindesten eine neue Religion; sei es „Pantheismus" oder aber die Reduktion des Schöpfergottes auf die Rolle des Ingenieurs, der einmal eine Maschine gebaut hat. Diese Auseinandersetzung hat in den Jahrhunderten der Neuzeit im Vordergrund des Verhältnisses von Religion und Aufklärung gestanden; sie erfüllt heute noch die populäre Polemik. Dies ist unvollendete Aufklärung angesichts unvollendeter Religion.

Genauere und eben darum zugleich tiefere und fruchtbarere Skepsis gegen die Religion haben die *Geistes- und Sozialwissenschaften* gebracht. Zunächst relativiert diese Art der Wissenschaft die traditionalistische Rechtfertigung spezieller Religionen. Die Glaubenssätze einer Religion sind nicht schon deshalb wahr, weil sie die Religion der Väter ist. Ich habe das schon als Schüler begriffen. Ich bin als Lutheraner aufgewachsen; rechtfertigt mich das, meine katholischen und jüdischen Mitschüler, die Hindus und Buddhisten Asiens, die Atheisten in Marxismus und Naturwissenschaft des Irrtums zu zeihen? Diese fast selbstverständliche Kritik bedroht freilich die traditionelle Kulturträgerschaft der Religion, die – wie die Regeln der überlieferten Sitte – wesentlich unerklärt galt. Und sie relativiert den speziellen theologischen Wahrheitsbegriff der westlichen Tradition (einschließlich des Islam), der auf theoretischen Ja-Nein-Entscheidungen beruht. Wozu haben wir eigentlich Ja und Nein zu sagen? Zum Alleinwahrheitsanspruch einer Religion, um alle anderen der Unwahrheit zeihen zu können?

Dieses Skepsis dringt nicht nur tiefer als die des naturwissenschaftlichen Weltbildes, sie ist auch sehr viel fruchtbarer. Die interpretierende Geisteswissenschaft, die Analyse sozialer Situationen schließt uns den Reichtum und die Tiefe religiöser Texte und Traditionen erst auf. Wenn ich es noch einmal in meiner persönlichen Erfahrung sagen darf: Der Reichtum des Alten Testaments erschloß sich mir, als ich im Studentenalter die Bibel durchlas und später die alttestamentliche Wissenschaft kennenlernte, und dabei die Texte in ihre jeweilige historische, ferne, aber einfühlbar mitmenschliche Situation einzubetten lernte. Etwas mühsamer, weil mehr gehemmt durch das Bedürfnis christlicher Theologen, hier denn doch die absolute Wahrheit zu finden, gelang mir dies dann auch im Neuen Testament.

Wie nehmen wir dieses Geschenk auf? Hier wird es theologisch entscheidend, daß die großen Wahrheiten der Religionen keine theoretischen Urteile im Sinne der Logik sind. Der Mythos entspricht einem pragmatischen Wahrheitsbegriff: er orientiert uns so, daß wir zu handeln vermögen. Aus den Reden Jesu spricht dieses Verständnis von Wahrheit: „An ihren Früchten sollte ihr sie erkennen" *(Matthäus 8, 16)*, und noch in der Theologie des Johannes-Evangeliums: „Wenn ihr bleiben werdet an meiner Rede ... so werdet ihr die Wahrheit erkennen und die Wahrheit wird euch freimachen" *(Johannes 8, 31–32)*. „An meiner Rede bleiben" heißt hier „tun, was ich euch gesagt habe". Erkennen durch Tun: das ist im ethischen Bereich das Wahrnehmen von Gestalt durch Hervorbringen von Gestalt. Wir sollen die Religionen an ihren Früchten erkennen. Und wir haben diese Früchte nicht nach den Normen zu beurteilen, die wir unerklärt aus unserer eigenen religiösen oder aufklärerischen Tradition übernehmen. Auch hier ist Verstehen gefordert. Wie sollen wir sonst zusammenleben?

Wir kehren noch einmal zur Naturwissenschaft zurück. Einen großen, philosophisch noch nicht zureichend verarbeiteten Schritt hat die *Physik unseres Jahrhunderts* getan. Ich gebe hier meinen persönlichen Eindruck von diesem meinem eigentlichen Arbeitsgebiet.* Im Rahmen der *Quantentheorie* wird der cartesische Dualismus von Bewußtsein und Materie überflüssig. Die Quantentheorie wäre mit einem „spiritualistischen Monismus" vereinbar, der eine einzige Wirklichkeit anerkennt und diese, der klassischen europäischen Philosophie folgend, „Geist" nennt. Hegel drückt diesen Gedanken abstrakt in dem Satz aus: „Die Substanz ist wesentlich Subjekt", Schelling in dem Satz: „Die Natur ist der Geist, der sich nicht als Geist kennt." Die Quantentheorie würde auch einer buddhistischen Interpretation keinerlei Widerstand entgegensetzen. Nach der Quantentheorie ist die Zerlegung der Welt in getrennte Objekte nur eine Näherung. Diese Näherung ist die Voraussetzung des begrifflichen Denkens, aber strenggenommen ist sie falsch. Die Wirklichkeit ist nicht eine vorgefertigte Maschine.

Es wäre voreilig, diese Denkmöglichkeiten alsbald mit den Bildern überlieferter Theologie gleichzusetzen. Ein längerer Weg liegt vor uns. Aber ein offener Weg.

2. Die Krankheit der Kirche?**

Der Naturwissenschaftler denkt im allgemeinen bei seinen beruflichen oder menschlichen Entscheidungen gar nicht mehr daran, die Kirche zu fragen, weil er auf keine Hilfe rechnet. Das ist nicht in Ordnung. Auf beiden Seiten muß irgend etwas falsch sein. Doch handelt es sich hier nicht um ein moralisches Problem, bei dem man genau weiß, was eigentlich getan werden müßte, und es nur nicht tut. Hier handelt es sich um ein Problem des Verstehens. Wir verfehlen etwas und wissen nicht, was wir verfehlen, und meistens nicht einmal, daß wir etwas verfehlen. Das gilt besonders für die Kirche. Sie hat eine Aufgabe, die sie nicht kennt.

Die technische Welt der Neuzeit ist ohne die Kirche gar nicht

---

* In *Aufbau der Physik*, München ²1986, Kap. 11–14.
** Private Aufzeichnung von 1957. Sie knüpft an die Göttinger Erklärung an, hat aber das religiöse Problem im Auge.

denkbar. Heidegger sagt: Die technische Welt tut nur, was die Metaphysik gedacht hat. Die Welt der Neuzeit ist also auch die Welt der Kirche. Auch die moderne Physik ist nicht ohne die Kirche entstanden. Die Physik hat die Gedanken verändert und unser ganzes Leben umgewandelt. Der Physiker stand vor diesem Ergebnis, für das er sich mitverantwortlich fühlte, und brauchte Rat. Er suchte ihn bei der Kirche und fand ihn nicht. Die Wissenschaft selbst konnte ihm auch keine Antwort geben.

Vor dem Zweiten Weltkrieg hatte es eine enge menschliche Gemeinschaft zwischen den Atomphysikern gegeben. Sie glaubten, der reinen Forschung zu dienen, und waren über die Grenzen hinweg wie eine Familie verbunden. Diese Familie wurde im Krieg auseinandergebrochen. Bloße Menschlichkeit vermochte die Kluft nicht zu überbrücken. Die amerikanischen Physiker machten die Atombombe, weil sie glaubten, daß ihre deutschen Freunde Hitler dieselbe Waffe in die Hand geben würden. Nach dem Kriegen konnte man erleben, daß die menschliche Solidarität der Physiker schwächer war als die Solidarität der Christen. Die Physiker waren moralisch, während die Christen wußten, daß wir alle Sünder sind und als Sünder Brüder. Diese fundamentale Erkenntnis über den Menschen fehlt der Moral.

In den Jahren nach dem Kriege herrschte in Amerika im allgemeinen ein Illusionismus, der die großen politischen Probleme vereinfachte. Nur zwei voneinander ganz verschiedene Richtungen wurden der Situation gerecht, einer Situation, die mit Notwendigkeit auf den Kampf zweier gewaltiger Machtblöcke mit den Mitteln des Atomkrieges hinzusteuern schien. Beide Lösungen waren einfach, weil sie extrem waren. Extreme Lösungen haben den Vorzug, daß sie wenigstens den Dimensionen des Problems gerecht werden. Eine Gruppe von Physikern forderte die Entwicklung der Wasserstoffbombe mit allem Nachdruck, denn wenn man schon den Kampf mit Rußland aufnehmen mußte, wollte man es Rußland jedenfalls so schwer wie möglich machen – es war eine Politik der Katastrophe.

Die Quäker dagegen, die das Problem auch in seiner ganzen Gewalt sahen, lehnten die Lösung der Stärke grundsätzlich ab, weil sie vernichtet. Sie forderten den Verzicht auf jede Gewalt, weil die Fortdauer der Kriege der Untergang der Menschheit sei. Auf den Einwand der Weltfremdheit hatten sie die Antwort, daß all unsere Probleme gelöst wären, wenn sich alle Menschen wie sie verhielten, und daß es, auch wenn sich die meisten Menschen ihrem Denken verschlössen, sehr wichtig sei, daß einige wenige den Verzicht auf Gewalt ausübten.

Man kann gegen die Quäker einwenden, daß sie einem geheimen Chiliasmus frönen. In einer Welt vor dem Jüngsten Gericht können sie diese Haltung nur durch Enge und gesetzliche Abkapselung bewahren. Doch antworten sie darauf, daß der bloße Verzicht auf das Mitmachen an einer entscheidenden Stelle nicht Gesetzlichkeit ist, sondern den Konformismus durchbricht und vielleicht neue Quellen des Handelns erschließen kann.

Viel grundsätzlicher muß man fragen: Was bedeutet der Verzicht auf Atomwaffen? Es nützt nichts, sie abzuschaffen, wenn man die Zeit nicht ändert, denn sie sind nur eines von tausend Symptomen der Zeit. Sie sind nur ein unübersehbar aufgerichtetes Zeichen der Krankheit unserer Zeit überhaupt. Es hätte Atomwaffen nie gegeben ohne die gesamte Wissenschaft und Technik, die unsere Welt gestaltet. Ja, wie die Wissenschaft diese Waffen fast notwendig hervorbrachte, so brachten die losgelösten Staaten unserer Zeit den Totalitarismus hervor. Wäre es also nicht die einzige Möglichkeit für den Atomphysiker, auf die Wissenschaft überhaupt zu verzichten? Auf diese Frage hatte Karl Barth die Antwort: Wenn Sie wirklich glauben, was heute alle sagen und niemand glaubt, nämlich daß Christus wiederkommen wird, dann darf die Wissenschaft weitermachen. – Das ist richtig, aber es reicht nicht aus, solange sich Wissenschaft und Kirche nicht auf einer Ebene treffen, auf der das, was Barth meint, überhaupt zu diskutieren ist.

Das Beispiel des Galileo Galilei

Im allgemeinen Bewußtsein lebt Galilei weiter als der große Märtyrer der Wissenschaft, der im Kampf gegen eine versteinerte Kirche unschuldig unterlegen ist und dem erst die Geschichte zu seinem Recht verholfen hat. Galilei war kein Märtyrer. Er ist nicht getötet worden, er hat abgeschworen. Er vertrat eine Wahrheit, die keiner Märtyrer bedarf, die man nicht zu bekennen brauchte, weil sie beweisbar war. Methodisch aber hatte Galilei unrecht, und die Kirche hatte recht. Denn sie verlangte von ihm, daß er die Kopernikanische Lehre, die er auch wirklich nicht beweisen konnte, nicht als These, sondern als mathematische Fiktion lehren sollte. Wenn Wissenschaft das Beweisen des Beweisbaren wäre, dann hätte die Kirche recht gehabt. Aber

Wissenschaft ist mehr: Sie ist der Mut, das Unbeweisbare zu postulieren. Und so hatte Galilei vor der Geschichte doch recht.

Mit seiner Behauptung aber setzte sich der Physiker über die Tradition und die Autorität der Bibel hinweg, auf denen der Weltkreis seiner Zeit als auf festen Stützen ruhte. Die Kirche hatte die Verantwortung für das Ganze und mußte versuchen, mit aller Kraft diese Stützen zu bewahren. Galilei hatte sie nicht. Er fühlte sich nicht an die Verantwortung gebunden. Er diente einer ganz anders gedachten Wissenschaft. Und so begann bei ihm ein gerader Weg zur Atombombe, denn er tat als erster das, was die moderne Physik prinzipiell ermöglichte: er publizierte alle neuen Erkenntnisse und wollte die technische Anwendbarkeit des Gefundenen.

Die Kirche aber versuchte das Übermenschliche. Sie nahm ihre Verantwortung für das Ganze der Menschheit so ernst, daß sie sich unterfing, eine notwendige geschichtliche Bewegung aufzuhalten.

So gerade der Weg von Galilei zur Atomphysik von heute aber auch ist, ein tiefer Unterschied liegt zwischen beiden: Der Mann des 17. Jahrhunderts konnte noch handeln im Glauben an einen Gott, der auch die Fallgesetze gemacht hat, und ihm getrost die Folgen seines Tuns anheimgeben – der Mensch von heute aber hat kein Bewußtsein mehr davon, wie es möglich wäre, die guten Folgen zu wollen, ohne die schlechten mitzubekommen.

Für dies Problem hat die heutige Kirche gar kein Verständnis, während es die Wissenschaft ahnt. Seit der Zeit des Galilei war das Verhältnis von Wissenschaft und Kirche gespannt. Die Kirche sträubte sich immer von neuem, veraltete Positionen zu räumen. Die Wissenschaft verfiel immer wieder in den Fehler, Teilergebnisse zu verabsolutieren. Dieser Streit ist wesenlos geworden. Die Wissenschaft hat einen Punkt erreicht, an dem sie nur noch von der Kirche Hilfe und Heil erwarten kann; sie hat die Kirche nicht zu bekämpfen, sondern zu fragen.

Im 18. und 19. Jahrhundert war Wissenschaft ein Mythos. Sie glaubte mit ihren Methoden das letzte Wesen der Dinge erkennen zu können. In den letzten Jahrzehnten aber hat sie gründlich umdenken gelernt: „Sie weiß, daß Wasser nicht nur H_2O ist." Die Kirche aber bemächtigte sich dieser Einsicht mit Triumph und Apologetik. Sie beweist eine tiefe Instinktlosigkeit für die Dimension dieser Fragen, die gerade bei ihr besonders gefährlich ist. Nutzlos reagiert sie auf den Ruf der Physiker mit apologetischem Mißbrauch: „Endlich haben auch sie es eingesehen!", mit Mohammedanismus: „Gott ist groß!" und mit allgemeiner Zustimmung, hinter der sich Ratlosigkeit verbirgt. Das alles will die Wissenschaft nicht. Sie will in der Kirche einen Partner haben, jemanden, der stärker ist, der sie trägt und hält. Sie weiß, daß das die Menschen der Kirche nicht leisten können, aber sie wünscht und hofft noch immer, daß die Kirche sie dahin verweisen kann, daß sie eine Antwort für sie hat.

Ist die Reaktion der Kirche auf das Problem des Atomkrieges angemessen? Die Wasserstoffbombe bedroht das gesamte Leben auf der Erde. Die Physiker auf der ganzen Welt wollten dazu nicht schweigen. Als erste sprachen 1955 Bertrand Russell und die Nobelpreisträger, die sich auf der Insel Mainau trafen. Sie forderten den Verzicht auf den Krieg als legitimes Mittel, Schwierigkeiten unter Staaten und Mächten auszutragen. Aber sie erreichten die Öffentlichkeit nicht, denn ihrer Erklärung fehlten Absender und Adressat. Sie machten nicht klar, wo sie selbst standen, und sie richteten sich „an die Welt" – „den Herrn Niemand", wie Luther sagt. So geschah nichts, wenn auch das Bewußtsein der Menschen ein wenig erschüttert wurde.

Die Göttinger Erklärung der achtzehn Atomwissenschaftler wollte beides haben. Jeder der Unterzeichner verpflichtete sich, für seine Person keinen Auftrag zu übernehmen, der die Entwicklung von Atomwaffen förderte. Sie standen für die *eigene Person* gerade, sie sprachen das *eigene Land* an, weil sie sich dafür mitverantwortlich wußten, und sie versuchten der *Welt* etwas zu sagen.

Die kirchlichen Reaktionen darauf waren unzureichend und enttäuschend. Die Erklärung der lutherischen Bischofskonferenz setzte Bibelsprüche an die Stelle einer Antwort, Schweigen wäre mehr gewesen als diese Entgegnung. Warum sagte sie nicht – wenn sie schon nichts tun kann –, daß sie ratlos sei. „Wir sind alle in Gottes Hand" kann man erst sagen, wenn man versucht hat, etwas zu tun.

Darüber hinaus ist der Verdacht nicht ganz von der Hand zu weisen, daß hier Diplomatie mit Bibelsprüchen getrieben wurde. Damit gewinnt man nichts. Man schadet nur der Sache der Bibel unter den Menschen.

Auch die Schrift von Helmut Gollwitzer sieht das Problem nicht. Er argumentiert: Früher konnte zwar der Krieg gerechtfertigt werden als Schutz der Gemeinschaft, als Verteidigung der Ordnung usw. Heute zerstört die Atomwaffe das, was sie erhalten will. Darum ist Krieg sinnlos geworden. Diese pragmatische Argumentation kann aber durch eine pragmatische Gegenargumentation aus dem Sattel gehoben werden, denn in dem Augenblick, in dem man die Anwendung der Atomwaffen auf lokale Konflikte beschränkt, stimmt die Voraussetzung nicht mehr, und der Schluß wird hinfällig. Gollwitzer macht es den Gegnern zu leicht.

Durch die Atomwaffen ist der Krieg in seinem *Wesen* etwas anderes geworden. Daraus müssen wir radikale Konsequenzen ziehen. Eine Theologie aber, die nicht zu denken vermag, daß im Gang der Geschichte etwas an den Tag kommt, was rückwirkend die gesamte Geschichte ändert, kann zum Atomproblem nichts Wesentliches sagen.

IV.
Die Welt und die Schöpfung

1. Theologie und Naturwissenschaft

Die Naturwissenschaft wurde zur intellektuellen Großmacht der abendländischen Neuzeit. Mußte sie nicht mit der Ideologie der kirchlichen Macht, mit der Theologie, in einen Machtkampf geraten? Aber war diese Machtbezogenheit nicht auf jeder der beiden Seiten ein Mißverständnis der eigenen Aufgabe, der eigenen Wahrheit? Ging es nicht beiden um die *eine* Wirklichkeit? Waren sie nicht nur zwei verschiedene Wege, diese Wirklichkeit anzuschauen?

Gelegentlich zitiere ich Sigmund Freud*, der von den drei großen Kränkungen sprach, welche die Wissenschaft dem menschlichen Ich angetan hat, drei Demütigungen. Kopernikus lehrte uns, daß wir nicht in der Mitte der Welt wohnen; Darwin, daß wir nur die Vettern der Tiere sind; die Psychoanalyse, daß das bewußte Ich nicht Herr im eigenen Hause ist. Alle drei Kränkungen waren auch, als sie entstanden, Anlaß zu Konflikten zwischen Kirche und Wissenschaft. Aber verstand die christliche Kirche sich selbst, wenn sie sich hier gekränkt fühlte? War es nicht der Stolz eines stoischen Bewußtseins gegenüber den Affekten, der sich nun auf die biblische Schöpfungsgeschichte berief, um den Menschen, und nur den Menschen, nach Gottes Bilde geformt zu denken? Ist Demut nicht eine christliche Tugend? Hat Jesus nicht gesagt, daß die Lilien auf dem Felde schöner geschmückt sind als Salomo in all seiner Pracht? Wir sollten die drei Themen noch einmal einzeln durchgehen: Astronomie, Evolutionstheorie, die Lehre vom Unbewußten, dabei sollten wir die Reflexion auf die Quantentheorie beherzigen.

Astronomie. Der Streit um Kopernikus war symbolisch wichtiger als wissenschaftlich. Bei den Griechen hatte Aristarch schon das heliozentrische System begründet. Die spätere griechische Astronomie

---

* *Eine Schwierigkeit der Analyse* (1917).

verwarf es nicht aus Naivität oder aus religiösen Gründen, sondern mit gesunden physikalischen Argumenten*, deren faktische Fehlerhaftigkeit erst nach der Entdeckung des Trägheitsgesetzes durch Galilei einsehbar wurde; man fragte z. B. wie eine rotierende Erde ihre Atmosphäre ständig mitnehmen könne. Die Kirche hingegen berief sich, wenn sie die kopernikanische Theorie ablehnte, auf die Autorität der Bibel. Zwar kennt die Bibel die Kugelgestalt der Erde nicht, die den Griechen schon zu Zeiten der frühen Pythagoreer klar war (fast zeitgenössisch mit der Endredaktion des biblischen Schöpfungsberichts). Aber das ptolemäische System mit der Erde als Mittelpunkt der Welt vertrug sich mit dem Bibeltext besser als das kopernikanische; Gott schuf eben „Himmel und Erde". Die symbolische Bedeutung des Siegs der kopernikanischen Lehre war, daß damit die göttliche Autorität des „wörtlich" gelesenen Bibeltextes ein für allemal zerstört war. Dies war der Einbruch in eine viel zu naive Theologie, welche die Bibel als wörtliches Diktat eines allwissenden Gottes aufgefaßt hatte.

Viel tiefsinniger war der Streit um Mechanik und Schöpfungsbegriff, den ich im Zweiten Kapitel geschildert habe. Muß man, um an den Schöpfergott zu glauben, annehmen, das Sonnensystem habe nicht mechanisch entstehen können? Oder darf man in den Naturgesetzen Schöpfungsgedanken Gottes sehen? Doch dürfte, wie dort gesagt, auch diese Debatte noch nicht auf dem adäquaten theologischen und philosophischen Niveau gewesen sein. Gott ist hier noch sehr anthropomorph gesehen, wie ein großer Ingenieur oder allenfalls ein großer Musiker. Noch in heutigen Jahrzehnten tauchen ähnliche Naivitäten auf, so wenn der Anfang der kosmischen Zeiten im „Urknall" als ein Argument für göttliche Schöpfung angesehen wird, gleich als ob Gott nicht auch jenseits der Zeit hätte eine unendlich dauernde Zeit erschaffen können.**

Die heutige Astronomie hat den Menschen radikal aus der fiktiven Mitte der Welt entfernt. Manche moderne Autoren faßt angesichts dieser Weite der Welt ein Empfinden verzweifelter Einsamkeit des

---

* Vgl. B. L., van der Waerden, *Erwachende Wissenschaft*.
** Martin Luther soll, einen augustinischen Gedanken freundlich variierend, auf die Frage, was Gott denn in der unermeßlichen Zeit vor der Schöpfung getan habe, geantwortet haben: „Er saß in einem Birkenwäldchen und schnitt Ruten für Leute, die unnütze Fragen stellen."

Menschen an. Sind wir eine Flaumfeder in der Unendlichkeit? Für den Holismus der Quantentheorie ist freilich die Welt ein Ganzes, das sich nur in der Näherung irreversibel getrennter Alternativen und Objekte räumlich darstellt. Ist unsere Einsamkeit in der Welt erst durch unsere moderne Sichtweise produziert? Aber was lehrt uns die heutige Naturwissenschaft darüber, wie der Mensch in die Welt aufgetreten ist?

Evolution. Der Streit um Darwin wurde meinungspolitisch etwas weniger hart als der um Kopernikus, denn im Grunde war der Sieg der Naturwissenschaft über naive Wortgläubigkeit längst entschieden. Bald fanden sich Theologen, die verstanden, daß die Erschaffung des Menschen nach Gottes Bilde auch den Weg über die Evolution habe gehen können.

Doch stellten sich hier konkretere und darum tiefere Fragen für das Selbstverständnis der Menschen als in der Astronomie. Die „Kränkung" des menschlichen Stolzes durch seine tierische Abstammung ist nur eine Vorstufe der wirklichen Fragen, nur die Überwindung einer Naivität. Die theologische Vorstellung vom Menschen als „Krone der Schöpfung" drückt ja eine reale Wahrnehmung aus. Das menschliche Bewußtsein ist in der Evolution aus dem Meer des Unbewußten aufgetaucht. Nun aber findet es sich einsam vor, nicht nur hypothetisch im Kosmos, sondern real unter den Lebewesen. Pflanzen und Tiere können zwar teilhaben an unserem Leben. Aber Sokrates (so in Platons *Phaidros* erzählt) hatte die Mauern Athens nie um der Landschaft willen verlassen, „denn die Bäume antworten nicht, wenn ich mit ihnen rede". Konrad Lorenz konnte „alles über seine Gans Martina wissen", gerade weil sie nicht wie seine Frau mit ihm über seine Fragen sprechen konnte. Die Naturreligion freilich bevölkert die Natur mit göttlichen Wesen; Sokrates ist der typische Städter. Aber kann unsere Wissenschaft, Erbe der Stadtkultur, diesem göttlichen Wesen Wirklichkeit zuerkennen?

Es gibt eine evolutionistische, also naturwissenschaftliche Möglichkeit, diese Einsamkeit des sprachlich denkenden Menschen (*zoon logon echon:* das redende Tier) in der heutigen Natur zu verstehen*. Bewußtsein ist eine komplexe Leistung, Jahrmilliarden der Evolution waren nötig, um das sprachfähige Bewußtsein (materiell gesagt: das menschliche Gehirn) entstehen zu lassen. Darum wird dieses Be-

---

* „Ausdehnung und Denken", in: *Zeit und Wissen,* I. 9.

wußtsein, wenn es zum erstenmal in der Evolution auftritt, in seiner Umgebung einsam sein. Wartet noch eine Weile, vielleicht noch eine Jahrmilliarde, und es wird nicht mehr einsam sein! „Zeit und Wissen": Wissen ist spät in der Zeit.

Aber müssen wir noch so lange warten? Sind neue genetische Schritte nötig, oder vielleicht nur ein Bewußtseinswandel in unserer Kultur? Nur eine neue Wahrnehmung?

Das uns Unbewußte. Sigmund Freud, der große Mythenbildner, der sich als Naturwissenschaftler des Unbewußten verstand, faßte auch die religiösen Bilder und Erfahrungen als Produktionen des Unbewußten auf. C. G. Jung sah in ihnen Archetypen des kollektiven Unbewußten. Was ist die Wirklichkeit, die sich so in der Psychologie eines abendländischen Jahrhunderts spiegelt? Und woher dieser Spiegel?

Ich habe diesen Abschnitt überschrieben: „Das *uns* Unbewußte". Wer sind *wir,* denen dies unbewußt ist?

Ich habe in der Reflexion auf die Quantentheorie vorbereitet und am Ende der Reflexion auf die Biologie gefragt, wie unser Bewußtsein in der Natur steht. Wahrnehmung wurde dort, als eine Verhaltensweise, funktional definiert; so definiert bedarf sie keines Bewußtseins. Bewußtsein kann auf irgendeiner Iterationsstufe als „Wahrnehmung von Wahrnehmung" auftreten. Schellings Formel legt sich nahe: „Die Natur ist der Geist, der sich nicht als Geist kennt." Holistisch gesehen bin ich selbst ein Teil eines größeren Ganzen, dessen mögliches Bewußtsein auch in meinem Verhalten wirken kann, ohne daß ich es bewußt kenne.

Wir kommen mit solchen Überlegungen auf die Frage an die Psychologie des Unbewußten, was eigentlich ihre Termini „unbewußt" und „das Unbewußte" bedeuten. Im Leib-Seele-Dualismus der traditionellen Naturwissenschaft gehört das Unbewußte auf die Seite der Seele. Der Materie schreibt man in dieser Stilisierung ohnehin kein Bewußtsein zu. „Unbewußt" aber nennt man in der Psychologie vieles, was bewußt sein *könnte.* Für Freud ist das „Unterbewußte" im Stadium der Verdrängung das, was ich wissen könnte, aber nicht wissen *will.* In diesem Kontext verhält sich das Bewußte zum Unbewußten wie das Faktum zur Möglichkeit; also, wie wir in der Quantentheorie lernen, wie das Abgrenzbare, Zählbare, zum Kontinuum. Demgemäß ist für Jung das „kollektive Unbewußte" nicht etwa der Teil meines individuellen Unbewußten, der inhaltlich mit dem entsprechenden Teil bei anderen Individuen übereinstimmt. Es ist vielmehr eine einzige, die Individuen übergreifende Wirklichkeit. Er sagt: „Ich ziehe den Terminus ‚das Unbewußte' vor, wohl wissend, daß ich ebensogut von ‚Gott' und ‚Dämon' reden könnte, wenn ich mich mythisch ausdrücken wollte."* Wenn man den Leib-Seele-Dualismus aufgibt und den Holismus ernstnimmt, darf man der gesamten Wirklichkeit eine Möglichkeitsform des Bewußtseins zusprechen.

2. Die Wissenschaft und die moderne Welt

Unser Zeitalter ist ein Zeitalter der Wissenschaft. Worauf beruht die Bedeutung der Wissenschaft für unsere Zeit? Um diese Frage geht es im folgenden. Ich will darüber aber keine soziologische, wirtschaftliche oder politische Analyse anstellen. Ich bin selbst ein gelernter Naturwissenschaftler und teile das Vorurteil meines Standes, daß die Bedeutung der Wissenschaft auf ihrer Wahrheit beruht. Daher werden diese Betrachtungen von der Wahrheit der Wissenschaft handeln – von ihrem Sinn, ihren Grenzen und ihren möglichen Zweideutigkeiten.

„Die Wissenschaft und die moderne Welt" ist der Titel, den einer der wenigen Philosophen unseres Jahrhunderts seinem bekanntesten Buch gegeben hat. In welchem Sinn ist die Wissenschaft charakteristisch für die moderne Welt?

Unsere Welt ist eine technische Welt. Diese Behauptung braucht keinen Kommentar im Zeitalter des Radios und der Waschmaschine, in einer Epoche, in der politische Geschichte mit der Drohung der Atomwaffen und dem Nimbus des Sputnik gemacht wird. Die moderne Technik aber wäre unmöglich ohne die moderne Wissenschaft. Wissenschaft und Technik könnte man mit zwei benachbarten Bäumen vergleichen, die, aus verschiedenen Samen entsprungen, noch immer einige getrennte Wurzeln und Zweige haben, deren Stämme aber schon fast zu einem Stamm zusammengewachsen sind und deren Laubwerk eine einzige große Krone bildet. Die Dampfmaschine des 18. Jahrhunderts wurde noch weitgehend aus den Traditionen des Bergbaus und des Handwerks heraus entwickelt; der Elektromotor

---

* *Erinnerungen, Träume, Gedanken,* hrsg. v. Aniela Jaffé, S. 339, Olten 1971.

des 19. Jahrhunderts wäre ohne die vorangegangenen wissenschaftlichen Entdeckungen Faradays nicht möglich gewesen; den Atomreaktor unseres Jahrhunderts haben die Atomphysiker selbst entworfen und zuerst gebaut. Ebenso deutlich ist die umgekehrte Abhängigkeit. Gewiß verdankte die Naturwissenschaft in ihren Anfängen wohl das wichtigste den scheinbar nutzlosen Fragen der Philosophen und den Denkmethoden der reinen Mathematik; aber jeder sieht, wie wenig heutzutage auch der beste naturwissenschaftliche Verstand ausrichten kann, wenn die experimentelle Ausrüstung nicht ausreicht, die ihrerseits erst durch die moderne Technik ermöglicht ist. Ich werde daher oft, wenn ich „Wissenschaft" sage, diesen Zwillingsbaum von Naturwissenschaft und Technik meinen *.

Aber die Bedeutung der Wissenschaft geht über ihre technischen Anwendungen hinaus. Die Wissenschaft scheint irgendwie das Wesen und das Schicksal unserer Zeit auszudrücken. Ich versuche, diesen Gedanken in zwei Thesen zu fassen, die eine nicht ganz übliche Terminologie benützen; und ich will den nächsten Schritten der Analyse die Form einer Erläuterung dieser Thesen geben. Die Thesen lauten:

1. Der Glaube an die Wissenschaft spielt die Rolle der herrschenden Religion unserer Zeit.
2. Man kann die Bedeutung der Wissenschaft für unsere Zeit, wenigstens heute, nur in Begriffen erläutern, die eine Zweideutigkeit ausdrücken.

Religion und Zweideutigkeit werden damit die Schlüsselworte der nachfolgenden Überlegungen.

Man kann die beiden Thesen nur gemeinsam verstehen. So habe ich, indem ich den Glauben an die Wissenschaft als so etwas wie die Religion unserer Zeit bezeichnete, eine zweideutige Sprache gespro-

---

* Im englischen Text rede ich von „science", was mehr als das deutsche „Naturwissenschaft" und weniger als das deutsche „Wissenschaft" umfaßt (z. B. social science, aber nicht Philologie). Vieles, was ich im folgenden sage, gilt wörtlich nur für „science", aber nicht für das, was man bei uns Geisteswissenschaft nennt. Es scheint mir freilich sehr wichtig, die Verwandtschaft der „positiven" Geisteswissenschaft und ihres im 19. Jahrhundert konsolidierten Wissenschaftsbegriffs mit der Naturwissenschaft hervorzuheben; dieser Gedanke rechtfertigt vielleicht die hier benutzte Übersetzung von „science" durch „Wissenschaft", gehört aber nicht ausdrücklich zum Thema der Vorlesungen.

chen. In einem Sinne des Wortes Religion ist diese These, wie ich meine, richtig, in einem anderen Sinne ist sie sicher falsch. Ich versuche unsere Zeit durch eine Analyse dieser Zweideutigkeit zu verstehen und beginne damit, zu sagen, in welchem Sinne ich die erste These für richtig halte.

Zunächst hat unsere Zeit sicher keine andere herrschende Religion. Von einem europäischen Standort aus konnte man im Mittelalter und noch im 19. Jahrhundert das Christentum als die herrschende Religion bezeichnen. Auf unser Jahrhundert paßt diese Behauptung nicht mehr, aus zwei Gründen. Erstens ist zwar das Christentum immer noch die offizielle Religion der Mehrheit der Bürger unserer westlichen Länder, aber es wäre eine Übertreibung, es herrschend zu nennen. Religiöser Agnostizismus ist wahrscheinlich die dominierende Haltung des westlichen Bewußtseins in unserer Zeit. Zweitens genügt der europäische Standpunkt nicht mehr, um diejenige Welt zu beschreiben, die wir unsere Welt nennen müssen. Während Amerika heute in die europäische religiöse Tradition gehört, hat Rußland sich in seiner führenden Schicht aus dieser Tradition gelöst; und China, Indien, die arabischen Länder, die alle in diese Tradition nie eingetreten sind, sind auf die sichtbarste Weise aktive Glieder der Welt, in der wir miteinander leben müssen.

Vielleicht leben wir also in einer vorwiegend religionslosen Welt. Aber er ist psychologisch unwahrscheinlich, daß der Ort in der Seele des durchschnittlichen Menschen, den früher die Religion einnahm, heute leerstehen könnte. Meine erste These behauptet, an diesem Ort stehe heute die Wissenschaft, oder, wenn man genauer reden will, der Szientismus, das heißt der Glaube an die Wissenschaft. Und, wie mir scheint, hat die Wissenschaft, als Faktor im Bewußtsein des Einzelnen und in der Gesellschaft betrachtet, eine Struktur, die sie befähigt, diese Rolle mit bemerkenswertem Erfolg zu spielen.

Fragen wir einen Soziologen, durch welche Elemente er eine Religion, in ihrer sozialen Rolle, kennzeichnen würde, so würde er vielleicht drei Bestandstücke für wesentlich halten: einen gemeinsamen Glauben, eine organisierte Kirche und ein System von Verhaltensweisen (code of behaviour). Stellt uns die Wissenschaft irgendetwas wie einen Glauben, eine Kirche und ein Verhaltenssystem zur Verfügung?

Viele Bewunderer der Wissenschaft meinen, sie unterscheide sich gerade darin von der Religion, daß sie Glauben durch Vernunft ersetzt. Eben diese Meinung ist nach meiner Ansicht eine Äußerung ihres Glaubens. Wir dürfen nur den Begriff des Glaubens nicht zu eng fassen; sonst verstehen wir nicht, was religiöser Glaube in Wahrheit ist. Das führende Element des Glaubens ist nicht das Fürwahrhalten, sondern das Vertrauen. Fürwahrhalten ist eine intellektuelle Haltung; es ist Zustimmung zu einer Meinung auch ohne die Basis des Wissens. Unter Vertrauen hingegen verstehe ich eine Beschaffenheit der ganzen Person, die nicht auf das bewußte Denken beschränkt ist. Wenn wir wirklich vertrauen, dann leben und handeln wir so, wie wir leben und handeln müssen, wenn das, worauf wir vertrauen, wirklich und wahr ist. Nicht die intellektuelle Sicherung des Fürwahrhaltens, sondern die existentielle Sicherung des Vertrauens gibt dem religiösen Glauben seine Kraft. Und wenn uns nun jemand fragt, was die siamesischen Zwillinge von Wissenschaft und Technik zu den Idolen unserer Zeit macht, so werden wir antworten müssen: ihre Vertrauenswürdigkeit; ihre bewährte Verläßlichkeit. Der primitive Junge aus irgendeinem Dorf in der Welt, der wenig von seinen Göttern und nichts von der Wissenschaft weiß, lernt, wie man auf das Gaspedal tritt, und der Wagen rollt. Der europäische Christ und der europäische Skeptiker leben ihres gemeinsamen unreflektierten Glaubens an die Technik, wenn immer sie beim Betreten eines Zimmers am Schalter knipsen und erwarten, daß das Licht aufleuchten wird. Der romantische Schriftsteller, der ein Buch gegen das Weltbild der Naturwissenschaft geschrieben hat, ruft seinen Verleger telefonisch an, weil er sich beim Korrekturlesen verspätet hat; und schon durch diese kleine Handlung beugt er sich vor dem Gott, den er in seinen bewußten Gedanken verwirft. Und wenn das Auto, das elektrische Licht, das Telefon einmal nicht funktioniert, so werfen wir nicht der technischen Wissenschaft vor, sie sei falsch, sondern dem Apparat, er sei „kaputt" oder „schlecht gemacht"; wir messen ihn am Maßstab unseres Glaubens an die Wissenschaft. So groß ist unser aller Wissenschaftsglaube.

Aber verdient dieses triviale Zutrauen den Namen eines Glaubens? Ist der religiöse Glaube uns nicht aus einer anderen Welt offenbart, durch Geheimnis geschützt und durch Wunder bestätigt? Aber die seelische Situation des durchschnittlichen Menschen unserer Zeit gegenüber der Wissenschaft ist sehr ähnlich der eines Gläubigen gegenüber seinem offenbarten Glauben. Gleicht nicht das Atom einer jenseitigen Welt und die mathematische Formel einem jener heiligen

Texte, die der Eingeweihte liest und die dem Laien ein Geheimnis bleiben? Und der ursprüngliche Sinn des Wunders ist nicht der eines Ereignisses, das die Naturgesetze durchbricht, denn schon der Begriff des Naturgesetzes, den diese Definition verwendet, ist modern. Ein Wunder ist die Kundgabe einer übermenschlichen Macht. Die äußerlich sichtbarsten Wunder, von denen religiöser Glaube berichtet hat, waren die Speisung der Hungrigen, die Heilung der Kranken und die Zerstörung menschlichen Lebens durch unbegreifliche Macht; die technisierte Landwirtschaft und das Transportwesen, die moderne Medizin und die heutige Kriegstechnik tun genau solche Wunder.

Wenn die Wissenschaftsreligion – der Szientismus – ihren Glauben hat, hat sie auch eine Kirche? Wahrscheinlich werden wir antworten: nein. Vielleicht versucht die Kommunistische Partei, etwas wie eine solche Kirche zu sein. Aber dann ist sie doch nur eine mächtige Sekte. Die Wissenschaftsgläubigen unserer Zeit teilen in ihrer Mehrheit die kommunistische Auffassung von der Wissenschaft nicht; sie halten vieles, was die Kommunisten Wissenschaft nennen, überhaupt nicht für Wissenschaft. Aber obwohl die Wissenschaft keine Kirche hat, hat sie etwas wie einen Priesterstand: die Wissenschaftler selbst. Ich habe sie die Eingeweihten genannt. Sie erkennen einander daran, daß sie dieselbe Wahrheit bekennen. Daß Physik Wissenschaft ist, dialektischer Materialismus aber nicht, wurde recht deutlich zum Beispiel 1955 auf der ersten Genfer Konferenz über die friedliche Nutzung der Kernenergie. Dort trafen sich viele westliche und sowjetische Physiker zum erstenmal, und viele bis dahin geheimgehaltene Information wurde öffentlich bekanntgegeben. Es war ein erwartetes und doch erstaunliches Erlebnis, daß sich die numerischen Werte bestimmter atomarer Konstanten, die in tiefem Geheimnis in verschiedenen Ländern unter entgegengesetzten politischen Systemen und Glaubensbekenntnissen gemessen worden waren, beim Vergleich bis zur letzten Dezimale als identisch erwiesen. Nichts Entsprechendes geschah bezüglich der beiderseitigen Theorien über Staat und Gesellschaft. Der sowjetische und der westliche Wissenschaftler sind durch ein Band geeint, das kein politischer Meinungszwist zerreißen kann: durch eine gemeinsame Wahrheit.

Hier sei mir eine Bemerkung über die Beziehung der Priester zur Wahrheit erlaubt. Skeptiker haben gelegentlich die These vertreten, daß der höhere Klerus einer Religionsgemeinschaft nicht an seine eigenen Dogmen und Wundergeschichten glaubt, weil er nicht an sie glauben kann. Der Skeptiker, der sieht, wie klug die Priester der höheren Stufen sind, kann sich nicht vorstellen, daß sie an etwas glauben, was in seinen Augen Unsinn ist. Er wird wohl recht haben bezüglich des kleineren Hokuspokus, der in der Religion so unentbehrlich zu sein scheint wie in der Medizin. Er hat sicher Unrecht für die Grundlagen des Glaubens. Der Priester ist derjenige, der den Glauben versteht, und der etwa auch fähig ist, ihn soweit zu erklären, als er dem Uneingeweihten erklärt werden kann. Der Priester hat den langen Weg zurückgelegt, auf dem der Sinn der Schriften Schritt um Schritt eröffnet wird. Er ist diesen Weg gegangen und kann einen anderen auf ihm führen. Die Priester derselben Religion sind, was immer ihre persönlichen Differenzen sein mögen, durch den gemeinsamen Besitz dessen geeint, was sie aufs gewisseste als Wahrheit ansehen. Eben darum sind Streitpunkte in der Deutung dieser Wahrheit, die dem Außenstehenden ganz nebensächlich erscheinen, für den, der drinnen steht, oft so wichtig. Und nun finden sich die Wissenschaftler im Besitz eben einer solchen Wahrheit, die sie in ihren eigenen Augen sowohl wie in denen der Welt eint. Sie sind in eine priestergleiche Rolle gedrängt, ob sie es wollen oder nicht.

Als drittes Element einer Religion nannte ich ein Verhaltenssystem. Dazu gehört eine Moral. Aber viele Religionen haben außer der Moral einen Ritualkodex. Historisch gesehen ist der Begriff einer reinen Ethik wohl ein spätes Stadium der religiösen Entwicklung. In früheren Stadien finden wir die moralischen Regeln in rituelle Regeln eingebettet. Das Ritual gibt die Regeln des rechten Verhaltens gegenüber denjenigen übermenschlichen Mächten an, von denen wir alle in unserem ganzen Leben abhängen. Diese Regeln kann der moderne Mensch meist nicht mehr verstehen. Er kann in sich den Bewußtseinszustand nicht mehr erzeugen, nicht einmal in spielerischer Weise, in dem ein Mensch lebt, der an die Wirklichkeit dieser Mächte wahrhaft glaubt. Dabei könnte er eine recht gute Analogie dieses Bewußtseinszustandes in seinem eigenen Glauben an die Naturgesetze finden und in seiner Bereitschaft, die Gebrauchsanweisungen zu befolgen, die mit jedem Stück moderner Apparatur mitgeliefert werden. Der Wagen läuft nicht; natürlich, du hast vergessen, die Handbremse zu lösen. Wenn du nicht lernst, den richtigen Hebel zu drehen, wirst du nie fahren lernen. Wenn du nicht lernst, die richtige Zauberformel im richtigen Augenblick zu sagen, werden dir die Dämonen nie gehorchen.

Die Ethik wächst aus dem Ritual hervor wie das richtige Verhalten zum Mitmenschen aus dem zu den unsichtbaren Mächten. In ihrer Art kennt auch die technische Welt diesen Übergang, und es ist lebenswichtig für unsere Zukunft, daß wir ihn verstehen. Wer Griffe und Pedale benützen gelernt hat, kann einen Wagen mit hundert Stundenkilometern fahren. Aber wenn er ihn mit hundert Stundenkilometern durch eine Stadt- oder Dorfstraße fährt, verletzt er die Verkehrsgesetze; mehr als das, er handelt gewissenlos, und er weiß es. Es gibt eine immanente Ethik der technischen Welt, aber wir haben sie noch nicht gut verstanden. Alles zu tun, was technisch möglich ist, ist ein untechnisches Verhalten; es ist nicht, wie manche meinen mögen, technischer Fortschritt, sondern es ist kindisch. Der kleine Junge probiert sein Spielzeug aus, ohne an die Möbel und an die Seelenruhe seiner Eltern zu denken; der Erwachsene benützt technische Apparate als Mittel zu einem Zweck. Diese Überlegung gilt auch für so große Probleme wie Waffen und Krieg im Atomzeitalter. Vieles, was unsere Zeit technisch tut, ist nicht besser als schwarze Magie. Wir leben noch immer mehr in einer Zeit des technischen Rituals als einer technischen Ethik.

Wir wollen nun einen Schritt zurücktreten. Ich habe versucht, ein Bild der Bedeutung der Wissenschaft im modernen Leben zu zeichnen, indem ich sie mit einer Religion verglich. Wahrscheinlich ist in einigen von Ihnen ein Widerspruch, ja ein Widerwille gegen diesen Vergleich aufgestiegen. Ist dieser Vergleich nicht eine Blasphemie? Ich spreche hier nicht von den Wissenschaftsgläubigen, die den Vergleich ablehnen, weil sie die Wissenschaft wahr und die Religion falsch nennen; ihr Fall kommt später an die Reihe. Mit dem Wort Blasphemie wollte ich das umgekehrte Gefühl ausdrücken, das des wahrhaft religiösen Menschen. Er wird sagen: welche Ähnlichkeit auch immer zwischen den öffentlichen Wirkungen der Wissenschaft und der Religion bestehen mag, so ist doch Wissenschaft nicht Religion und darf nie an ihre Stelle treten. Ich stimme dieser Meinung zu. Der Grund, aus dem ich eine so zweideutige Sprache gewählt habe, wird vielleicht im Verlauf dieser Vorlesungen deutlicher werden. Jetzt will ich ein erstes Mal den Spieß umdrehen und versuchen, einige Argumente zu nennen, die man gegen den Szientismus als Religion unserer Zeit vorbringen kann. Ich werde zuerst über Erfolg und Mißerfolg des Wissenschaftsglaubens reden, dann über seinen Sinn, und dies wird mich zur Frage nach seinem Ursprung führen.

Selbst wenn wir vom Szientismus als einer herrschenden Religion sprechen, müssen wir fragen, ob er eine wahre Religion ist. Und wir werden nicht geneigt sein, ihn wahr zu nennen, wenn er zur Katastrophe führt oder auch nur in ein menschenunwürdiges Leben. Deshalb halte ich die Frage seines Erfolgs für wichtig. Was lehrt uns nun unsere Erfahrung über Erfolg oder Mißerfolg der Wissenschaft und des Glaubens an sie? Mir scheint, die Antwort kann nur zweideutig sein. Die Wissenschaft hat uns in eine zweischneidige, eine zweideutige Lage gebracht. Jedes beliebige Beispiel wird uns das klarmachen, wenn wir den Mut haben, seine Konsequenzen zu durchdenken.

Medizin und Hygiene haben Milliarden von Leben gerettet. Dies ist der wunderbarste Erfolg, dessen sich die Wissenschaft rühmen kann. Der Tod ist freilich nicht überwunden, und er wird nicht überwunden werden. Leben retten heißt sie für eine Weile retten; so ist das menschliche Dasein beschaffen. Wir können nicht mehr erstreben, als das Leben von Kindern zu retten, so daß sie zur Reife kommen dürfen, und das Leben von Erwachsenen, so daß sie ihre Aufgabe vollenden können und, wie es von Abraham heißt, alt und lebenssatt sterben (Gen 25, 8). Deshalb bedeutet es sehr viel, die durchschnittliche Lebenserwartung der Neugeborenen von fünfunddreißig auf fünfundsechzig Jahre zu heben.

Aber ein anderer Aspekt dieses Erfolgs ist das gewaltige Wachstum der Weltbevölkerung. Sie hat sich in einem Jahrhundert mehr als verdoppelt, und keine natürliche Grenze ihres Wachstums ist in Sicht. Wie können wir die Menschen ernähren, die unsere Medizin zum Leben verurteilt? Behält nicht Malthus recht?

Ich sehe genau zwei Lösungen dieses Problems vor uns, eine vorläufige und eine endgültige. Die vorläufige Lösung ist die Industrialisierung und die Intensivierung der Landwirtschaft, verbunden mit freiem Güteraustausch über die ganze Erde. Diese Lösung ist, kurz gesagt, die Vermehrung der Lebensmittel. Aber die Fläche unseres Planeten ist begrenzt; einmal muß das Bevölkerungswachstum zum Stehen kommen. Wenn wir nicht auf einen Zusammenbruch unserer Zivilisation hoffen wollen, sehe ich keine andere endgültige Lösung als die Geburtenkontrolle.

Beide Lösungen setzen gewisse politische Bedingungen voraus. Je später wir das Bevölkerungswachstum zum Stehen bringen, desto mehr Menschen werden wir schließlich ernähren müssen. Je größer diese Anzahl, desto komplizierter und folglich verletzlicher wird das technische und organisatorische System sein, das wir brauchen, um sie zu ernähren. Der klassische Begriff der Souveränität von Nationen, der die Freiheit, Krieg zu führen, einschließt, wird in wachsendem Maß unvereinbar mit dem Funktionieren dieses Systems. Es wird immer klarer, daß der Krieg abgeschafft werden muß. Aber wie sollen wir den Frieden erzwingen? Die Einrichtung des Kriegs ist so alt wie die Geschichte der Menschheit. Wenn die Wissenschaft uns zwingt, den Krieg abzuschaffen, so spannt sie unsere Erfindungsgabe und unseren guten Willen auf die härteste Probe. Dürfen wir zu glauben wagen, die Menschheit werde einer solchen Aufgabe gewachsen sein?

Wahrscheinlich wird mehr als der Friede erzwungen werden. Können wir uns auf eine freiwillige Geburtenkontrolle verlassen? Ich habe einmal an einer wissenschaftlichen Tagung teilgenommen, auf der diese Frage erörtert wurde. Ein Vertreter des kommunistischen China, übrigens ein persönlich sehr netter Mann, stand auf und sagte: „Das Problem muß einer kapitalistischen Gesellschaft unlösbar erscheinen. Für uns ist es kein Problem. In China haben wir jetzt 615 Millionen Menschen. In den nächsten 15 Jahren werden wir auf 800 Millionen anwachsen. Dann werden wir aufhören." Sprachs und setzte sich. Hier bietet eine totalitäre Sekte des Wissenschaftsglaubens ihre Lösung an für ein Problem, das durch die Wissenschaft entstanden ist. Ist eine von der Wissenschaft beherrschte Welt mit menschlicher Freiheit vereinbar? Ich werde diese Frage nicht beantworten, aber ich meine, wir müssen sie stellen.

Was hat die Wissenschaft bisher zur Lösung der Probleme der internationalen Politik beigetragen? Ich fürchte, ihr sichtbarster Beitrag sind Raketen und Atombomben. Ich leugne nicht, daß diese Waffen, gerade indem sie den Krieg in eine totale Katastrophe verwandeln, zur Friedenserhaltung in unserer Zeit beitragen mögen. So zweideutig sind die Wirkungen der Wissenschaft: die Medizin, erfunden um Leben zu retten, schafft das fast unüberwindliche Problem des Bevölkerungswachstums; die Waffen, erfunden um Leben zu zerstören, scheinen zur Befestigung des Friedens zu helfen. Aber wenn die innere Dialektik dieser Wirkungen einmal Schwarz in Weiß verwandelt, haben wir eine Garantie, daß sie nicht Weiß in Schwarz zurückverwandeln wird? Sind wir darauf vorbereitet, den Frieden zu organisieren, den Waffen notwendig machen, ohne ihn vielleicht zugleich möglich zu machen?

Diese Vorlesungen wollen nicht Lösungen unserer Probleme anbieten, sondern einen Schritt zur Untersuchung ihrer Gründe tun. Es geht ihnen nicht um Therapie, sondern um Diagnose. Ich fürchte, viele vorgeschlagene Heilmittel haben versagt oder müssen versagen, weil sie auf einer unzureichenden Analyse der Lage, einer unzureichenden Diagnose aufbauen. Diagnostiker brauchen unendliche Geduld bei der Untersuchung, und sie müssen ihren Blick für die unauffälligen Symptome schärfen, für die verborgenen Ursachen großer Wirkungen. Deshalb möchte ich einige weniger auffallende Probleme andeuten, zu denen uns eine Analyse der schon besprochenen führen kann. Der Beitrag der Wissenschaft zur Organisation des Friedens wird zu einem großen Teil in Planung bestehen. Planung wird möglich und notwendig sein in internationalen Beziehungen, in der Wirtschaft, der Sozialstruktur, dem Gesundheitswesen, der Erziehung und vielen anderen Gebieten. Planung ist in einer wissenschaftlichen Welt wie der unseren unvermeidlich. Aber sicher ist es leichter, eine Maschine zu planen als das Verhalten von Menschen, die ihren freien Willen betätigen wollen. Deshalb ist es leichter, das Verhalten der Menschen zu planen, wenn wir sie behandeln, als wären sie Maschinen. Knechtschaft ist leichter zu planen als Freiheit. Wenn wir unser gemeinsames Leben dem Geist der wissenschaftlichen Planung nicht öffnen, so wird freilich das Chaos die Folge sein. Aber wenn wir es diesem Geist öffnen, so werden wir der Versuchung standhalten müssen, die Freiheit wegzuplanen und eine Knechtschaft über uns zu bringen, die um so gefährlicher ist, je unsichtbarer sie unsere Gesellschaft überzieht.

Keine festgegründete Knechtschaft beruht hauptsächlich auf roher Gewalt. Sie beruht auf der Herrschaft über die Seelen. Ich habe zwölf Jahre unter einer Diktatur gelebt. Ich habe mich nicht wie ein Held verhalten, aber ich habe studiert, wie das System funktioniert. Vielleicht war es die Hauptschwäche dieser speziellen Diktatur, daß sie nicht an die Wissenschaft glaubte; trotzdem verstand sie die Mittel zu benützen, die ihr die Technik bot. Diese Erfahrung hat mich nun zum Beispiel dazu gebracht, bis zum heutigen Tag zu vermuten, daß das Radio eine tieferliegende Gefahr enthält als die modernen Waffen. Waffen sind nutzlos, wenn die Menschen nicht bereit sind, sie zu benutzen; Propaganda ist eins der Hauptmittel, sie zum Gebrauch der Waffen bereit zu machen. Vielleicht darf man noch einen Schritt weitergehen. Eine gefestigte Persönlichkeit mag imstande sein, der Propaganda zu widerstehen. Aber die Gewohnheit, das Radio zu hören, nicht wegen der Inhalte, die es dem Bewußtsein bringt, sondern als Geräuschkulisse, als Beruhigung oder Kitzel, tut vielleicht mehr, als wir wissen, um die Struktur der unbewußten Seele zu zersetzen. Welche Dämonen reiten unsere Technik, um die Kontemplation unmöglich zu machen, zu der wir von Zeit zu Zeit zurückkehren müssen, wenn wir die Technik in der Hand behalten wollen?

In der menschlichen Natur liegt die Gefahr der Selbstzerstörung. Die Wissenschaft hat diese Gefahr nicht hervorgebracht, aber sie bringt sie deutlicher ans Licht. Betrachten wir ein anderes einfaches Beispiel. Genau seit wir so viele Instrumente erfunden haben, um Zeit zu sparen, sind wir alle vom Zeitmangel gehetzt. Wenn wir die Wirkung sehen, ist es leicht, ihre Ursachen zu verstehen. Die Anzahl der Menschen, die wir durch Eisenbahn, Auto, Flugzeug und Telefon erreichen können, ist so viel größer als die Anzahl, mit der wir ehemals verkehren konnten, daß dieses Wachstum bei weitem die technisch ermöglichte Zeitersparnis in jedem einzelnen menschlichen Kontakt übertrifft. Aber dies ist eine Erklärung ex eventu. Werden wir lernen, die Wirkung aufzufangen, der vorzubeugen, ja die vorherzusehen wir nicht vermocht haben?

Die Wissenschaft, so scheint es, ist ein zweischneidiges Schwert. Kein Optimismus und kein Pessimismus scheint dem angemessen, was sie uns gegeben hat und weiter verspricht. Die Wissenschaft wächst noch. Jede ihrer Wirkungen, die wir heute sehen, kann in Zukunft durch eine größere überholt werden. Ob die größere Wirkung besser oder schlimmer sein wird als die bisherige, ist kaum vorherzusagen. Deshalb habe ich das Wort Zweideutigkeit gewählt, um das auszudrücken, was wir bisher über den Erfolg der Wissenschaft wissen.

Zweideutig wie der Erfolg der Wissenschaft scheint mir auch der Sinn des Wissenschaftsglaubens. Wenn die Wissenschaft die Rolle einer Religion spielt, so dürfen wir zwei Fragen stellen: Was weiß sie von Gott? Und: Was weiß sie vom Menschen?

Ich schlage vor, die erste Frage zurückzustellen. Es ist wahr, daß ich mich durch die Bezeichnung des Szientismus als Religion dem Einwand ausgesetzt habe, Religionen dienten Gott oder Göttern, während die Wissenschaft von keinem Gott spricht. Aber es gibt religiöse Systeme wie den ursprünglichen Buddhismus oder den Konfuzianismus, die man atheistisch nennen könnte, während andererseits die Wissenschaft an Kräfte und Gesetze glaubt, die viele Menschen ehemals göttlich genannt hätten; eine genauere Betrachtung der geschichtlichen Religionen, auf die ich mich in diesen Vorlesungen einlassen will, sollte daher einer Antwort vorangehen. Hingegen brauchen wir keine solche Vorbereitung, um die zweite Frage wenigstens zu stellen: Was weiß die Wissenschaft vom Menschen? Erlauben Sie mir, die Antwort zuerst in Gestalt eines bekannten harmlosen Scherzes zu geben. Ein Mann sucht nachts im Lichtkegel einer Straßenlaterne den Boden Zoll für Zoll ab. Befragt, erklärt er: „Ich habe meinen Schlüssel verloren." „Wissen Sie, ob Sie ihn unter dieser Laterne verloren haben?" „Nein." „Warum suchen Sie dann hier?" „Hier kann ich wenigstens etwas sehen." – Die Wissenschaft kann sich die Reihenfolge, in der sie ihre Gegenstände behandeln will, nicht nach ihrer Wichtigkeit fürs menschliche Leben aussuchen. Die Bewegung der Planeten um die Sonne ist belanglos für das Glück oder die Erlösung des Menschen. Aber diese Bewegung genügt einigermaßen einfachen mathematischen Gesetzen, und so wurde ihre Theorie durch die Arbeiten von Kopernikus, Kepler und Newton zum Grundstein der neuzeitlichen Wissenschaft. Das Wesen des Menschen ist weniger einfach. Menschliche Handlungen wird man höchstwahrscheinlich nie mathematisch exakt vorhersagen. Selbst wenn wir den Vergleich des menschlichen Gehirns mit elektronischen Rechenmaschinen gestatten, müssen wir zugeben, daß die größten „Elektronengehirne" bisher nur den Komplikationsgrad des Nervensystems eines Regenwurmes erreicht haben. Ich fürchte, der Wissenschaftler, der uns die Natur des Menschen zu erklären verspricht, ist zum mindesten den Möglichkeiten seiner Zeit sehr weit voraus.

Aber der Schlüssel, den wir verloren haben, ist gerade der Schlüssel zum Wesen des Menschen. Die Religion hat zu allen Zeiten beansprucht, diesen Schlüssel zu besitzen. Selbst der Zweifler, der den Anspruch der Religion verwirft, wird zugeben müssen, daß es lebenswichtig für uns wäre, den Menschen wirklich zu verstehen. Alle Schwierigkeiten, die ich vorhin genannt habe, stammen nicht aus unzureichender Herrschaft über die Kräfte der physischen Welt; sie stammen aus unserer Unfähigkeit, menschliche Handlungen zu lenken, vorherzusagen, ja auch nur zu verstehen. Nun wäre es zwar ganz falsch, zu leugnen, daß die Wissenschaft wichtige Beiträge zum Verständnis des Menschen gibt. Aber neben einer Anerkennung der Grenzen unserer wissenschaftlichen Kenntnis des menschlichen Herzens müssen wir vor allem die zweischneidigen Möglichkeiten sehen, die auch ein solches Wissen über den Menschen wieder eröffnet. Uns muß schaudern, wenn wir uns die psychologischen Einsichten Freuds in den Händen eines Goebbels vorstellen. Pawlows Studien über bedingte Reflexe gelten als der geschichtliche Ursprung des Verfahrens, das man heute Gehirnwäsche nennt. Wissen ist Macht, und Macht sollte Verantwortung bedeuten. Daß uns aber die wissenschaftliche Erkenntnis zugleich mit der sittlichen Größe ausstattete, die wir brauchten, um diese Verantwortung zu tragen, das ist eine Hoffnung, der die Tatsachen nicht entsprechen. Ich glaube, wir müssen, jetzt ohne Zweideutigkeit, sagen: Wenn der Szientismus seine Hoffnung darauf setzt, die Wissenschaft werde uns aus ihrem eigenen Wesen heraus die nötige Leitung in den Angelegenheiten der Menschen geben, so ist er eine falsche Religion. Geht sein Glaube so weit, so ist er Aberglaube; die Rolle des Priesters steht dem Wissenschaftler nicht an, und die guten Wissenschaftler wissen das; das Verhaltensschema der Wissenschaft braucht den Hintergrund einer Ethik, die uns die Wissenschaft selbst nicht zu geben vermocht hat.

Aber diese Feststellung ist negativ und daher unzureichend. Unser nächster Schritt wird die Frage sein: Wie ist die Wissenschaft dazu gekommen, die zweideutige Rolle zu spielen, in der wir sie heute vorfinden?

1692 hielt der berühmte Philologe Richard Bentley, damals noch ein junger Mann, in London die erste Serie der von dem Chemiker Robert Boyle testamentarisch eingesetzten Predigten oder Vorlesungen zur Verteidigung des Gottesglaubens. Mit einer intellektuellen Brillanz, die den heutigen Leser als ein wenig hochfahrend berühren muß, geht er an die Widerlegung des Atheismus. Sein Argument gipfelt in dem folgenden Gottesbeweis: Unser großer Naturforscher Isaac Newton hat gezeigt, daß die Bewegung der Planeten in ihren Bahnen durch die Naturgesetze erklärt werden kann, das heißt durch die Axiome der Mechanik und das Gravitationsgesetz. Aber während diese Gesetze erklären, wie das Planetensystem funktioniert, seit es besteht, können sie nicht erklären, wie das System entstanden ist. Also läßt sich die Entstehung des Planetensystems nur verstehen als Folge des Plans eines intelligenten Schöpfers.

Zieht man Bentleys Argument in einen Satz zusammen, so kann man sagen: es gibt keine wissenschaftliche Kosmogonie, folglich muß es eine Schöpfung gegeben haben. So stellt das Argument in klassischer Weise die beiden Gedanken der Schöpfung und der Kosmogonie einander gegenüber und veranlaßt uns, sie als Vertreter zweier ähnlich entgegengesetzter allgemeiner Tendenzen zu verstehen: einer religiösen und einer wissenschaftlichen Welterklärung. Seine Bewunderer hielten es sicher für besonders zwingend, weil es der Wissenschaft einen anerkannten Platz innerhalb der religiösen Welterklärung gab: gerade Newtons Erfolg in der Herleitung der heutigen Bewegung der Planeten verwandelt seine Unfähigkeit, die Entstehung des Systems zu erklären, aus einem bloßen Ausdruck der Unwissenheit in ein positives Argument für einen göttlichen Schöpfer.

In den folgenden Betrachtungen hoffe ich jedoch zu zeigen, daß die religiöse Weltdeutung schon durch diese Gegenüberstellung der beiden Erklärungsweisen ihre eigene Niederlage besiegelt hat. Entweder ist Bentleys Ausgangspunkt falsch, oder die Religion hat ihren Prozeß bereits verloren. 1755, dreiundsechzig Jahre nach Bentleys Predigten, veröffentlichte der junge Immanuel Kant, der später als Philosoph berühmt werden sollte, seine Allgemeine Naturgeschichte und Theorie des Himmels, die eine annehmbare mechanische Erklärung der Entstehung des Planetensystems enthielt. Die wissenschaftliche Lücke, die das Dasein Gottes hatte beweisen sollen, war geschlossen. Weitere fünfzig Jahre später wurde nach einer Anekdote der Astronom Pierre Simon de Laplace, der unabhängig von Kant eine ähnliche Theorie ersonnen hatte, von Napoleon gefragt, wo in seiner Theorie noch Raum für Gott sei; er antwortete: „Sire, je n'avais pas besoin de cette hypothèse-là" – ich hatte diese Hypothese nicht nötig.

Kant selbst sah und verwarf die möglichen atheistischen Folgerungen aus seiner eigenen Theorie. Um das zu können, mußte er Bentleys Argument verwerfen. Er meinte, ein Gott, der Naturgesetze so geschaffen habe, daß sie die Entstehung von Planetensystemen zur notwendigen Folge hätten, wäre mehr zu bewundern als ein Gott der erst mechanische Gesetze gäbe und sie dann selbst verletzen müßte, um eine Welt schaffen zu können. Wie kann man die Werke der blinden mechanischen Notwendigkeiten den Werken der göttlichen Vernunft entgegensetzen, wenn man als Christ an einen Gott glaubt, der alles geschaffen hat, auch die Gesetze der Mechanik?

Hätte Kant die Geschichte der Philosophie und Theologie genauer gekannt, so hätte er gesehen, daß diese beiden entgegengesetzten Deutungen der Werke Gottes – Bentleys und die seine – sich zurückverfolgen ließen bis zu den beiden Wurzeln der traditionellen christlichen Schöpfungslehre in Platons Timaios und im Alten Testament.

Platon beschreibt, wie der Demiurg, der Hersteller des Himmelsgebäudes und der Erde, durch das Licht der Vernunft eine dunkle materielle Welt blinder mechanischer Notwendigkeit, deren chaotische Präexistenz nicht sein Werk ist, in einen geordneten Kosmos verwandelt. Im Alten Testament hingegen hat Gott alles gemacht, Licht und Finsternis, Ordnung und Notwendigkeit, Seele und Körper. Vielleicht steht Kants Ansicht der Bibel näher als die von Bentley, wenn auch beide, verglichen mit Platon und der Bibel, entschieden modern wirken. Ich habe vor, im einzelnen den ursprünglichen Sinn sowohl der Platonischen wie der biblischen Ansicht, ihre Verschmelzung im Christentum und ihre neuzeitliche Verwandlung zu behandeln.

Wollen wir diesen Weg verfolgen, so müssen wir noch vor Platon und vor der Bibel einsetzen. Für den heutigen Wissenschaftsgläubigen ist die Schöpfungsgeschichte, ebensowohl in der Platonischen wie in der biblischen Gestalt, einfach ein Mythus. Mythologie ist nach seiner Ansicht der Vernunft entgegengesetzt; die zwei griechischen Worte Mythos und Logos werden oft zur Kennzeichnung dieses Gegensatzes benutzt. Wollen wir aber die zwei Wurzeln der christlichen Schöpfungstheologie wirklich verstehen, so müssen wir einen Schritt weiter zurückgehen. Wir müssen sie mit dem wirklichen Mythos vergleichen, um zu begreifen, in welchem Maß sie selbst schon der Welt der Vernunft angehören.

3. Astronomie unseres Jahrhunderts

Im folgenden versuche ich kurz den heutigen Stand des kosmogonischen Problems zu schildern, beginnend mit den Sachfragen und endend mit philosophischen Erwägungen.

Wir können an die biologischen Theorien anknüpfen. Zwar verstehen wir die Ursachen der Evolution noch nicht sehr genau, aber wir zweifeln nicht an der Tatsache der Evolution; man nimmt sogar ziemlich allgemein an, daß sich das organische Leben in den frühen Stadien der Erdgeschichte aus dem entwickelt hat, was wir anorganische Materie nennen. Welche Gründe hat diese communis opinio? Ich habe sie negativ formuliert: Wir wissen nicht, auf welchem anderen Weg das Leben zu seiner heutigen Gestalt hätte kommen können. Diese Antwort läßt jeden übernatürlichen Ursprung des Lebens stillschweigend beiseite; so groß ist unser aller Glaube an die Naturwissenschaft. Aber um überzeugend zu sein, muß unser Evolutionsglaube wenigstens ein Studium möglicher Alternativen voraussetzen, die innerhalb des Rahmens der Naturgesetze liegen.

Wir glauben, daß Lebewesen nur von Lebewesen abstammen können, die ihnen ziemlich ähnlich sind. Sollten z. B. Affen oder Eichbäume nicht von Säugetieren oder Bäumen auf der Erde abstammen, so könnten höchstens Säugetiere oder Bäume außerhalb der Erde ihre Vorfahren sein. Für eine solche Annahme aber fehlt uns jedes Argument. Hingegen ist vor etwa fünfzig Jahren die Theorie diskutiert worden, daß wenigstens die primitivsten Formen des Lebens die physikalischen Bedingungen im kosmischen Raum ertragen könnten. Dann könnte das Leben irgendwie von Stern zu Stern wandern, und so könnte das Leben so ewig sein wie, nach damaliger Ansicht, das Universum. Für uns Heutige hat diese Theorie nicht mehr viel Anziehungskraft, aus zwei Gründen. Erstens hat man bisher in Meteoriten und in Bestandteilen unserer Atmosphäre, die allenfalls kosmischen Ursprungs sein könnten, keine Lebensspuren gefunden. Zweitens ist es die herrschende Ansicht unter heutigen Astronomen, daß nicht nur die Erde, sondern vermutlich das Universum als Ganzes nicht ewig ist, sondern einen Anfang gehabt hat. Diese Ansicht ist der Hauptgegenstand meiner heutigen Vorlesung.

Das Alter der Erde kann man auf die Größenordnung von vier Milliarden Jahren schätzen; es mag leicht eine Milliarde mehr oder weniger sein. Wie können wir eine solche Schätzung begründen?

Für die Einzelheiten dieses und anderer Sachprobleme darf ich vielleicht auf meine Vorlesungen über die Geschichte der Natur verweisen. Hier ziehe ich nur die Hauptlinien der Argumentation nach.

Radioaktive Atome zerfallen mit einer festen Zerfallsrate. Von einer gegebenen Menge von z. B. Polonium wird die Hälfte in 137 Tagen in Blei verwandelt sein; die entsprechende Zeitspanne, die sog. Halbwertszeit, ist etwas weniger als 2000 Jahre für Radium und etwa 5 Milliarden Jahre für Uran. Nun gibt es in der Erdkruste typische Uranmineralien, die einen Prozentsatz Blei enthalten, der um so größer ist, je älter die geologische Schicht ist, in der wir sie finden. Sie dienen uns so als eine Art Uhr, die in Gang gesetzt wurde, als das Mineral sich bildete, und die uns sein heutiges Alter angibt. Selbst das Alter irdischer Gesteine im allgemeinen läßt sich ähnlich abschätzen, wenn man ihren durchschnittlichen Gehalt an Uran und an Bleiisotopen benützt. Es zeigt sich, daß die Erde nicht sehr viel älter sein kann als die Halbwertszeit des Urans, denn es gibt noch viel Uran auf der Erde, und wir kennen keine Art, wie sich Uran hätte nachbilden können, seit die Erde als Planet existiert.

Natürlich setzt diese Schlußweise voraus, daß die bekannten Naturgesetze in der ganzen Zeit, die wir mit der Uranuhr messen, in Strenge gegolten haben. Sind wir gewiß, daß die Zerfallsrate des Urans in der ganzen Erdgeschichte konstant war? Unsere heutige Antwort lautet: Das ist keineswegs a priori sicher, aber es muß als sehr wahrscheinlich gelten, da viele sachlich ganz verschiedene Arten kosmischer Altersbestimmung übereinstimmend dasselbe Resultat ergeben. Wieder lasse ich das Detail beiseite. Der springende Punkt ist, daß wir Naturgesetze empirischer Kontrolle unterwerfen und daß empirische Kontrolle in vielen Fällen – z. B. wenn wir an der ferneren Vergangenheit des Universums interessiert sind – nicht in gegenwärtigen Experimenten bestehen kann, sondern in der systematischen Erhöhung der Wahrscheinlichkeit eines Systems von Hypothesen, das zu einer immer größeren Anzahl konsistenter Vorhersagen und Deutungen relevanter Tatsachen führt. Relevante Tatsachen sind in unserem Fall solche, die man als Dokumente jener fernen Vergangenheit auffassen muß.

Hat die Erde ein endliches Alter, so muß sie irgendwie entstanden sein. Die Auffassungen der modernen Astronomie über die Art dieser Entstehung sind nach einigen Schwankungen nahezu zu denen von Kant zurückgekehrt. Es gilt heute als das wahrscheinlichste, daß die Planeten aus einem Nebel entstanden sind, der die Sonne umgab. Einer der aktivsten heutigen Erforscher dieser Frage, G. Kuiper, meint, daß sich die dichteren Teile des Nebels unter dem Einfluß ihrer eigenen Gravitation weiter verdichteten; das ist genau Kants Ansicht. Ich habe eine etwas abweichende Theorie vorgeschlagen, in der die Körper der Planeten sich aus Staub gebildet haben sollten, der durch chemische Kondensation der schwereren Elemente in dem Nebel entstanden ist. Ich weiß selbst nicht, welche Theorie ich beim heutigen Kenntnisstand vorziehen soll. Jedenfalls sehen Sie, daß das Feld möglicher Kontroversen nur Einzelfragen des Bildungsmechanismus der Planeten betrifft, aber nicht die Grundlagen der Theorie.

In unseren Tagen ist eine derartige Theorie aber nur noch eine einzelne Stufe auf der Leiter kosmogonischer Fragen. Woher kam der Nebel? Teil welches größeren Systems ist unser Planetensystem? Diese Frage, für die Kant einst nur sehr spekulative Lösungen wußte, können wir heute zum Teil genauer beantworten als die nach dem besten Modell der Planetenentstehung selbst.

Wir müssen zunächst einen Blick auf die heutige Verteilung der Himmelskörper im Raum werfen. Da erweist sich die Sonne als ein normaler Stern; ihre physikalischen Eigenschaften gleichen denen der Fixsterne, die wir am Nachthimmel sehen. Rund hundert Milliarden (10^{11}) Sterne dieser Art bilden das Milchstraßensystem, dessen Hauptmasse wir nicht als einzelne Sterne sehen, sondern als den wolkigen Ring der Milchstraße, der den Himmel umzieht. Dieses System hat etwa Scheibengestalt, wie ein riesiges Abbild des Nebels, den Kant als Urgestalt des Planetensystems postuliert hat. Wir sind in seinem Inneren, so wie wir im Innern des Planetensystems sind; deshalb projiziert sich die Milchstraße, wie der Tierkreis, als größter Kreis an den Himmel. Die Ähnlichkeit der Gestalt läßt auf eine Ähnlichkeit des Ursprungs schließen. Das Milchstraßensystem enthält noch große Mengen interstellarer Materie, als Gas oder als Staub, und die Vermutung liegt nahe, daß sie einmal, zu einer früheren Zeit, ganz aus durch den Raum verbreitetem Gas bestanden hat. Dann muß sich ein Teil des Gases zu Sternen verdichtet haben. Eine Zwischenstufe dieser Verdichtung mag die Bildung der kleineren getrennten Nebel gewesen sein, deren einer in sich unser Planetensystem erzeugte. Wir wissen nicht positiv, ob andere Sterne auch Planetensysteme haben, aber nach unserer heutigen Kenntnis muß dies als wahrscheinlich gelten. So kann die Astronomie keine Bedenken gegen die heute so beliebten Spekulationen über Leben und vernünftige Wesen auf anderen Sternen erheben. Nur die anderen Planeten unseres eigenen Systems scheinen weniger geeignet als die Erde, um höhere Formen organischen Lebens zu tragen; so mag die Wahrscheinlichkeit, daß vernünftige Wesen von anderen Sternen uns besuchen werden, nicht übermäßig groß sein. Aber hier wage ich keine definitiven Vorhersagen.

Der Teil des Weltraumes, den unsere Fernrohre durchdringen, enthält etwa hundert Millionen Systeme ähnlich unserer Milchstraße; die großen Aufnahmegeräte der Radioastronomie beginnen soeben, noch tiefer in den Raum vorzudringen. Diese riesigen Sternsysteme werden im allgemeinen Spiralnebel genannt, denn viele von ihnen, so auch unsere Milchstraße, haben Spiralstruktur. Ich beschreibe sie nicht im einzelnen. Ich muß aber ein wenig Zeit auf die Frage verwenden, was jenseits der Grenzen unserer Kenntnis kommt.

Es ist nicht die unbekannte Antwort auf diese Frage, die uns hier angeht, sondern ihre methodische Struktur. Die Frage hat etwas Verwirrendes an sich. Natürlich wissen wir nicht, was jenseits der Grenzen unserer Kenntnis liegt; das ist der Sinn des Wortes Grenze der Kenntnis. Trotzdem sind wir überzeugt, daß jenseits dieser Grenzen etwas ist. Woher diese Überzeugung? Haben wir Wissen über unser Wissen hinaus? Jedenfalls, so würden wir sagen, muß es Raum außerhalb des uns bekannten Teils des Raumes geben. Aber wie können wir das wissen? Haben wir Kenntnis a priori über den kosmischen Raum in fünf Milliarden Lichtjahren Abstand von uns? In unserem Jahrhundert hat Einstein die wissenschaftliche Welt mit der Annahme überrascht, daß die Erwartungen, die wir a priori über den Raum haben, falsch sein könnten. Er stellte die Hypothese auf, der Raum selbst habe eine mathematische Eigenschaft, die man unexakt veranschaulichen kann durch die Ausdrucksweise, der Raum selbst sei gekrümmt. In einem gekrümmten Raum kann es vorkommen, daß ein Körper, der geradlinig ins Weltall fliegt, ohne je seine Flugrichtung zu verändern, zum Ausgangspunkt zurückkehrt. Einsteins spezielle Annahme über den Weltraum ist wohl bis heute weder bewiesen noch widerlegt; jedenfalls haben wir keinen Grund, warum wir sie nicht als eine ebenso plausible Theorie gelten lassen sollen wie irgendeine andere. Wenn sie aber wahr ist, so kann die Frage: „Was ist jenseits der Grenzen unseres Wissens?" eines Tages eine überraschende Antwort finden. Es könnte sich zeigen, daß jenseits einer gewissen Grenze weder neue Spiralnebel wären noch auch leerer Raum, sondern genau dieselben Spiralnebel wie diesseits der Grenze. Eine kleine Vereinfachung der historischen Fakten kann aus der Geschichte der Geographie ein Beispiel hierfür holen. Nach Marco Polos Reisen nach China und nach der Entdeckung Amerikas war der Pazifische Ozean die östliche und die westliche Grenze unserer geographischen Kenntnisse. Als Magellan diesen Ozean überquerte, war nachgewiesen, daß jenseits jeder dieser „beiden" Grenzen dieselben Kontinente liegen wie diesseits der „anderen" Grenze.

Die philosophische Auffassung vom Raum, die hinter Einsteins Hypothese liegt, ist ein Gegenstand, der gesondert abgehandelt werden müßte. Ich mußte die Hypothese hier aus zwei Gründen nennen. Inhaltlich gehört sie zum gegenwärtigen Thema meiner Betrachtung, der Verteilung der Himmelskörper im Weltraum; dieses Thema verlasse ich nunmehr, da es, wie üblich, in einer unbewiesenen Hypothese endet. Formal zeigt Einsteins Vorschlag außerdem, was für unerwartete Antworten wir auf uralte Fragen erhalten können. Daran sollten wir denken, wenn wir uns nun unserem Hauptthema zuwenden, das nicht der kosmische Raum, sondern die kosmische Zeit ist.

Ich habe eine Schätzung für das Alter der Erde gegeben. Wie alt ist die Sonne? Wie alt sind Sterne im allgemeinen? Wie alt ist unser Milchstraßensystem? Wie alt sind Milchstraßensysteme im allgemeinen? Gibt es so etwas wie ein wohldefiniertes Alter des Universums?

Die Ergebnisse der Beobachtungen konvergieren in der Richtung auf eine allgemeine Aussage, die ich in zwei Formen, einer vorsichtigen und einer weniger vorsichtigen, aussprechen will. Vorsichtig dürfen wir sagen: Es gibt guten Grund zu der Annahme, daß eine gemeinsame Zeitskala der Entwicklung der meisten kosmischen Objekte besteht, die durch eine Zeitkonstante von etwa fünf – oder, nach neuesten Ergebnissen, eher zehn bis vielleicht fünfzehn – Milliarden Jahren gekennzeichnet ist. Sind wir weniger vorsichtig, so können wir der Versuchung nachgeben, zu sagen: Das Universum hat ein endliches Alter, das irgendwo zwischen fünf und zehn oder fünfzehn Milliarden Jahren liegt. Der Unterschied zwischen der vorsichtigen und der unvorsichtigen Ausdrucksweise liegt, wie Sie sehen, nicht in der numerischen Angabe der charakteristischen Zeitdauer; diese schien bis vor kurzem auf rund fünf Milliarden festzustehen, während es jetzt scheint, daß man sie bisher auf Grund noch unvollkommener Bestimmung gewisser beobachtungstechnischer Grundkonstanten in ihrem numerischen Wert um einen Faktor der Größenordnung zwei unterschätzt hat. Der Unterschied von geringerer und größerer Vorsicht liegt darin, ob man diese Zeit als das Alter des Universums anzusprechen wagt.

Wieder schildere ich die empirischen Ergebnisse nur ganz kurz. Die Sonne strahlt ständig eine sehr große Energiemenge aus. Wir sind heute überzeugt, die Quellen dieser Strahlung zu kennen; ihre Energie stammt aus Atomkernumwandlungen im tiefen Innern der Sonne, die den in der Wasserstoffbombe ablaufenden Prozessen ähnlich sind. Historisch haben die astrophysikalischen Theorien über Kernprozesse in der Sonne in der Tat zur Erfindung der Wasserstoffbombe beigetragen. Nun enthält die Sonne nur eine endliche Menge Wasserstoff und kann daher die Strahlung nicht unbegrenzt aufrechterhalten. Da die Sonne heute noch strahlt, muß sie vor einer endlichen Zeit angefangen haben zu strahlen. Dieser Anfang kann nach heutiger Kenntnis sehr wohl vor 5 Milliarden Jahren gewesen sein. Die Zeitspanne könnte auch die doppelte gewesen sein, aber nicht sehr viel länger; sicher z. B. nicht die zehnfache.

Ähnliche Überlegungen gelten für alle Sterne, die wir heute sehen können. Seit kurzem sind wir ziemlich gewiß, daß sich auch jetzt noch Sterne aus interstellarem Gas bilden; aber die meisten Sterne scheinen ein Alter zu haben, das dem der Sonne vergleichbar ist, und es gibt nur in wenigen Fällen, die zur Zeit der Abfassung dieses Textes nicht als voll geklärt gelten können, einen positiven Beweis für höhere Alter, die aber jedenfalls auch im größten geschätzten „Alter der Welt" unterzubringen sind. Die innere Dynamik eines Spiralnebels – also einer weit ausgedehnten Masse von Sternen und interstellarer Materie – ist noch nicht allzu gut bekannt. Es erscheint aber jedenfalls plausibel, daß solche Systeme sich selbst in einer ähnlichen Zeitskala entwickeln. Das stärkste Argument hierfür ist das, was man die äußere Dynamik der Spiralnebel nennen könnte, d. h. ihre Bewegungen relativ zueinander. Die berühmte Rotverschiebung ihrer Spektrallinien erklärt sich am natürlichsten durch die Annahme, daß sie sich alle voneinander entfernen, nicht viel anders als die Sprengstücke einer Explosion. Wenn Einstein mit der Annahme einer Krümmung des Weltraumes recht hat, so bedeutet das, daß das Krümmungsmaß eine Funktion der Zeit ist, so daß das Gesamtvolumen des Weltraums mit der Zeit anwachsen muß; in diesem Sinn spricht man oft vom „expandierenden Universum". Aber wir brauchen die natürliche Deutung der Beobachtungen nicht mit den Begriffen der Einsteinschen Hypothese auszudrücken. Setzen wir den Raum als euklidisch an, so können wir einfach von einer Expansionsbewegung aller bekannten Materie im Raum sprechen; wir werden dann dieselben Beobachtungen beschrieben haben. Man muß freilich zugeben, daß die Bewegung selbst nicht wahrgenommen wird. Was wir sehen, ist eine Rotverschiebung der Spektrallinien. Die heute bekannte Physik bietet keine andere natürliche Erklärung dieser Rotverschiebung an als die durch eine Bewegung der geschilderten Art; aber wer die Expansionstheorie nicht leiden kann, der scheint beim heutigen Kenntnisstand noch die Freiheit zu haben, neue Naturgesetze zu erfinden, die die Rotverschiebung in einer ihm wohlgefälligen Weise erklären würden. Es gibt aber ein zusätzliches Argument, die Expansionsbewegung als real anzusehen, und mir scheint dieses Argument sehr stark. Wenn die Bewegung real ist, so definiert sie eine Zeitskala. Wir können uns das am Vergleich mit einer Explosion deutlich machen. Kann man die Geschwindigkeiten der Sprengstücke und ihre Entfernung vom Ausgangspunkt zu einer bestimmten Zeit messen, so kann man den Zeitpunkt berechnen, zu dem die Explosion stattgefunden hat. Nun kennt man die Entfernungen der Spiralnebel, wenngleich noch nicht allzu genau, und die Rotverschiebung liefert auf Grund der Gesetze der Optik einen numerischen Wert der zu ihrer Erklärung angenommenen Geschwindigkeit; daraus können wir den Zeitpunkt der Explosion bestimmen. Eben dies ist die obengenannte Zahl, die nach neusten Berechnungen von 5 Milliarden Jahren auf etwa das doppelte erhöht worden ist. So sind wir auf ganz neuartige Weise zu einem hypothetischen Alter des Universums gekommen, das aufs beste zu den vorher anders abgeschätzten Altern der Erde, der Sonne und aller Fixsterne paßt. Dieses Ergebnis wäre ein höchst seltsamer Zufall, wenn die Rotverschiebung gar nicht durch eine wirkliche Bewegung verursacht wäre. Ich glaube, es ist dieses Argument, das die allermeisten Astrophysiker überzeugt und sie dazu geführt hat, den Begriff „Alter der Welt" oder „Alter des Universums" heute ganz allgemein zu gebrauchen.

Geben wir zu, daß es eine derartige Zeitskala gibt, so sind wir natürlich noch sehr weit davon entfernt, eine zusammenhängende Theorie der Ereignisse zu haben, die sich vor rund zehn Milliarden Jahren abgespielt haben mögen. Eine wie weite Skala möglicher Deutungen damit noch bleibt, kann ich durch die Nennung zweier extremer Ansichten erläutern, die beide ihre Anhänger gefunden haben. Die, wenn ich so sagen darf, metaphysisch konservativste Hypothese ist die sogenannte Theorie der ständigen Schöpfung (continuous creation). Sie lehrt: Unsere Milchstraße mag 5 bis 10 Milliarden Jahre alt sein, und jedenfalls deutet dieses Alter eine charakteristische Zeitskala kosmischer Ereignisse an; aber im Universum, wenn man es als Ganzes betrachtet, ist nichts Nennenswertes vor 10 Milliarden Jahren oder zu irgendeinem anderen Zeitpunkt geschehen; das Universum hat, im statistischen Mittel betrachtet, zu jeder Zeit genauso ausgesehen wie heute. Die vielleicht radikalste Hypothese sagt umgekehrt: Nicht nur das Universum hat vor etwa 10 Milliarden Jahren zu existieren begonnen; sogar die Zeit hat vorher nicht existiert, denn vor der Welt war keine Zeit. Ich möchte beide Ansichten mehr im einzelnen besprechen.

Zunächst zur Theorie der „fortgesetzten Schöpfung" (Hoyle,

Bondi, Gold). In der wissenschaftlichen Situation unserer Zeit möchte ich es metaphysisch konservativ nennen, wenn man die neuen empirischen Daten mit der traditionellen Ansicht der neuzeitlichen Wissenschaft zu versöhnen sucht, nach der die Welt keinen Anfang und kein Ende in der Zeit hat. Dies erreicht diese Theorie, indem sie annimmt, daß zu jeder Zeit und in jedem (hinreichend großen) Raumgebiet einige Materie aus nichts entsteht (oder „geschaffen wird", was wohl von den Autoren nur als Metapher gemeint ist). Diese Materie verdichtet sich mit der Zeit zu Spiralnebeln. Von der an einem Ort entstehenden Materie aus gesehen, entsteht die Materie an allen anderen Orten mit einer solchen Anfangsgeschwindigkeit, daß sie mit der Zeit nach allen Seiten ins räumlich Unendliche abströmt, und so für neue, aus nichts entstehende Materie Raum schafft. Die sogenannte Expansion des Universums ist nichts anderes als dieses ständige Abströmen der Materie. In dieser Theorie ist die Annahme eines unendlichen Raumes schlechterdings nötig, um für die stets nachkommende junge Materie Platz zu schaffen. Die Autoren nehmen an, dieser Prozeß habe seit unendlicher Zeit stattgefunden und werde bis ins Unendliche so weitergehen, und somit ändere sich das Universum, im statistischen Mittel über große Räume oder große Zeiten betrachtet, niemals.

Dies ist eine klug erdachte Theorie. Ich kenne keine speziellen Erfahrungstatsachen, die ihr günstiger wären als ihren Konkurrenten; neuerdings glauben einige Radioastronomen entscheidende empirische Argumente gegen sie zu besitzen, doch ist die Diskussion noch im Gange. Ich gestehe, daß ich persönlich immer gezögert habe, sie für wahr, ja auch nur für wahrscheinlich zu halten. Aber meine Gründe sind Gründe des methodologischen Geschmacks, auf Grund deren eine Diskussion nicht entschieden werden kann. Mein eigener Konservatismus liegt mehr im Bereich der wissenschaftlichen Methode als in dem der Metaphysik. So würde es mich nicht sehr erschrecken, wenn ich eine endliche Dauer der kosmischen Zeit zugeben müßte. Hingegen traue ich empirisch begründeten Naturgesetzen gerne so lange wie möglich; nicht weil ich sie für besser hielte als andere denkbare Gesetze, sondern weil ich unserer wissenschaftlichen Phantasie überhaupt nicht leicht zutraue, auf Grund rein „spekulativer" Argumente den richtigen Einfall zu haben; hier wäre zum mindesten eine sehr viel härtere Analyse der logischen Möglichkeiten nötig, als sie für unser Problem bisher irgend jemand hat geben können. So ist das Gesetz der Erhaltung der Materie, das in der heutigen Physik mit dem Gesetz der Erhaltung der Energie identisch ist, nach meiner Überzeugung sehr eng mit der allgemeinen Struktur der Physik verknüpft, und wir wissen nicht, wieviel wir werden ändern müssen, wenn wir es der Annahme einer ständigen Entstehung von Materie aus nichts opfern. Es gibt Augenblicke in der Wissenschaftsgeschichte, in denen solch ein Opfer empirisch so wohlbegründeter überlieferter Ansichten nötig ist, um einen großen Schritt vorwärts zu einer neuen, umfassenderen Harmonie zwischen Theorien und Tatsachen zu tun. Ich möchte aber zu einem solchen Schritt gezwungen werden, und ich sehe keine Erfahrung, die mich hier zwingen würde; und die Ansicht von der unendlichen Dauer der Zeit ist gewiß nicht empirisch begründet.

Auch das andere Extrem läßt keinen empirischen Beweis zu; es soll nur die Möglichkeiten erläutern, auf die wir vorbereitet sein sollten. Bleiben wir methodisch ganz konservativ und nehmen wir gar keine Neuerzeugung von Materie an, so muß die jetzt im sichtbaren Teil des Universums enthaltene Materie schon vor 10 Millionen Jahren existiert haben, aber in einem viel kleineren Raumgebiet. Dies kann nicht weiter in die Vergangenheit extrapoliert werden über den Zeitpunkt hinaus, für den unser einfaches Modell linearer Expansion zu der absurden Konsequenz führen würde, daß in ihm alle Materie in einem mathematischen Punkt vereinigt war. Man hat sich mehrere Modelle dafür zurechtgelegt, was am Anfang gewesen sei. Einige nehmen eine unendliche Zeit vor dem Beginn der heute sichtbaren Expansion an, z. B. ein nahezu stationäres dichtes Einsteinsches Universum mit gekrümmtem Raum. Andere geben der Welt einen mehr oder weniger abrupten Anfang. Nach meiner Ansicht gibt es gute Gründe, zeitlich streng periodische Lösungen des kosmologischen Problems, die ebenfalls diskutiert worden sind, für unmöglich zu halten. Diese Gründe hängen mit dem zweiten Hauptsatz der Thermodynamik zusammen, den ich ausführlicher in meiner „Geschichte der Natur" erörtert habe; vielleicht darf ich darauf verweisen. Aber außer diesen sehr allgemeinen Feststellungen kann man, wie mir scheint, nichts Positives über jene Ereignisse vor Jahrmillionen sagen, wenigstens nicht auf Grund unserer heutigen Kenntnisse. Was ich klarmachen wollte, als ich von einem anderen Extrem sprach, war, daß die heutigen theoretischen Physiker ihren eigenen Begriffen sicher nicht unkritischer gegenüberzustehen brauchen als einst Augustinus, der den Begriff einer Zeit, die vor dem Beginn der Welt verstrich, für einen völlig inhaltlosen Begriff ansah. Ein moderner Positivist würde nicht anders argumentieren.

Zusammengefaßt: Ich weiß nicht, ob die Welt einen Anfang gehabt hat, aber sie könnte ihn wohl gehabt haben. Hatte aber die Welt einen Anfang, so kann auch die Zeit einen Anfang gehabt haben. Wie man sich einen solchen Anfang vorstellen sollte, weiß ich nicht. Nur um unser Zutrauen zu dem, was uns bisher eingefallen ist, zu dämpfen, möchte ich hier noch einmal auf Einsteins Theorie des Raumes als Beispiel unvorhergesehener begrifflicher Möglichkeiten verweisen. –

Den Schluß dieser Betrachtung will ich den Rückwirkungen widmen, die der geschilderte heutige Stand der Wissenschaft auf unsere allgemeinen Ansichten über Kosmogonie und Schöpfung haben mag. Ich möchte zum Anfang eine ganz simple Geschichte erzählen, die ich selbst erlebt habe und die mich, wenn ich mich recht erinnere, zum erstenmal veranlaßt hat, über die Fragen nachzudenken, mit denen ich Sie nun schon so lange aufgehalten habe. 1938, als ich ein junger theoretischer Physiker in Berlin war, hielt ich im physikalischen Kolloquium der Berliner Universität ein Referat über die Umwandlung der Elemente der Sonne. Ich hatte mir gerade eine Reaktionskette von Atomkernen ausgedacht, die als Energiequelle der Sonne dienen könnte. Es war der sogenannte Kohlenstoff-Zyklus, den auch Bethe im selben Jahr unabhängig gefunden und in einer Arbeit, die die meine an Gründlichkeit übertraf, ausgearbeitet hat; nach unserer heutigen Kenntnis ist es der richtige Reaktionstyp, aber nicht diejenige Reaktion, die gerade in der Sonne (im Gegensatz zu heißeren Sternen) die Hauptrolle spielt. Jedenfalls war ich ganz stolz auf meine Entdeckung, und um ihre Plausibilität zu zeigen, betonte ich, daß sie der Sonne ein Alter garantierte, das sich sehr gut mit dem aus der Rotverschiebung der Spiralnebel bestimmten Alter der Welt vertrug; letzteres war damals noch ein ziemlich neuer Gedanke. Hierin aber erfuhr ich den leidenschaftlichen Widerspruch des berühmten Physiko-Chemikers Walther Nernst, der zu einer älteren Generation gehörte und damals Ordinarius für Physik an der Berliner Universität war. Er sagte, der Gedanke eines Alters des Universums sei keine Naturwissenschaft. Ich verstand ihn zuerst nicht. Er erklärte, die unendliche Dauer der Zeit sei ein Grundelement allen wissenschaftlichen Denkens; wer diese leugne, verrate die Grundlagen der Wissenschaft. Ich war über diesen Gedanken erstaunt und wagte den Einwand, es sei naturwissenschaftlich, Hypothesen auf Grund der in der Erfahrung sich zeigenden Hinweise aufzustellen und an neuer Erfahrung zu prüfen, und der Gedanke eines Alters der Welt sei eine derartige Hypothese. Er erwiderte, man könne keine Hypothesen aufstellen, die den Grundlagen der Wissenschaft widersprächen. Er war einfach zornig, und so führte die Diskussion, die in seinem Arbeitszimmer fortgeführt wurde, zu keinem Ergebnis. Prof. P. Debye, in dessen Institut ich damals arbeitete und der uns in Nernsts Zimmer begleitet hatte, beendete das Gespräch mit der salomonischen Bemerkung: „Sehen Sie, Herr Geheimrat, Herr v. Weizsäcker interessiert sich für die spezielle Frage der Energiequellen der Sonne, und Sie interessieren sich für das Universum als Ganzes; so besteht zwischen Ihnen gar kein direkter Widerspruch. Lassen Sie ihm Zeit. Er ist jung, und wenn Sie recht haben, wird er zuletzt schon zu Ihrer Ansicht kommen." Wir kamen noch rechtzeitig zum Essen nach Hause.

Was mich an Nernst beeindruckte, waren nicht seine Argumente, die mir auch heute noch ohne Substanz scheinen, sondern sein Zorn. Warum wurde er zornig? Welches vitale Interesse des Mannes Walther Nernst, der im späten neunzehnten Jahrhundert geboren war und der sicher war im zwanzigsten zu sterben, welches vitale Interesse dieses Mannes konnte durch die Möglichkeit verletzt werden, daß die Welt vielleicht nicht von jeher bestanden habe, sondern vor 5 Milliarden Jahren entstanden sei? Ich bemerkte, daß er noch ärgerlicher wurde, als ich hinzufügte, der zweite Hauptsatz der Thermodynamik gewähre jedem endlichen Teil der Welt ohnehin nur einen endlichen Vorrat von Ereignissen, und daher könne unsere Welt, die sich heute noch ständig ändert, nicht seit unendlicher Zeit bestanden haben. Er leugnete schlicht diese Folgerung aus dem zweiten Hauptsatz. Ich muß zugeben, daß die Anwendung des zweiten Hauptsatzes auf die Welt im ganzen schwierige Probleme enthält und nicht naiv betrieben werden darf. Aber ich sah leicht, daß es nicht diese wissenschaftliche Schwierigkeit war, die ihn beunruhigte, sondern eine Art Schrecken angesichts des Gedankens, die Welt könne ein Ende haben. Das Universum durfte nicht ein Ding sein, auf das der Begriff des Alters anwendbar war.

Ich dachte über diese Einstellung weiter nach und fragte mich, wie ein Platoniker oder ein mittelalterlicher Christ auf dieselben wissenschaftlichen Theorien reagiert hätte. Die Antwort schien klar. Weder den Platoniker, der an die Unsterblichkeit der Seele glaubte, noch den

Christen, der an eine Auferstehung auf einer neuen Erde, unter einem neuen Himmel glaubt, würde die Entdeckung beunruhigen, daß diese unsere materielle Welt schon aus immanenten Gründen nur von endlicher Dauer sein könne. Ich irrte mich wohl nicht in der Annahme, daß Nernst, wie die meisten Naturwissenschaftler seiner Generation, nicht religiös gläubig war; und die Folgerung schien mir – und scheint mir noch immer – natürlich, daß in seinem Fühlen das immerdauernde Universum an die Stelle sowohl des ewigen Gottes wie der unsterblichen Seele getreten war.

Ich selbst war nicht in Versuchung, an dieser Stelle die Rolle eines apologetischen Theologen zu übernehmen. In der Frage der persönlichen Unsterblichkeit war ich entschiedener Agnostiker. Mir war der tiefgreifende Unterschied klargeworden zwischen dem philosophischen Begriff der Unsterblichkeit der Seele und dem neutestamentlichen Glauben an eine Auferstehung des Fleisches. Ihre Verschmelzung in der christlichen Theologie hatte ich der historischen Tatsache zuzuschreiben gelernt, daß ein großer Teil der christlichen Theologie eine Deutung des Evangeliums mit den Begriffen der griechischen Philosophie ist. Dieser Einblick in den historischen Ursprung einiger unserer verbreitetsten religiösen Anschauungen hatte mich noch skeptischer über die traditionelle Deutung der Religion werden lassen, als es die Naturwissenschaft allein hätte erreichen können.

Aber was mich an Nernsts Ansicht verblüffte, war dies: Selbst wenn Unsterblichkeit zu wünschen war, was konnte es einem Mann helfen, der weder an die Unsterblichkeit der vernünftigen Seele noch an die Auferstehung des empfindenden Ich glaubte, wenn er statt dessen die Lehre von den niemals endenden Naturvorgängen für wahr hielt? Würden Sterne und Atome nach dem unwiderruflichen Tod seiner Person für ihn fühlen und denken? Ich glaube, seine Ansicht enthüllte einen tief irrationalen Zug des Wissenschaftsglaubens: die Welt hatte für ihn den Thron Gottes eingenommen, und es war Blasphemie, ihr Gottes Attribute zu verweigern. An dieser Stelle habe ich zum erstenmal gemerkt, daß der Szientismus einen Zug an sich trägt, den ich jetzt die Säkularisierung des christlichen Glaubens nennen würde.

Hier füge ich nur noch ein paar Bemerkungen an über die besondere Bedeutung, welche die Frage des Alters der Welt sowohl im Szientismus wie im Christentum vom Standpunkt des Dogmas aus gewonnen hat. Meiner Ansicht nach läßt sich einsehen, daß die rationale Bedeutung der Frage auf beiden Seiten überschätzt wird und daß das entscheidende und begründete Motiv des Interesses das soeben genannte irrationale ist.

Betrachten wir zuerst den Wissenschaftsglauben. Der westliche Szientismus klebt heute wohl nicht mehr an Dogmen über die Unendlichkeit der Welt. Das war anders im 19. Jahrhundert. Aber die westlichen Wissenschaftler haben die Lektion des Empirismus gründlich gelernt, und ihr heutiger Dogmatismus ist eher einer der wissenschaftlichen Methode als einer, dem es um positive inhaltliche Lehrmeinungen ginge. Anders steht es heute noch in der kommunistischen Ideologie. Diese Ideologie hat der Versuchung nicht widerstanden, spezielle positive wissenschaftliche Ansichten zu dogmatisieren. Am bekanntesten ist das in der Episode der mit Staatsgewalt durchgesetzten anti-mendelschen Genetik geworden, die hoffentlich für immer der Vergangenheit angehört. Aber soweit meine Informationen reichen, gilt die unendliche Dauer der Welt noch immer als ein unablösbarer Bestandteil des dialektischen Materialismus. Rational betrachtet, dürfte das Festhalten an dieser Lehre für den Marxismus keine innere Notwendigkeit sein. Sie wird weder durch Marx' tiefe Einsichten über die Bedeutung des materiellen – d. h. des ökonomischen – Elements in der menschlichen Geschichte noch durch die Kritik an der philosophischen Lehre, die in marxistischer Sprache Idealismus heißt, logisch erzwungen. Ich vermute sogar, daß die wesentlichen Züge der marxistischen Philosophie für einen modernen Geist viel überzeugender wären, wenn sie klar geschieden würden von naturwissenschaftlichen Dogmen, die zur Lebenszeit von Marx und Engels modern waren und es heute nicht mehr sind.

Ich habe der Versuchung nachgegeben, über die Gründe nachzudenken, die diese Modernisierung des Marxismus so schwierig machen, und mir sind drei nahe miteinander verbundene mögliche Gründe eingefallen. Erstens spielt der Marxismus die Rolle eines religiösen Dogmas, und Religionen haben es immer schwer, zuzugeben, daß sie nicht unfehlbar sind; daß der Marxismus sich selbst als Wissenschaft interpretiert, erleichtert dieses psychologische Problem anscheinend nicht. Zweitens übt die traditionelle Ansicht wohl eine entschiedene Anziehungskraft auf ein marxistisches Denken aus, ähnlich wie ich es im Falle von Nernst vermutet habe; die Unendlichkeit der Welt ist ein Symbol des naturalistischen Glaubens. Drittens sieht der Kommunismus, als eine kämpfende Gemeinschaft, die unter der Lehre des Klassenkampfs geeint ist, die Parteilichkeit in ideologischen Kontroversen als politische Notwendigkeit an; und da man sieht, daß die christlichen Kirchen die Erschaffung der Welt in der Zeit für eine religiöse Wahrheit halten, können die Kommunisten mit einigem Recht die schädlichen politischen Konsequenzen fürchten, die aus dem Zugeständnis folgen könnten, daß die Kirche in dieser Frage nicht nur ein Bollwerk des Aberglaubens gewesen ist.

Wenden wir uns nun aber der christlichen Theologie zu, so sehe ich umgekehrt auch keine rationale Notwendigkeit für Christen, an einen Anfang der Welt in der Zeit zu glauben. Solange man den Bibeltext als die letzte Autorität sogar in wissenschaftlichen Fragen ansah, war das anders. Aber diese Schlacht ist seit Galileis Tagen entschieden, und heute sind nur noch sehr wenige christliche Gruppen übrig, die die betreffenden Partien der Bibel wie ein wissenschaftliches Lehrbuch lesen. Die Christen unserer Zeit sehen keine Schwierigkeit darin, zuzugeben, daß die Welt nicht 6000 Jahre alt ist, obwohl das aus einer chronologischen Auswertung des Bibeltextes folgt. Dann sehe ich aber nicht, warum es biblischer sein sollte, zu glauben, die Welt sei zehn Milliarden Jahre alt, als anzunehmen, sie habe seit unendlicher Zeit bestanden. Haben wir einmal die theologische Stufe Augustins erreicht, nach dessen Lehre die Schöpfung nicht ein Hergang in der Zeit ist, sondern ein Akt, durch den selbst die Zeit erst konstituiert wird, so scheint keine Notwendigkeit zu bestehen, warum Gott eher eine endliche als eine unendliche Zeit schaffen sollte. So teile ich auch nicht die Ansicht, die Naturwissenschaft habe mit der Erwägung, die Welt könne einen zeitlichen Anfang gehabt haben, zu dem klassischen Gottesbeweis aus der Notwendigkeit einer ersten Ursache etwas beigetragen. Wenn ich mit der Ansicht recht habe, daß es keinen philosophischen Grund gibt, den Zeitbegriff über den hypothetischen Anfang der Welt hinaus anzuwenden, so wird es jedenfalls in einer noch nicht selbst von einer festen Theologie bestimmten Philosophie ebenso begründet sein, auch den Begriff der Ursache auf Anwendungen innerhalb der Welt zu beschränken. Sieht man – immer unter der Voraussetzung eines endlichen Alters der Welt – keinen Sinn in der Frage, was in der Zeit vor dem Anfang der Welt geschehen sei, so braucht man ebensowenig Sinn in der Frage zu sehen, welche präexistente Ursache die Welt zum Dasein gebracht habe; eben die Welt, deren Sein vielleicht Bedingung der Möglichkeit eines sinnvollen Gebrauchs von Kausalbegriffen ist. Die Naturwissenschaft ist mit der religiösen Skepsis ebensowohl vereinbar wie mit dem Schöpfungsdogma.

Wenn ich mich nun wieder frage, was den Gedanken eines zeitlichen Anfangs der Welt vielen bekennenden Christen so anziehend macht, so finde ich eine genaue Parallele zu den Gründen, die ich für die marxistische Vorliebe für die gegenteilige Ansicht vermute. Erstens möchten auch die Christen ihre Religion gern wenigstens an einigen Stellen unfehlbar sehen, zumal nach so vielen Rückschlägen im Konflikt mit der Naturwissenschaft. Zweitens dient die endliche Dauer der Welt als ein Symbol des christlichen Verständnisses der menschlichen Geschichte. Der dritte Grund, der aus der praktischen Politik stammt, hat vielleicht bei vielen Protestanten unserer Zeit, die sich der liberalen Forderung einer Trennung von Religion und Politik gefügt haben, weniger Gewicht; in der katholischen Welt ist eine andere Tradition noch lebendig, der solche Überlegungen nicht ganz fremd sind.

Wenn ich diesen Parallelismus richtig sehe, so weigere ich mich vielleicht mit Recht, in der Sachfrage der unendlichlichen Zeit Partei zu ergreifen, solange ich kein zwingendes naturwissenschaftliches Argument sehe. Die Vorstellung eines endlichen Alters der Welt scheint mir zwar heute, naturwissenschaftlich gesehen, die etwas besseren Chancen der Richtigkeit zu haben, aber wahrscheinlich sieht die Wahrheit noch anders aus als alles, was uns bis heute eingefallen ist. Was uns weiterhin beschäftigen soll, ist nicht, was wir zu dieser Frage selbst meinen, sondern welche menschliche Haltung sich in einer Neigung zu dieser oder jener Ansicht ausspricht.

4. Säkularisierung und Naturwissenschaft

Wer die Geschichte der Neuzeit betrachtet, findet in ihr vielfach religiöse, ja wesentlich christliche Kräfte und Haltungen in Verkleidungen am Werk. Diese Verkleidungen aber scheinen geradezu darauf angelegt, nicht nur dem Außenstehenden, sondern gerade den in ihnen selbst wirkenden Menschen den Ursprung und damit doch wohl auch den Sinn ihres Handelns und Denkens verborgen zu halten.

Im politischen Bereich ist dies manchen Beobachtern aufgefallen. Freiheit, Gleichheit, Brüderlichkeit, die Parolen der ersten Revolution, die es wagte, wenigstens für einen Augenblick eine antichristliche Haltung einzunehmen, sind bis in die Wortwahl hinein christliche Grundbegriffe. Der Marxismus könnte in genauem Sinn eine christliche Häresie genannt werden. Seine Erkenntnis der Abhängigkeit der Ideologie von den ökonomischen Lebensbedingungen kann an den Satz vom Kamel und dem Nadelöhr angeschlossen werden, und seine Geschichtstheorie, die eine diesseitige Erlösung in der klassenlosen Gesellschaft verspricht, wagte eine chiliastische Eschatologie in einem Jahrhundert, in dem die Erwartung des Jüngsten Tages in der Kirche erlahmt war.

Die große Bewegung der Revolutionen ist aber zwar das dramatischste und daher sinnfälligste Bild der inneren Dynamik der Neuzeit, doch bleibt sie ein aufflammendes und wieder verglimmendes Feuer. Die dauernde Veränderung der Welt, die durch Revolutionen und Restaurationen hindurch gleichmäßig fortschreitet, ist in der Neuzeit das Verschwinden der naturhaften, mythischen Selbstverständlichkeit des Daseins, bedingt durch das unablässige Wachstum der rationalen Beherrschung des Seienden, durch das Wachstum einer künstlichen, vom abstrakten Gedanken geprägten Welt. Wer Physik als Beruf gewählt hat, wird die Frage, was dies bedeute, vielleicht noch entschiedener als mancher Andere als die Grundfrage seines Daseins in der konkreten Geschichte seiner Zeit empfinden.

Die Frage ist in den letzten hundert Jahren durch die Technik in den Vordergrund des öffentlichen Bewußtseins getreten. Ihr Ursprung liegt aber viel weiter zurück. Zum mindesten von *Galilei* bis zur Automatisierung und zur Atombombe führt ein gerader Weg. Man darf der Inquisition, die *Galilei* das öffentliche Bekenntnis zu *Kopernikus* verbot, wohl eine Ahnung der Gefahr für das Gleichgewicht des menschlichen Lebens zusprechen, die sich in diesem scheinbar harmlosen vorwitzigen Gelehrten der Spätrenaissance ankündigte. Die empörenden und schon darum unzureichenden Mittel, mit denen die Kirche diesen Kampf geführt hat, haben vielfach das Bewußtsein für seine Bedeutung verhüllt. Eine genauere Betrachtung bringt aber zutage, daß fast alles, was traditionell über diesen Vorgang gesagt wird, ungenau ist, und daß die Wahrheit sehr viel kennzeichnender ist als der Mythos des *Galilei*-Prozesses.

Galilei gilt heute als Märtyrer der Wissenschaft. Schon das ist im strengen Sinne nicht wahr. Er ist für seine Überzeugung nicht gestorben, sondern hat abgeschworen. Daß er das „Und sie bewegt sich doch" dachte, ist zweifellos, einerlei ob er es ausgesprochen hat. Man könnte aber sagen, daß die Wahrheit solcher Wissenschaft, wie *Galilei* sie lehrte, anders als die Wahrheit der Religion keine Märtyrer verlange. Eine existentielle Wahrheit fordert den Beweis durch das Leben ihres Bekenners. *Galilei* aber wußte, daß die Erde sich um die Sonne dreht, völlig gleichgültig darum, ob ein Mensch auf dieser Erde dieses Wissen ausspricht oder unter Zwang verschweigt. Eben diese gegen das Menschliche gleichgültige Realität breitet sich heute durch das menschliche Leben hindurch aus.

Die Inquisition hat ferner nicht, wie man oft meint, von *Galilei* gefordert, er solle die Kopernikanische Lehre als falsch bezeichnen. Sie wollte ihm erlauben, sie als eine zur Ordnung der Erscheinungen geeignete mathematische Hypothese zu lehren, wenn er nur ihre Wahrheit nicht behauptete. Sie verlangte damit nur, daß er nicht mehr behaupte, als er beweisen konnte. Er konnte in der Tat die Wahrheit des Kopernikanischen Systems nicht beweisen, sondern besaß nur Argumente der Einfachheit und der Analogie (Jupitermonde!); das einzige damals verfügbare Argument, das einem Beweis nahekam, daß nämlich *Keplers* Gesetze nur im Kopernikanischen System einen verständlichen Sinn haben, hat er nie benutzt. *Galilei* war in diesem Konflikt, wissenschaftlich gesehen, der Fanatiker, der über das Beweisbare hinausging.

Aber er hatte recht, und er wußte, daß er recht hatte. Er hatte den Instinkt für die Fruchtbarkeit seines Ansatzes, der den großen Forscher kennzeichnet. Er verteidigte mit berechtigter Leidenschaft das Lebensgesetz der fortschreitenden Wissenschaft. Die wissenschaftliche Vorsicht der Inquisition erwies sich als steril und ihr Rekurs auf Gewalt als welthistorischer Mißgriff. Aber setzen wir hypothetisch einen Inquisitor voraus, der sich dieser Schwäche seiner Position voll bewußt gewesen wäre: hätte ihn nicht gleichwohl ein Schauder packen müssen angesichts dieses Mannes, der die Autorität der Bibel und der Tradition, der die Rücksicht der Kirche auf ihre Verantwortung für das Ganze des Menschenlebens seinem Recht auf die Verkündung einer partiellen Wahrheit opferte, einer Wahrheit, die zu finden es vielleicht, die zu verstehen es gewiß der Frömmigkeit nicht bedurfte?

Kehren wir aus dem 17. ins 20. Jahrhundert zurück, so finden wir – wenn ein etwas erweiterter Gebrauch des Wortes Religion erlaubt wird – das Vertrauen auf die Naturwissenschaft als die einzige universale Religion unserer Zeit vor. Man kann versucht sein, dies in einer säkularisierenden Übertragung theologischer Begriffe zu erläutern, und ich möchte dieser Versuchung für einen Augenblick nachgehen.

Zu einer Religion gehören Glauben und Werke. Beginnen wir mit den Werken. Im Grunde weiß der Mensch wohl, was gut ist. Aber eben hierum geht gleichwohl der Streit der Religionen, der politischen Bewegungen; eben hierin zeigt sich die unüberbrückte Fremdheit der Nationen, der Gesellschaftsordnungen. Nur über eines werden heute und sind schon Christen und Hindus, Liberale und Marxisten, Europäer und Asiaten einig, so einig, daß sie diese Fähigkeit trivial und nichtssagend finden: wie man Auto fährt, am Radio dreht, künstlich düngt und mit Maschinengewehren schießt. Gebiete der Erde, in denen wenig Gelegenheit ist, das technische Handeln zu betätigen, nennt man unterentwickelt und weiß, daß sie entwickelt werden müssen.

Diese Werke gehen aus einem Glauben hervor. Glauben heißt nicht theoretisch etwas für wahr halten, sondern es heißt in festem Vertrauen so leben, wie man leben muß, wenn das Geglaubte wahr ist. Man glaubt, daß Technik nötig und gut ist, und vor allem glaubt man, daß sie funktioniert. Wer gedankenlos den Lichtschalter anknipst oder auf den Gashebel tritt, eben der lebt damit seinen Glauben an die Technik. Dies aber tun auch die, die theoretisch gegen die Technik schreiben.

Die Technik aber ist ein Kind der Wissenschaft, und zwar die Technik unseres Jahrhunderts noch viel mehr als die des Dampfmaschinenzeitalters. Damit rückt der Wissenschaftler ungewollt in die Rolle eines Priesters dieser säkularen Religion ein. Er verwaltet ihre Geheimnisse, ihre Prophetie und ihre Wunder.

Nur die Wissenschaft hat heute in weltweitem Rahmen jene Art offenbarer Geheimnisse, in denen sich zwei Eingeweihte alsbald verstehen, während der Uneingeweihte sie nicht sieht, obwohl er sie sieht, sie nicht versteht, obwohl er sie hört. Das Geheimnis erweist sich als wahr, indem es dem, der es versteht, die Macht gibt, Zukunft vorherzusagen und Wunder zu tun.

Den Begriff des Wunders hat man zwar, schon unter dem Einfluß des heranrückenden naturwissenschaftlichen Denkens, so verengt, daß er die Durchbrechung von Naturgesetzen fordert. Aber das ist eine intellektuelle Definition, die den Blick vom religiösen Sinn des Wunders ablenkt. Das Wunder ist ein Erweis von Macht, die über Menschenkraft und über alles vertraute Geschehen hinausgeht. Eben das vermag die naturwissenschaftliche Technik. Sie vollbringt das Wunder, daß Tausende, ja Milliarden gespeist werden, wo vorher keine Nahrung war. Niemand kann den Augenzeugenbericht von einer Atombombenexplosion lesen, ohne das Numinose dieses Zerstörungswunders – eines in der Auswirkung satanischen Wunders – zu empfinden.

Für den Wissenschaftler selbst sind diese Wunder freilich Folgen der Gesetze, die er erkennt. Aber ist für den Gläubigen der Religion nicht ebenso das Wunder nur die Bestätigung der göttlichen Macht, ja der göttlichen Ordnung, in deren Angesicht er lebt? Der Unterschied liegt, so scheint es, in der Verfügbarkeit technischer Macht, einer Verfügbarkeit, die in der Welt der Religionen vielleicht nur in der Magie ein Korrelat hat. Aber wenn sich der Wissenschaftler nicht selbst betrügt, ist dann nicht gerade die mangelnde Verfügbarkeit dieser Macht heute sein Schreck und sein Alptraum? Er besitzt ein Wissen von der Materie, das ihm erlaubt, die Maschine zu bauen. Er besitzt kein Wissen vom Menschen, das ihn lehren könnte, unter welchen Voraussetzungen er dem Menschen die Maschine in die Hand geben darf. Seine größte Tugend, sein mühsam erzogenes Ethos der Wahrhaftigkeit sich selbst gegenüber, muß ihn lehren, daß er jener allwissende und allmächtige Priester, den die Menschen oft ersehnen, nicht ist. Er ist nicht einmal Priester in dem Sinne, in dem es den Priester – und, was weniger und mehr ist, den priesterlichen Menschen – in der Religion wirklich gibt. Denn religiöses Wissen umfaßt Wissen vom Wesen des Menschen, naturwissenschaftliches Wissen umfaßt eben dies nicht.

Von der Erwartung, auch das Wissen vom Menschen auf wissenschaftliche Grundlage zu stellen, möchte ich hier nicht sprechen. Vielleicht kündigt sich in ihr, gerade wenn kein enger und daher noch naiver Begriff von Wissenschaft vorausgesetzt wird, erst die Erfüllung der zweideutigen Bewegung der Neuzeit an. Aber ich möchte hier nicht Spekulationen über die Zukunft anstellen, sondern das betrachten, was vor unseren Augen liegt.

Wer als Physiker die geschilderte Spannung zwischen Macht und Ohnmacht seines Berufs täglich empfindet und vielleicht auch die religiöse Natur seines Problems ahnt, wird sich wohl auch bei der Kirche, ja bei der Theologie nach Rat umsehen. Er wird dann meist enttäuscht. Wenigstens zur Hälfte liegt die Schuld an dieser Enttäuschung bei ihm selbst. Er erwartet wohl gute Ratschläge für seine

Handlungen. Wie soll ihm jemand einen praktischen Ratschlag geben, der die konkreten Bedingungen, auf die sich der Rat bezieht, so viel weniger kennen kann, als er selbst sie kennt? Zudem muß der Rat, wenn er ein christlicher Rat ist, ausdrücklich oder stillschweigend mit der Frage beginnen, ob der Ratsuchende zur Umkehr bereit ist, ja, ob er von ihr weiß. Es scheint bequem, sich dem Schrecken vor dieser Frage, der, wenn die Frage verstanden worden ist, so tief ist wie der Schrecken vor der Atombombe, durch die Behauptung zu entziehen, die Kirche sei ebenso ratlos wie wir alle.

Zur anderen Hälfte aber liegt die Schuld, so scheint mir, bei der Kirche und, wenn sie ausdrücklich gefragt wird, bei der Theologie. Es gibt zwei theologische Haltungen, die dem Physiker nicht helfen können. Die eine ist die, die ihm, wenn auch in noch so nobler Form, so gegenübersteht wie die Inquisition *Galilei* gegenüberstand. Die Meinung, die Kirche verwalte die unerschütterliche Wahrheit, an der die Naturwissenschaft, wenn sie nur mit gebührendem Bewußtsein ihrer methodisch bedingten Grenzen vorgebracht wird, schlechterdings nichts ändern könne, mag in gewissem Sinne völlig richtig sein; aber sie nützt dem Physiker nichts und eben damit auch der Kirche und der Menschheit nichts. Ob man die neuzeitliche Wissenschaft verwirft oder verharmlost, man wird der Dynamik einer fortschreitenden Wahrheit nicht Herr, die sich in jeder ihrer Stationen an einem neuen, vorher unerwarteten Ort manifestiert; dabei wird diese Dynamik von dem, der die Wissenschaft verwirft, noch richtiger gespürt als von dem, der sie verharmlost. Wie wir oben einen Inquisitor fingiert haben, der die Schwäche seiner Position kannte, so wollen wir den heutigen, tief beunruhigten Wissenschaftler durch einen fingierten *Galilei* darstellen, der den Weg vom Fallgesetz zur Atombombe klar vor sich sah: mußte seine tiefste Verzweiflung nicht daher rühren, daß die Inquisition ihm so wenig mitzuteilen hatte?

Die andere theologische Haltung, die dem Physiker nicht hilft, ist die Art des theologischen Denkens, die sich selbst dem wissenschaftlichen Bewußtsein des jeweiligen Augenblicks unterordnet. Das „wissenschaftliche Bewußtsein" braucht dabei nicht der Wissensstand eines bestimmten Jahrzehnts, es kann auch die Geisteshaltung der Neuzeit sein. Zwar kann und soll wohl niemand von uns aus seiner neuzeitlichen Haut fahren. So erleichtert die angedeutete theologische Haltung die intellektuelle Redlichkeit, ohne die dem wissenschaftlichen Gesprächspartner nicht wohl werden kann. Aber wie wird sie es vermeiden, die Theologie zu verharmlosen und damit dem Naturwissenschaftler genau das zu verweigern, worum er im Grunde und mit Recht bittet: den nicht zu bewältigenden Widerstand? Ich möchte ausdrücklich sagen, daß meinem Empfinden nach auch eine Spaltung von Existenz und Natur, so etwa, daß die Existenz das Feld des christlichen Glaubens, die Natur der exakten Wissenschaft wäre, sowohl dem Glauben wie der Wissenschaft ein zu enges, ein eigentlich so gar nicht vorhandenes Feld zuweist.

Gibt es überhaupt eine dritte Haltung? Es scheint mir, daß sie als Funke, der zur Flamme aufschlägt, in jedem Gespräch oder Selbstgespräch entstehen kann, in dem der kirchliche Gesprächspartner seines Versagens wirklich innewird. Er braucht dazu nicht theoretisch zu wissen, was die Neuzeit oder die Wissenschaft ist. In einem neuzeitlichen Menschen, der soeben im Gespräch sein Nächster ist, kann ihm die Wirklichkeit begegnen, die er bis dahin nicht hat sehen können, und ihn zu der erneuten Umkehr nötigen, ohne die er sich und dem Anderen in dieser Frage nicht raten kann.

Wer wesentlich Theolog ist, muß aber das, was ihm hier geschieht, auch ausdrücklich denken. Ein entscheidender Schritt hierzu scheinen mir *Gogartens* Gedanken über die Säkularisierung, über Hoffnung und Verhängnis der Neuzeit zu sein. Ich versuche nicht, seine Gedanken hier wiederzugeben, sondern die meinen, die seinen entgegenkamen und von ihnen befruchtet werden, ohne den Anspruch vollständiger Auffassung oder Übereinstimmung erheben zu können.

Die Zweideutigkeit der Neuzeit tritt uns in der politischen wie in der wissenschaftlich-technischen Entwicklung entgegen. Es scheint, als sei sie um so tiefer und gefährlicher, je weniger sie sich selbst kennt, je mehr sie sich für Eindeutigkeit hält. Führt der Marxismus zur Freiheit, wie Marx wollte, oder gerade zum Gegenteil? Führt die Technik zu der Sicherung des Lebens, die sie anstrebt, oder zu seiner Vernichtung? Die Gegenbewegungen werden so zweideutig wie die ursprüngliche Bewegung. Haben die Jesuiten, die die Neuzeit mit den Waffen der Neuzeit schlagen wollten, ihr Ziel erreicht oder das Gegenteil? Verstehen die Restaurationen sich selbst besser als die Revolutionen?

Es scheint mir, daß die Neuzeit weniger ein Gegensatz zum Mittelalter ist als vielmehr seine logische Fortsetzung. Das Mittelalter versuchte, in immer neuen Anläufen eine substantiell heidnische Welt zu christianisieren. So folgt auf germanische Stammesfürsten der gesalbte Kaiser, dann der für den Weltkreis verantwortliche Papst, auf den Benediktiner der Bettelmönch. Die Neuzeit wandelt die Welt mit säkularisierten christlichen Inhalten. So gehen die Revolutionen auf die Kirchenreform und auf den Chiliasmus zurück. Das Wort vom Kadavergehorsam – um eine Einzelheit zu nennen – kommt von Franziskus, wohl über die Jesuiten, ins Militär. Demokratie, Sklavenbefreiung, Sozialordnung institutionalisieren in politischer Konkretheit, was von jedem Christen als Haltung des Herzens erwartet werden sollte. Die neuzeitliche Naturwissenschaft und Technik haben gewiß antike Vorläufer und bescheidene außereuropäische Parallelen; aber ihr Pathos des unendlichen Fortschritts überträgt ein Prädikat Gottes auf die Welt und wendet sich der Zeit zu, wie kein Heide es getan hat, sondern wie sich der Christ derjenigen Ewigkeit zuwendet, die mitten in der Geschichte erschienen ist.

Ist nun diese Säkularisierung das, was sein soll, oder das, was nicht sein soll? So gestellt muß die Frage ohne Antwort bleiben. Nicht nur, weil die Säkularisierung ja jedenfalls geschieht; wir dürften uns nicht scheuen, sie auch als unvermeidlichen Vorgang doch zu verurteilen, wenn sie verurteilt werden müßte. Aber sie selbst ist zweideutig. Das christliche Leben mitten ins Säkulum zu bringen ist gefordert. In diesem Sinne ist Säkularisierung Erfüllung des Willens Gottes. Der Mensch als Sohn Gottes – ich zitiere *Gogartens* Auslegung des paulinischen Worts – kommt in dieser Welt in sein Erbe, das er zu verwalten hat. Es ist kein Zufall, daß die Säkularisierung des Christentums zu einer weltlichen Macht geführt hat, wie es sie zuvor nicht gab.

Lieber, als eine Blasphemie auszusprechen, möchte ich das Folgende zurückziehen; aber ich frage mich, ob nicht die Wunder der Technik, die ich vorhin nannte, ein Teil jener Werke sind, von denen Christus gesprochen hat, als er sagte, wir würden seine Werke auch tun und größere als er.

Aber die Freiheit, die dem Sohn gegeben ist, enthält die Möglichkeit, das Erbe zu vertun. Es gibt eine Autonomie, die, theologisch gesagt, den Vater nicht mehr kennt, nicht mehr kennen will. Der Mensch, der ohne Religion zu sein meint, pflegt einer niedrigeren Religion zu verfallen. Nichts eignet sich besser zum Inhalt einer solchen Religion des Säkularismus als die säkularisierten christlichen Inhalte. Noch in dieser Umdeutung sind sie stärker als alle anderen Mächte der menschlichen Natur. Heute erobert die säkularisierte Neuzeitlichkeit die außerchristliche Welt, die die Mission nicht hat erobern

können. Scheinbar ist der Schritt zum säkularisierten und damit iso-
lierten Inhalt leichter als der zum vollen Christentum. Aber beide gehören zusammen, und die Folgen des Säkularismus nötigen uns die
christliche Frage auf.

Vielleicht enthält diese Art des Sehens einen Wink, wie wir unsere
eigene zweideutige Lage, die wir so schmerzlich fühlen, verstehen
und, wenn Gnade uns beisteht, ändern können.

V.
Ein Blick auf die Schöpfungsgeschichte

1. Schöpfung im Alten Testament

Nun bitte ich Sie, einen Ihnen allen wohlbekannten Text noch einmal in seiner Vollständigkeit anzuhören. Ich wähle eine Übersetzung unseres Jahrhunderts, die Genauigkeit sucht und ehrwürdige Altertümlichkeit des Klanges meidet. *

„Am Anfang schuf Gott den Himmel und die Erde.

Die Erde aber war wüst und leer, Finsternis lag über dem Urmeer, und der Geist Gottes schwebte über der Wasserfläche.

Da sprach Gott: Es werde Licht, und es ward Licht. Gott aber sah das Licht, daß es gut war. Dann schied Gott zwischen dem Licht und der Finsternis. Das Licht nannte Gott Tag, die Finsternis Nacht. So ward Abend, und so ward Morgen: ein Tag.

Dann sprach Gott: Es entstehe ein Firmament in den Wassern, das bilde eine Scheidewand zwischen den Wassern, und es geschah so. So machte Gott das Firmament und schied zwischen den Wassern unter dem Firmament und dem Wasser über dem Firmament. Und Gott nannte das Firmament Himmel. So ward Abend, und so ward Morgen: zweiter Tag.

Dann sprach Gott: Das Wasser unterhalb des Himmels sammle sich an einem Ort, daß das Trockene sichtbar werde; und so geschah es. Und Gott nannte das Trockene Erde; die Ansammlung des Wassers Meer. Und Gott sah, daß es gut war.

Dann sprach Gott: Aufgrünen lasse die Erde Grünes, nämlich Kraut, das Samen bringt nach seinen Arten, und Fruchtbäume, die Früchte tragen nach ihrer Art, in denen Same ist auf Erden. Und so geschah es. So brachte die Erde Grün hervor, Kraut, das Samen bringt nach seiner Art, und Bäume, die Früchte tragen, in denen Same ist

---

* Sie stammt von Gerhard von Rad (Altes Testament Deutsch, Bd. 2, Göttingen 1949 ff.). Ein Wort habe ich geändert, s. u. S. 165.

nach ihrer Art; und Gott sah, daß es gut war. So ward Abend, und so ward Morgen: dritter Tag.

Dann sprach Gott: Es sollen Leuchten werden am Firmament des Himmels, damit sie scheiden zwischen Tag und Nacht und sollen dienen zu Zeichen, für Festzeiten, für Tage und Jahre. Und seien Leuchten am Firmament des Himmels, um zu leuchten über die Erde, um über Tag und Nacht zu herrschen und zu scheiden zwischen Licht und Finsternis. Und Gott sah, daß es gut war. So ward Abend, und so ward Morgen: vierter Tag.

Dann sprach Gott: Wimmeln sollen die Gewässer von einem Gewimmel von lebenden Wesen und Vögel sollen über der Erde hinfliegen am Firmament des Himmels. Und es geschah so. So schuf Gott die großen Seeungetüme und alle lebendigen regen Wesen, von denen das Wasser wimmelt nach ihren Arten und alle geflügelten Vögel nach ihren Arten. Und Gott sah, daß es gut war. Dann segnete sie Gott und sprach: Seid fruchtbar, mehret euch und füllet das Wasser in den Meeren; die Vögel aber sollen sich auf Erden vermehren. So ward Abend, und so ward Morgen: fünfter Tag.

Dann sprach Gott: Die Erde bringe hervor lebendige Wesen nach ihren Arten; Vieh, Kriechtiere und das Wild des Feldes nach seinen Arten; und so geschah es. So machte Gott die Landtiere nach ihren Arten, das Vieh nach seinen Arten und alle Kriechtiere auf der Erde nach ihren Arten. Und Gott sah, daß es gut war. Dann sprach Gott: Wir wollen Menschen machen nach unserem Bild, uns ähnlich; die sollen herrschen über die Fische des Meeres, über die Vögel des Himmels, über das Vieh, über alle Landtiere und über alle Kriechtiere, die auf Erden kriechen. So schuf Gott den Menschen nach seinem Bilde; nach Gottes Bilde schuf er ihn; männlich und weiblich schuf er sie. Und Gott segnete sie und sprach zu ihnen: Seid fruchtbar, mehret euch, füllet die Erde und macht sie euch untertan und herrscht über die Fische des Meeres, die Vögel des Himmels und über alles Getier, das sich auf Erden regt. Dann sprach Gott: Hier gebe ich euch alles Kraut, das Samen sät auf der ganzen Erde und alle Bäume mit samentragenden Baumfrüchten; das sei eure Nahrung. Allen Tieren des Landes, allen Vögeln des Himmels und allen Kriechtieren auf der Erde, in denen lebendiges Wesen ist ‚gebe ich‘ alles Grüne des Krautes zur Nahrung. Und so geschah es. Und Gott sah alles, was er gemacht hatte und siehe, es war sehr gut. So ward Abend, und so ward Morgen: sechster Tag.

Also wurden vollendet der Himmel und die Erde mit ihrem ganzen Heer. Und Gott vollendete am siebenten Tag sein Werk, das er gemacht hatte und ruhte am siebenten Tag und heiligte ihn, denn an ihm ruhte er von all seinem Werk, das er schaffend gemacht hatte. Dies ist die Entstehungsgeschichte des Himmels und der Erde, als sie geschaffen wurden."

Wie tönt uns diese Erzählung im Ohr?

Auch hier wird eine Geschichte erzählt. Noch sind wir in der Welt des Mythos. Die Wissenschaft hat die Feste des Himmels noch nicht zerbrochen. Noch handelt hier ein Gott, wie Menschen handeln, und spricht zum Menschen mit menschlichen Worten.

Aber wie anders ist diese Erzählung als die, von denen wir herkamen. Kein endloses Epos, sondern ein knapper, geordneter Bericht. Kein Göttermord, keine Meerdrachen, kein Bau der Welt aus dem erschlagenen Feind. Ein Gott, dem niemand wehrt, baut die Welt wie ein Haus, ordnet das Land wie einen Garten. Die Sprache ist genau, sparsam, dicht. Sie ist nicht Poesie, sondern Prosa. Gewiß ist sie feierlich, aber ihre Feierlichkeit ist die der durchsichtigen Helle des Gedankens. Das ist ihre Kraft, mit der sie seitdem das Denken von mehr als zwei Jahrtausenden der Vernunft mitgeprägt hat.

Der Inhalt zeigt dieselben Züge wie der Stil.

Hier wird die Welt als ein begreifliches Ganzes aufgefaßt. Der Plan der Erzählung ist auf Vollständigkeit angelegt. Die sechs Tage sind gerade nicht naives Fabulieren; sie sind ein Mittel sachlicher Gliederung. Gewiß hat man sie wörtlich geglaubt. Aber eben damit glaubte man, daß Gott selbst die Kategorien geschaffen hat, nach denen wir Lebendes und Totes einteilen. Wie kennzeichnend ist das klassifikatorische Interesse in der wiederkehrenden Wendung „nach ihren Arten".

Wohl sind noch die Elemente des mythischen Weltbildes überall verwendet, aber immer nur gleichsam als Baumaterial; dem Mythos selbst geschieht hier, was er vom Bau der Welt aus dem erschlagenen Leib der alten Götter erzählt. Aus manchen Wendungen unserer Erzählung hat man eine bewußte Polemik gegen die mythischen Götter, die die Welt sind, herausgehört. So kennt auch die biblische Erzählung noch ein anfängliches Chaos: „die Erde war wüste und leer"; tehôm, das Urmeer, ist sprachlich dasselbe wie Tiâmat. Aber nicht das Chaos hat den Gott aus sich hervorgebracht, sondern „am Anfang schuf Gott Himmel und Erde". Gott war zuerst da, und man kann nicht fragen, woher er kam. Daß die Gestirne am vierten Tage, lange nach dem Licht, erschaffen wurden, bedeutet nicht eine Naivität, die nicht wüßte, daß unser Tageslicht von der Sonne kommt. Es ist viel eher die begrifflich saubere Unterscheidung zwischen dem Licht als Wesenheit und der Tatsache, daß es neben anderen Lichtquellen in der konkreten Welt auch, als größte, Sonne und Mond gibt. Hier wird die babylonische Gestirnsreligion zurückgewiesen. Ich habe mir erklären lassen, daß die Namen „Sonne" und „Mond" gerade darum nicht genannt sind, weil sie Götternamen sind. Die beiden „Lichter" aber sind keine Götter; sie sind Lampen, die die Welt zu beleuchten und die Tage und Jahreszeiten einzuteilen dienen.

Trotz dieses Gegensatzes ist die Erzählung wie alle Mythen, ja in einem strengeren Sinne als sie, heilige Geschichte. Wenn sie Wissenschaft ist, so ist sie Theologie. Ihr Mittelpunkt ist nicht die Welt, sondern Gott. Die Ordnung der Welt wird nur dadurch begreiflich, daß die Welt von Gott geschaffen ist.

Wer kann eine solche Geschichte geschrieben haben? Die Bibelkritik unseres Jahrhunderts weist dieses erste Kapitel der Genesis der sogenannten Priesterschrift zu. Diese ist die jüngste der drei großen Quellenschriften des Werks, das man später die fünf Bücher Mose genannt hat. Es gibt gute Gründe für die Annahme, daß sie in der babylonischen Gefangenschaft der Juden, im 6. Jahrhundert vor Christus, niedergeschrieben worden ist. Gewiß werden unserem Text Jahrhunderte langsamer Ausformung vorangegangen sein. Aber wie er vorliegt, ist er wohl jünger als Hesiod und jünger als die jüngste große Redaktion des Hymnus von Marduk und Tiâmat. Ohne Zweifel haben seine Verfasser dann diesen Hymnus gekannt und haben gewußt, wie sie ihm widersprachen.

Wahrscheinlich war das Bewußtsein der Gebildeten in Nebukadnezars später Restauration des babylonischen Reichs sehr viel rationaler, „moderner" als der Geist der altehrwürdigen Hymnen, die ihre Priester noch immer zelebrierten. Doch würden wir die feierliche Helle der biblischen Schöpfungsgeschichte nicht verstehen, wenn wir ihre Vernünftigkeit nur ihrer Berührung mit der Aufgeklärtheit der babylonischen Spätkultur zuschrieben, in deren Mitte sie entstand. Die Aufklärung eines Volkes, so scheint mir, gedeiht im Schatten seiner Götter und vergeht mit ihnen. Aus unserem Text scheint mir nicht die Unruhe rationaler Verfeinerung zu sprechen, sondern ein noch nicht zerbrochener Friede mit jenen tiefen Kräften der Seele, zu denen keine Begriffe, wohl aber das Bild und die Stimme der Götter dringen. Die Juden konnten die Welt anders denken als die Babylonier, weil sie einen anderen Gott hatten. Der Gott der Juden ist der Gott der Christen geworden, und niemand wird das Europa der Neuzeit verstehen, der nichts vom Gott der Juden weiß.

Wer ist dieser Gott?

Er ist dem frommen Juden, für den diese Erzählung geschrieben ist, seit seiner Kindheit bekannt, so wie allen Völkern die Götter bekannt waren, unter deren Schutz sie lebten. Aber Jahwe, der Gott der Juden, ist anders als die Götter der Völker. Das jüdische Volk kannte ihn, um es in seinen eigenen Worten zu sagen, als den Gott Abrahams, den Gott Moses, den Gott der Propheten. Wir müssen uns diese drei Namen deuten. Abraham ist der Glaube, Mose ist das Gesetz, die Propheten sind das Gericht. Alle drei sind zugleich die Verheißung in Gottes Bund mit seinem Volk. Was heißt das?

Abraham ist der Glaube. Gott hat ihn herausgerufen: „Gehe aus deinem Vaterland und von deiner Freundschaft und aus deines Vaters Hause in ein Land, das ich dir zeigen will" (1. Mos. 12, 1). Das ist nicht leicht getan in einer Zeit, in der Familie, Sippe, Stadt den einzigen Schutz eines Menschen bedeuten. Aber Abraham hört und tut, was Gott sagt, hier und jetzt. Genau das heißt seitdem Fides, Glaube. Gott verheißt Abraham: „Ich will dich zum großen Volk machen ... und in dir sollen gesegnet werden alle Geschlechter der Erde" (1. Mos. 12, 2–3). Die Verheißung ist in der Zukunft. Ich muß den Glauben leben, ohne die Erfüllung des Verheißenen zu sehen. In allem, was von Menschen aufgezeichnet ist, kenne ich kein so schreckliches Beispiel dessen, was der Glaube verlangt, wie die Opferung Isaaks. Aber die Verheißung bleibt, und Isaak darf leben. „Abraham glaubte dem Herrn, und das rechnete er ihm zur Gerechtigkeit" (1. Mos. 15, 6).

Mose ist das Gesetz. Schon in Abraham verkörpert sich die Einsamkeit der Juden unter den Völkern. Mose macht die in der Fremde aufgewachsenen Stämme zu einem Volk durch das Gesetz, das Gott ihm diktiert. Gott schafft ein Volk durch den Bund, den er mit ihm schließt. Künftig wird dieses Volk dann und nur dann leben können, wenn es sich an Gottes Bund mit ihm hält. Damit erweist sich Gott als ein Gott der Trennung. Er trennt sein Volk, das das Gesetz hat, von den anderen Völkern, die es nicht haben. So entsteht die Trennung von Gut und Böse – eine Unterscheidung, die es im Polytheismus, in dem der Mensch vielen verschiedenen göttlichen Mächten dienen kann, in dieser Schärfe nicht geben kann. Diese Unterscheidung bedeutet noch keine abstrakte Sittlichkeit. Gut sein heißt Gottes Bund halten, und das bedeutet Leben. Böse sein heißt Gottes Bund brechen, und das bedeutet Tod.

Die Propheten sind das Gericht. Gut sein heißt Leben, Böse sein Tod. Der äußere Anschein im Leben ist freilich anders. Die Propheten öffnen denen, die zu sehen bereit sind, die Augen für die tiefere Wahrheit. Sie tun das, wie alles von Bedeutung, das je getan wird, in einem und für einen bestimmten geschichtlichen Augenblick. Ihre Lehre begleitet den politischen Zusammenbruch der Nation. Sie lehren das Volk, dieses Ereignis als Gottes Strafe zu verstehen. Das wäre billig, wenn es, wie bei den vielen nutzlosen Bußpredigern, nur als äußere Kausalität, als anthropomorphe Züchtigung verstanden wäre. Die Sprache solcher Gleichnisse müssen die Propheten wohl sprechen, um gehört zu werden. Eigentlich sehen und lehren sie, daß das Ausweichen aus dem Gebot selbst tödlich ist. Es entfernt uns ja von der Quelle des Lebens. Deshalb macht genau dieses Gericht den Sinn der Verheißung klar: wenn ihr im Glauben bleibt, werdet ihr mit Gott leben. Die Verheißung hat sich erfüllt. Wie jeder Staat ist der jüdische Staat am Ende zusammengebrochen. Wie kein Volk hat das jüdische Volk das Ende seiner staatlichen Form überlebt.

Wie hängt die Schöpfungsgeschichte mit all diesem zusammen? Das Alte Testament ist die für dieses Volk aufgezeichnete Geschichte seines Bundes mit Gott. Wie muß ein Volk, das sich selbst so versteht, die Welt verstehen, in der es lebt? Wer den Gott dieses Bundes hat, kann neben ihm keine anderen Götter haben. Das erste Gebot ist die Bedingung, unter der jüdisches Leben allein möglich ist. Damit ist nicht geleugnet, daß es die anderen Götter gibt. Wir sehen sie ja täglich in ihren Völkern wirken. Daß sie nicht wirklich seien, kann sich ein Volk, das im mythischen Raum lebt, ein Volk der Zeit Moses oder Davids, gar nicht vorstellen. Gerade darum ist Jahwe ein eifersüchtiger Gott. Aber da man sich von den anderen Völkern tatsächlich nicht abschließen kann, und zumal seit man durch das Exil mit ihnen vermischt wird, kann man die Götter der Völker nicht auf sich beruhen lassen. Die Beziehung zu unserem Gott entscheidet ja über Gut und Böse, über Leben und Tod; unser Gott allein ist der wahre Gott. Diese Entwicklung ist nicht nur historisch unvermeidlich, sondern sie ist ein Schritt der Erkenntnis. Denn dem Juden bleibt nicht verborgen, daß die anderen Völker diejenige Erkenntnis von Leben und

Tod und damit von Gut und Böse, die ihm durch den Bund mit seinem Gott gegeben ist, nicht haben. Die furchtbare Forderung des Glaubens an den einen Gott hat den Juden aus den Relativitäten wie aus den Monstrositäten des Polytheismus herausgenommen; sie hat ihm eine sittliche Erkenntnis gebracht, die auf keinem anderen Wege zu erringen war.

Wenn das so ist, muß der Jude die ganze Welt von dem einen wahren Gott her verstehen. Er ist der Gott eines geschichtlichen Bundes. Dann muß alles in der Welt eigentlich Geschichte dieses Bundes sein. So haben die Juden als erste die Welt als Geschichte verstanden. Das Buch Genesis verwebt alles denkwürdige Wissen über die Vorzeit in diese Theologie der Geschichte. Vor den Bund mit Abraham tritt der mit Noah, der mit Adam, welche beide nicht mehr nur das jüdische Volk, sondern die Menschheit umfassen. Und vor alle Bundesschlüsse tritt, spät, das Bild einer Kosmogonie, die mit dem Bilde des einen wahren Gottes verträglich ist. Die Schöpfungsgeschichte erzählt, wie der Schauplatz für die Geschichte des Bundes zwischen Gott und den Menschen geschaffen wurde.

Hieraus erklärt sich ihre knappe Form, hieraus ihr Inhalt: Mag Jahwe anfangs ein Sturm- und Gewittergott der Wüste gewesen sein – jetzt ist für ihn sogar die Rolle des Himmelsherrn in einem Pantheon, die Rolle eines Marduk, Zeus oder Odin zu gering. Er kann nicht aus der Welt hervorgegangen sein, denn sonst gäbe es andere Götter neben ihm. Wohl dürfen wir ihn zu den Lichtgottheiten stellen; aber er ist nicht das Licht, sondern als erstes Werk schafft er das Licht. Und anders als die mythischen Götter, auch anders als im älteren, mehr dichterischen Bericht des 2. Kapitels der Genesis schafft er die Welt und den Menschen nicht wie ein Handwerker aus einem Material. Er schafft so wie er im jüdischen Leben allein wirkt: durch sein Wort. „Und Gott sprach: es werde ... und es ward."

Weil Gott nun so hoch über alle Welt erhöht ist, ist alles in der Welt von derselben Art: es ist Geschöpf, es ist nicht Gott. So wurde gerade durch Gott die Welt entgöttert. In unserer Zeit spricht man viel von Entmythologisierung. Wenn Mythologie unser Denken unter der Herrschaft der Götter ist, so hat gerade der Glaube an Gott unser Denken entmythologisiert, von der Zeit an, in der das Alte Testament geschrieben wurde. Deshalb habe ich die biblische Schöpfungsgeschichte einen antimythischen Mythos genannt. Wir werden diesen Vorgang durch das Christentum hindurch bis in unsere Zeit zu verfolgen haben.

Alles in der Welt ist Geschöpf. Aber ein Geschöpf ist vor allen anderen ausgezeichnet: der Mensch. Er ist nach Gottes Bild geschaffen.

Gewiß hat das menschengestaltige Götterbild diesen Gedanken geschichtlich erst ermöglicht. Aber was spricht sich in ihm aus? Ein Fetisch ist göttlich als das Ding, das er ist. In tiergestaltigen Gottheiten mochten sich animalische Seelenmächte verkörpern. Der Mensch, der sich als verantwortliche Person verstehen lernt, kann das, was ihn zur Person macht, nur im menschengestaltigen Gott anschauen. Der Gott des Alten Testaments redet mich an. Er sagt du zu mir, und darum kann ich zu ihm du sagen. Der persönliche Gott ist der Gott, der den Menschen zur Person gemacht hat. „Ich habe dich bei deinem Namen gerufen, du bist mein" (Jes. 43, 1). Die jüdische Religion hat schließlich alle unsere Beziehungen zu Gott auf dieses Reden und Hören beschränkt. Das menschenähnliche Bildnis Gottes wird verborgen oder verboten; wer Gott sieht, muß sterben.

Wir Menschen, die wir ich, du und wir sagen können, sind eben darin nach Gottes Bild geschaffen. Eben darum kann Gott dem Menschen sagen, er solle sich die Erde untertan machen. Wenden wir es weniger mythisch: wer Gott glaubt, ist den Göttern nicht mehr unterworfen. Die Götter sind die Mächte der Welt, in und außer uns. Wenn wir Gott glauben, sind wir in der Welt frei. Deshalb haben Juden und Christen Märtyrer, Zeugen dieser Unabhängigkeit. Die Freiheit von den Göttern, die Entmythisierung des Denkens durch das Glauben befähigt den Menschen zur gestaltenden Herrschaft inmitten der Natur. Nur vor diesem Hintergrund können wir, so scheint mir, auch die neuzeitliche Säkularisierung und den Wissenschaftsglauben verstehen. Ich komme in späteren Vorlesungen darauf zurück.

Aber hier nähern wir uns einem gefährlichen möglichen Mißverständnis. Indem wir den Gott der Juden und Christen so deutlich von den Göttern des Mythos unterschieden haben, scheinen wir uns dem Begriff genähert zu haben, den Pascal den Gott der Philosophen genannt hat. Der Gott der Philosophen ist ein rein geistiges, allwissendes, allmächtiges und allgütiges höchstes Wesen, er ist die erste Ursache der Welt. Wo immer wir in späterer jüdischer, christlicher und islamischer Philosophie und auch Theologie von Gott lesen, finden wir einen Begriff von ihm, der irgendwie durch die soeben aufgeführten Attribute beschrieben werden kann. Es ist sehr wichtig, zu sehen, daß dies nicht der Gott des Alten Testaments ist.

Wir beginnen mit einem einzelnen Attribut, der Spiritualität Gottes. In der Tat spricht das Alte Testament vom Geist Gottes. Aber damit ist nicht das Immaterielle im Gegensatz zur Materie gemeint. Die Bibel kennt den Begriff der Materie nicht. Geist im Alten Testament ist Hauch. So kann man selbst den ruach Elohim im zweiten Vers unseres Textes statt mit „der Geist Gottes" mit „ein Gottessturm" übersetzen*. Auch das tönende Wort ist Hauch, und jedes tierische und menschliche Wesen lebt nur, solange es atmet. So ist der Atem, in dem ich sprechen kann, mein Leben; er ist das Sinnliche der Person, des Ich. Und der Geist Gottes ist das göttliche Leben, durch das Menschen, über sich selbst hinausgehoben, Gottes Wort sprechen und Gottes Taten tun.

Spätere Theologen, die selbst Spiritualisten waren, haben ihren Spiritualismus ins Alte Testament hineingedeutet; sie mußten ja meinen, daß die Bibel, als die Wahrheit, das enthalten müsse, was ihnen als die Wahrheit erschien. Auch wenn wir kritischer denken, können wir versucht sein, zu meinen, nach Ausschließung aller mythischen Elemente aus dem alttestamentlichen Gottesbild werde das vollkommenste Wesen der metaphysischen Theologie übrigbleiben. Das ist nicht richtig. Wenn wir solche Konsequenzen ziehen, so enden wir nicht bei einem widerspruchsfreien Begriff von Gott, sondern bei einem Paradox.

Wir können eben dies an der Schöpfungsgeschichte sehen. Sie ist einer der rational vollendetsten Teile der Bibel. Ich habe versucht, den Gedankengang nachzuzeichnen, der dazu geführt haben mag, daß sie verhältnismäßig spät vor die übrigen biblischen Erzählungen gesetzt wurde. Diese ihre rationale Geschlossenheit hat sie zu einem möglichen Ausgangspunkt der metaphysischen Theologie gemacht, von der wir später sprechen müssen. Eben dieselbe rationale Geschlossenheit aber macht sie zu einem bloßen Vorposten der Bibel. Sie schildert, wie der Schauplatz für den Bund geschaffen wird. Aber die Szene ist nicht vollständig, ehe die Schlange erschienen ist. Die Geschichte vom Sündenfall ist in der Tat älter und theologisch wichtiger als die Schöpfungsgeschichte des ersten Kapitels. Denn wo stünden wir, wenn wir nur die Schöpfungsgeschichte besäßen? Sie scheint

---

* Diese Übersetzung hat G. v. Rad gewählt.

zu berichten, wie alle Dinge von einem allmächtigen guten Gott gemacht worden sind. Man hat diese Geschichte wenigstens später so gelesen, als sei in ihr schon die Schöpfung der Welt aus dem Nichts (creatio ex nihilo) behauptet. Alles, was Gott machte, war gut. Was könnte man nun erwarten als eine Weltgeschichte, die ein bloßer Ablauf, eine Erfüllung des göttlichen Willens wäre? So aber hat kaum ein Philosoph die wirkliche Weltgeschichte auffassen können, und gewiß ist dies nicht die Meinung der Bibel.

Für die Bibel ist Gott der Gott, der Gut und Böse scheidet. Das Gute ist sein Werk. Das Böse ist nicht sein Werk; es ist von ihm verworfen. Aber das Böse ist wirklich. Der Mensch tut ständig auch das Böse. So ist die Welt wirklich beschaffen. Deshalb muß auf den Mythos der Schöpfung der Mythos des Sündenfalls folgen. Der große Dichter, der im Kapitel 3 des Buches Genesis diesen Mythos erzählt, zeigt ein tiefes Verständnis, indem er nicht sagt, woher die List der Schlange kam. Er sagt genau so viel, wie er sagen kann, und schweigt über das Unwißbare. Jedenfalls beginnt erst mit Adams und Evas Fall die wirkliche Weltgeschichte, die Geschichte, die vom Anfang an ein Kampf zwischen Gott und dem Menschen ist. Der Mensch selbst ist von Gott abgefallen und fällt täglich von ihm ab. Das Gespräch zwischen Gott und Mensch, das die Geschichte bewegt, geht nur um die Heilung dieses Abfalls. Der Bund ist eine Handlung in diesem Kampf. Der Abfall von Gott ist der Tod, und Gott ruft mich zum Leben, wenn er zu mir spricht. Glauben bedeutet nichts als das Vertrauen zu diesem Ruf.

In den letzten Sätzen habe ich versucht, die wahre Meinung der Bibel über diese Frage auszudrücken. Vielleicht ist diese Meinung bis zum heutigen Tag nie ohne die Hilfe irgendeines Mythos ausgesprochen worden; wir wissen nicht, ob sie jemals anders wird ausgesprochen werden können. Eins ist aber gewiß: Wer um der Widerspruchsfreiheit oder der Harmonie willen diesen Kampf zwischen Gott und Mensch aus der Mitte des Bildes entfernt, der wird gerade die Erfahrung von Gott aus seinem Denken ausschließen, auf der Judentum und Christentum beruhen.

2. Die biblische Schöpfungsgeschichte *

Liebe Freunde, gerade ging mir durch den Sinn, wenn man ein Lied von Paul Gerhardt, wie dieses, gesungen hat, was soll man da selber noch sagen? Da ist ja alles gesagt. Aber, ich habe den Auftrag übernommen und will versuchen, ihn auszuführen, etwas über die Schöpfungsgeschichte der Bibel zu sagen.

Ich lese den Text: *Genesis 1, 1 – 2, 4 a.* Es ist im wesentlichen der Lutherische Text, die Lutherische Übersetzung, so wie sie heute modern angepaßt gebraucht wird.

Am Anfang schuf Gott Himmel und Erde. Und die Erde war wüst und leer, und es war finster auf der Tiefe; und der Geist Gottes schwebte auf dem Wasser.

Und Gott sprach: Es werde Licht! Und es ward Licht. Und Gott sah, daß das Licht gut war. Da schied Gott das Licht von der Finsternis und nannte das Licht Tag und die Finsternis Nacht. Da ward aus Abend und Morgen der erste Tag.

Und Gott sprach: Es werde eine Feste zwischen den Wassern, die da scheide zwischen den Wassern. Da machte Gott die Feste und schied das Wasser unter der Feste von dem Wasser über der Feste. Und es geschah so. Und Gott nannte die Feste Himmel. Da ward aus Abend und Morgen der zweite Tag.

Und Gott sprach: Es sammle sich das Wasser unter dem Himmel an besondere Orte, daß man das Trockene sehe. Und es geschah so. Und Gott nannte das Trockene Erde, und die Sammlung der Wasser nannte er Meer. Und Gott sah, daß es gut war.

Und Gott sprach: Es lasse die Erde aufgehen Gras und Kraut, das Samen bringe, und fruchtbare Bäume auf Erden, die ein jeder nach seiner Art Früchte tragen, in denen der Same ist. Und es geschah so. Und die Erde ließ aufgehen Gras und Kraut, das Samen bringt, ein jedes nach seiner Art, und Bäume, die da Früchte tragen, in denen ihr Same ist, ein jeder nach seiner Art. Und Gott sah, daß es gut war. Da ward aus Abend und Morgen der dritte Tag.

Und Gott sprach: Es werden Lichter an der Feste des Himmels, die da scheiden Tag und Nacht und geben Zeichen, Zeiten, Tage und Jahre und seien Lichter an der Feste des Himmels, daß sie scheinen auf die Erde. Und es geschah so.

---

* Bibelarbeit auf dem Deutschen Evangelischen Kirchentag, Frankfurt am Main 1987. Vom Verfasser redigierte Tonbandnachschrift eines ohne Manuskript gehaltenen Vortrags. Der Ton der freien Rede ist z. T. beibehalten.

Und Gott machte zwei große Lichter: ein großes Licht, das den Tag regiere, und ein kleines Licht, das die Nacht regiere, dazu auch die Sterne.

Und Gott setzte sie an die Feste des Himmels, daß sie schienen auf die Erde und den Tag und die Nacht regierten und schieden Licht und Finsternis. Und Gott sah, daß es gut war. Da ward aus Abend und Morgen der vierte Tag.

Und Gott sprach: Es wimmle das Wasser von lebendigem Getier, und Vögel sollen fliegen auf Erden unter der Feste des Himmels. Und Gott schuf große Walfische und alles Getier, das da lebt und webt, davon das Wasser wimmelt, ein jedes nach seiner Art, und alle gefiederten Vögel, einen jeden nach seiner Art. Und Gott sah, daß es gut war. Und Gott segnete sie und sprach: Seid fruchtbar und mehret euch und erfüllet das Wasser im Meer, und die Vögel sollen sich mehren auf Erden.

Da ward aus Abend und Morgen der fünfte Tag.

Und Gott sprach: Die Erde bringe hervor lebendiges Getier, ein jedes nach seiner Art: Vieh, Gewürm und Tiere des Feldes, ein jedes nach seiner Art. Und es geschah so. Und Gott machte die Tiere des Feldes, ein jedes nach seiner Art, und das Vieh nach seiner Art und alles Gewürm des Erdbodens nach seiner Art. Und Gott sah, daß es gut war.

Und Gott sprach: Lasset uns Menschen machen, ein Bild, das uns gleich sei, die da herrschen über die Fische im Meer und über die Vögel unter dem Himmel und über das Vieh und über alle Tiere des Feldes und über alles Gewürm, das auf Erden kriecht. Und *Gott schuf den Menschen zu seinem Bilde, zum Bilde Gottes schuf er ihn; und schuf sie als Mann und Weib.* Und Gott segnete sie und sprach zu ihnen: Seid fruchtbar und mehret euch und füllet die Erde und machet sie euch untertan und herrschet über die Fische im Meer und über die Vögel unter dem Himmel und über das Vieh und über alles Getier, das auf Erden kriecht.

Und Gott sprach: Sehet da, ich habe euch gegeben alle Pflanzen, die Samen bringen, auf der ganzen Erde, und alle Bäume mit Früchten, die Samen bringen, zu eurer Speise.

Aber allen Tieren auf Erden und allen Vögeln unter dem Himmel und allem Gewürm, das auf Erden lebt, habe ich alles grüne Kraut zur Nahrung gegeben. Und es geschah so.

Und *Gott sah an alles, was er gemacht hatte, und siehe, es war sehr gut.* Da ward aus Abend und Morgen der sechste Tag.

So wurden vollendet Himmel und Erde mit ihrem ganzen Heer.

Und so vollendete Gott am siebenten Tage seine Werke, die er machte, und ruhte am siebenten Tage von allen seinen Werken, die er gemacht hatte.

Und Gott segnete den siebenten Tag und heiligte ihn, weil er an ihm ruhte und von allen seinen Werken, die Gott geschaffen und gemacht hatte.

So sind Himmel und Erde geworden, als sie geschaffen wurden.

Ich habe nun versprochen, über diesen Text zu reden, und möchte das in verschiedene Teile einteilen: Zuerst ein paar Betrachtungen über den Text selbst, dann einiges über ein paar – wie ich meine – ein wenig veraltete Streitigkeiten, die es darüber gegeben hat, und dann möchte ich gerne tiefer eingehen auf die Geschichte, in deren Rahmen dieser Text steht, weil wir vermutlich erst in diesem Rahmen begreifen, wovon die Rede ist.

Was geht durch ein Gemüt, während man den Text laut liest, wie ich es gerade getan habe? Was geht durch mein Gemüt? Das ist ein würdiger Text, ein ehrwürdiger Text, würde ich sagen. Es ist ein wohlgebauter Text. Er ist hellrational, alles ist sorgfältig abgewogen. Die Leute, die diesen Text dann als Theologen zu deuten gehabt haben, haben darauf hingewiesen, daß alles deutlich gegliedert ist. In 6 Tagen hat man 8 verschiedene Schöpfungswerke gezählt, in einem gewissen Rhythmus: 1 – 1 – 2, 1 – 1 – 2. So werden am letzten Tag zuerst die Tiere auf dem Felde geschaffen als *ein* Schöpfungswerk, und dann wird auch noch am 6. Tag untergebracht der Mensch. Es ist eine wohlgeordnete, nüchterne und zugleich feierliche Sprache. So klingt mir das. Wer mit diesem Text im Laufe seines Lebens umgegangen ist, hat natürlich damit viele, auch z. T. ästhetische Erfahrungen gemacht. Mir ist unvergeßlich der Klang davon, wie Haydn in seiner Musik über die Schöpfung das Ausbrechen des Lichts musikalisch schildert: „Und Gott sprach, es werde Licht, und es ward Licht." Also die Menschen konnten ihre Erlebnisse – so etwas wie z. B. Was ist Licht? – in diesem Text wiederfinden.

Ich beginne nun, indem ich eine Frage nicht zu verschweigen, aber in ihrer letztlichen Unwichtigkeit darzustellen suche: das ist die Frage, um die es ein paar Jahrhunderte lang Streit gegeben hat, seit die moderne Naturwissenschaft weiß, daß es doch im Detail nicht so zugegangen ist, wie hier steht. Um das ein bißchen zu artikulieren, erzähle ich eine Geschichte, die ich selbst erlebt habe. Ich war im Jahr 1949 zum erstenmal in meinem Leben in Amerika. Einmal wurde ich zusammen mit meiner Frau eingeladen, aus Chicago, wo ich damals

Gastvorlesungen hielt, in die University of Wisconsin in Madison/ Wisconsin, in einem Staat, in dem viele Lutheraner skandinavischer, auch deutscher und anderer Herkunft leben. Ich war eingeladen vom lutherischen Studentenpfarrer, um mit seinen Studenten zu reden. Wir waren vielleicht fünfzehn Menschen oder zwanzig in einem kleinen Raum, und ein sehr nettes junges Mädchen – eine Studentin – fragte mich: „Well, Professor, tell me – sagen Sie mir, wie alt ist die Welt?" Ich war damals Astrophysiker und sagte: „Nun, wir schätzen vielleicht fünf Milliarden Jahre, es könnten aber auch zehn Milliarden Jahre sein." Das waren die damaligen Schätzungen. Heute hat man noch etwas längere Zeitskalen. „Ah so, also sind Sie kein Christ." – „Wieso?" Ich verstand nicht. „Wieso?" – „Ja, Sie glauben ja nicht an Gottes Wort." – „Wieso?" – ich verstand es immer noch nicht. Da sagte sie: „Mann kann doch aus dem Alter der Patriarchen ausrechnen, wann die Schöpfung gewesen ist. Sie ist vor nicht ganz 6000 Jahren gewesen. Sie aber reden von Milliarden von Jahren. Sie glauben nicht an Gottes Wort, denn die Bibel ist Gottes Wort und sagt, daß die Welt vor 6000 Jahren erschaffen ist." Solche Ansichten gibt es auch heute noch. Es gibt sie z. T. sogar bei uns.

Ich habe nun versucht, diesem netten Mädchen zu erklären, ich hielte mich für einen Christen in dem Maß, in dem man die Anmaßung haben darf, von sich zu behaupten, man sei ein Christ – was ja eigentlich eine ungeheure Behauptung ist –, aber die Schwierigkeit ist nicht, ob ich das glaube oder nicht glaube, sondern ob ich tue, was Jesus gesagt hat. Und die Bibel ist doch nicht als naturwissenschaftliches Lehrbuch geschrieben, sondern sie spricht zu Menschen, die das wußten, was man damals eben wissen konnte. Der Pfarrer war mir dankbar. Er hat mir nachher gestanden, er habe mich eingeladen, damit ich das seinen Studenten erzähle.

Aber ich möchte natürlich die Ernsthaftigkeit eines Bemühens achten, das Wort Gottes als Wort Gottes zu verstehen. Wir wissen nicht einmal – wir können nicht einmal beweisen, daß die Welt nicht 6000 Jahre alt ist. Es gibt eine sonderbare Theorie, die man, glaube ich, Kreationismus nennt: die Welt sei vor 6000 Jahren von Gott so geschaffen, daß in ihr alle Dokumente einer milliardenlangen früheren Existenz mitgeschaffen sind, so daß sie aussieht, als sei sie Milliarden von Jahren alt. Das kann ich nicht widerlegen. Ich muß nur sagen, ich kann *auch* nicht widerlegen, wenn mir jemand sagen würde, wir alle zusammen, die wir hier in diesem Saal sind, sind heute um Mitternacht geschaffen worden mit allen Erinnerungen an ein früheres Leben, die mit uns mitgeschaffen sind, so daß wir sie glauben. Bitte – ich will eigentlich damit nicht ironisieren, ich will nur sagen, es gibt Dinge, die man so streng gar nicht beweisen kann. Einiges, die Vergangenheit nämlich, ist uns nicht mehr zugänglich. Wir können sie nicht wiederherstellen. Nur aus ihren Dokumenten, aus unserer Erinnerung, aus eben dem, was sie geschaffen hat, können wir sie erschließen. So einfach ist das nicht. Aber einiges kann man doch mit Sicherheit sagen, z. B. die heutigen Raumfahrer wissen, daß nicht da oben eine Feste ist, ein festes Gewölbe, an das man heranfliegen kann oder durch das man gar durchfliegen könnte. Und unser Text – wenn man genau sieht – weiß ja nicht einmal, daß die Erde eine Kugel ist. Wie konnte mein amerikanisches Mädchen um den halben Erdball herum von mir entfernt nicht wissen, daß die Erde eine Kugel ist? Also realiter ist dieser Text geschrieben aus dem naturwissenschaftlichen Wissen oder dem Naturwissen seiner Zeit, und wir dürfen ihn lesen als geschrieben von Leuten, die es eben so angesehen haben. Jetzt bringe ich aber eine zweite Geschichte, und die habe ich frei erfunden. Ich weiß nicht, ob sie wahr ist.

Ich stelle mir vor, in der babylonischen Gefangenschaft der Juden – sagen wir 550 v. Chr., damals nämlich war nach Auskunft der heutigen alttestamentlichen Wissenschaft dieser Text wohl in der sogenannten Priesterschrift verfaßt worden – sei zu dem Rabbi, der, sicher nach Jahrhunderten der Vorbereitung, schließlich diesen Text niedergeschrieben hat, ein junger Jude gekommen und habe gesagt: „Rabbi, hier in dieser großen Stadt Babylon" – das ist, was heute New York ist, die modernste Großstadt der Welt, wimmelnd von Menschen und von Leben und von Gedanken – „Rabbi, glaubst du eigentlich wirklich, daß Gott die Welt genau in sechs Tagen geschaffen hat?" Und ich nehme an, daß der Rabbi geantwortet hat: „Bist du noch so naiv, hast du noch nicht verstanden, was Gleichnisrede ist?" Ich möchte gerne annehmen, daß dies die wirkliche Auffassung der Verfasser dieser Texte war.

Gleichnisrede – und wenn wir meinen, wir wüßten heute ja, wie die Welt entstanden ist, dann ist das ja genauso nur eine Gleichnisrede. Nun nur ein Mythos in der Sprache dessen, was *wir* glauben. Ganz gewiß – ich habe selbst damals über die Entstehung des Planetensystems gearbeitet –, daß unsere Erde ziemlich genau 4½ Milliarden Jahre alt ist, das wissen wir schon, das können wir sehr gut belegen. Aber wie die Welt im Ganzen zustande gekommen ist, da sagt man heute: der Urknall vor rund 20 Milliarden Jahren. Dafür gibt es empirische Gründe, die sind nicht schlecht. Trotzdem würde ich sagen, mir kommt der Urknall immer so vor wie der Weltentstehungsmythos desjenigen Jahrhunderts, in dem die Atombombe explodiert ist. Man soll doch nicht meinen, daß die Bilder, die wir uns machen, frei sind von dem, was uns unterschwellig emotional ständig bewegt. Also reden wir aus dem, was wir eben wissen, mit dem, was jene haben sagen wollen.

Und nun ist die Frage: Was haben sie denn sagen wollen? Da möchte ich nun zunächst sagen, daß es mir eine große Hilfe gewesen ist, in meinem Leben einmal mit der Wissenschaft vom Alten Testament in enge Berührung zu kommen und diese Texte, die ich teils als Schüler, teils einmal ganz durchgehend als Student gelesen habe, gedeutet zu bekommen in ihrem eigenen zeitlichen Zusammenhang.

Ich sagte, dieser Text ist vermutlich geschrieben etwa im 6. Jahrhundert v. Chr. Die Alttestamentler zerlegen gerade den Pentateuch, die fünf Bücher Mose, sorgfältig in Quellenschriften. Ich nehme an, daß das eine recht gut begründete Zerlegung ist. In diesen Quellenschriften unterscheiden sie drei Große. Den Jahwisten, der den Gottesnamen Jahwe benützt, der 400 Jahre früher geschrieben hat, in der aufgeklärten Zeit des Königs Salomon vermutlich – von ihm stammt die Struktur der ganzen Anlage, insbesondere der größere Teil des Anfangs der Bücher Mose. Dann den Elohisten, der den Gottesnamen Elohim benützt, von dem ich heute nicht zu reden habe; und schließlich die Priesterschrift. Während der Jahwist ein genialer Erzähler ist, ist die Priesterschrift eine sorgfältig gebaute Schrift, die die Lehre weitergibt. Und so etwas kommt immer am Ende einer historischen Entwicklung. Die Priesterschrift ist also der letzte Bestandteil der Bücher Mose, fast der letzte Bestandteil der erzählenden Schriften des Alten Testaments. Das ist nützlich zu wissen.

Wovon redet nun unser Text? Er redet nicht von dem, was für jeden Juden natürlicherweise der Anfang war. Das Natürliche im täglichen Leben der Juden, an die dieses Buch gerichtet ist, war ihre Nation, war ihre Gemeinschaft, ihre Lebensgemeinschaft. Und diese Lebensgemeinschaft hatte ein besonderer Gott unter den Hunderten von Göttern, die es gibt, nämlich der Gott, der den Namen hatte, den Juden nicht mehr aussprechen dürfen, weil er zu heilig ist, den aber die christlichen Theologen wieder auszusprechen wagen, Jahwe oder

Jehova – dieser Gott hatte dieses Volk erwählt und hatte gesagt: „Du sollst anders sein als die anderen Völker. Du sollst nicht wie sie zwischen Gut und Böse gar nicht zu unterscheiden wissen, und lieber zwischen Schön und Nichtschön, Angenehm und Unangenehm, Fruchtbar und Unfruchtbar unterscheiden. Du sollst nicht zahllosen Göttern dienen, die die zahllosen Mächte deines Lebens, deiner Seele, der Gemeinschaft der Völker, der Natur verkörpern. Du gehorche dem einen Gott, der am Sinai zu dir gesprochen hat und der gesagt hat, wie dieses Volk leben muß, wenn es überleben soll, wenn es überhaupt menschenwürdig leben soll." Das ist in den Zehn Geboten gesagt. Das ist in immer neuen Formen ausgesprochen. Es ist von den Propheten bestätigt worden, und nach den großen Propheten – später als Jesaja und Jeremia – kommt erst die Priesterschrift. Immerhin, der Jahwist, der ja schon zur Zeit Salomons schreibt – ich wiederhole, in einer hoch aufgeklärten Zeit, einer Frühaufklärung –, beginnt auch schon mit der Schaffung der Welt und insbesondere des Menschen, aber nicht in der Ausführlichkeit wie unser Text. Das kommt dann im 2. Kapitel des 1. Buches Mose, in dem, was ich nicht mehr gelesen habe.

Also: man setzt vor die Geschichte des Volks, die eigentlich mit der Gesetzgebung beginnt, die alten Sagen, von der Abstammung des Volks von Ahnherrn – Abraham, Isaak, Jakob – mit dem Namen Israel; diese alten Sagen werden weitergegeben als der Grundbestand, in dem sich die Erwählung des Volks ausspricht, die Erwählung in dem Sinne: Du sollst das Gute tun, und wenn du's nicht tust, wirst du sterben; und du wirst sterben, weil nur das Gute das ist, was das Leben überhaupt möglich macht. Und nun lernt man, daß dieser Gott, der das geboten hat, doch nicht ein Gott unter vielen ist, sondern daß er offenbar der einzige ist, der weiß, wovon die Rede sein muß, der einzige wirkliche Gott. Und letztlich wird auch dieser Gott die ganze Welt geschaffen haben. So muß es doch sein. Und wenn es so sein muß, dann setzt man vor die alten Schriften, die sagen, wie wir in unserem Volke leben sollen, die Texte, die sagen, wie es dazu gekommen ist.

Der Anfang dieser Texte ist das, was ich soeben vorgelesen habe. Da wird erklärt – ja nun was? –, wie die Welt gemeint war, wie sie denn sein sollte. Nun, um das zu erklären, muß man aber auf der anderen Seite die Vorgeschichte sehen, wenn die Juden damals in Babylon leben. Dies ist geschrieben zu einer Zeit, als es in Griechenland schon mit den ersten Philosophen begann, das ist später als Homer und Hesiod, das ist fast schon gleichzeitig mit dem Beginn der mathematischen Naturwissenschaft bei den Pythagoreern und bei Platon. Es ist also in einem der hohen Rationalität fähigen Zeitalter geschrieben. Aber noch immer hat man damals zweifellos am Frühjahrsfest die uralten babylonischen Welterschaffungsmythen zelebriert. Von denen möchte ich jetzt ein paar Worte sagen, denn wir werden unseren Text, da, wo er historisch hingehört und von wo aus allein er uns dann auch wirklich zu sagen hat, was er uns sagen soll – wir werden ihn nur dann verstehen, wenn wir verstehen, daß er menschheitsgeschichtlich gesehen ein später Text ist. Für uns liegt er natürlich sehr früh und weit zurück.

Er ist in Wahrheit ein später Text. Der Beginn der Hochkultur liegt etwa 6000 Jahre vor der jetzigen Zeit, in gewisser Weise auch noch früher – der Ackerbau hat noch früher begonnen, ein paar Städte hat es schon früher gegeben, Großreiche begannen ungefähr damals. Ich habe jetzt wieder 6000 Jahre gesagt, und aus den ersten Kapiteln des 1. Buches Mose hat meine liebe Amerikanerin übernommen, daß die Welt vor heute 6000 Jahren geschaffen ist, also vor damals nicht ganz 4000 Jahren. Und ich möchte behaupten: was in diesen Büchern besprochen wird, das ist eben die Geschichte der Hochkultur. Darum geht es.

In der Geschichte der Hochkultur ist das Auftreten einer solchen Religion, die zugleich ein Volk war wie die jüdische, eine Reaktion etwa um die Mitte der Zeit, die bis heute die Hochkultur gedauert hat – also eine recht späte Reaktion. Wie hat es denn vorher ausgesehen? Was hat denn in diesem alten babylonischen Schöpfungsmythos geklungen? Ich kann kein Hebräisch, erst recht kein Akkadisch. Ich habe die Texte aus einer Übersetzung übernommen. Das beginnt – vergleichen Sie es mit dem, was wir gerade vor uns haben – folgendermaßen:

„Als droben der Himmel nicht genannt war, drunten die Feste einen Namen nicht trug, Apsu, der Uranfängliche, ihr Erzeuger, Mumu und Tiamat, die Gebärerin von ihnen allen, ihre Wasser in eins vermischten, das Strauchwerk sich nicht untereinander verknüpfte, Rohrdikkicht nicht zu sehen war, als die Götter nicht existierten, niemand, als sie mit Namen nicht genannt, Geschicke ihnen nicht bestimmt waren, da wurden die Götter in ihrer Mitte erschaffen." Das sind die Götter, die die Welt in ihrer ursprünglichen Potenz, in ihrer ursprünglichen Kraft *sind*. Ich kann nicht das Ganze lesen. Es kommen Göttergenerationen, alte Götter, jüngere Götter, und die jungen Götter ärgern die alten Götter. Der alte Gott Apsu sagt zu Tiamat: „Am Tage habe ich nicht Ruhe, nachts schlafe ich nicht. Ich will sie verderben. Ich will ihre Wege zerstreuen. Stille soll hergestellt werden. Wir wollen schlafen." Die Unruhe wehrt sich gegen die wilde Bewegung der späteren Zeit. Dann wird schließlich nach längeren Kämpfen Marduk geboren, der Stadtgott Babylons: „Was für ein Kind, was für ein Kind – ein Sonnenkind, ein Göttersonnenkind." Und er kämpft gegen Tiamat, die die jungen Götter zerstören will. Er macht ein Netz, Tiamat darin zu fangen. „Die vier Winde ließ er anfassen, damit nichts von ihr entgehe. Er schuf einen bösen Sturm, einen Wirbelwind, einen Orkan, den Vierwind, den Siebenwind, den verwirrenden Wind, den Unheilswind." Das ist der Götterkampf. Und nachdem Tiamat erschlagen ist, halbiert er ihren Leib und macht aus der einen Hälfte den Himmel und aus der anderen Hälfte die Erde. Und das wird jedes Jahr im Frühjahrsfest von neuem vorgetragen.

Das ist die Weltschöpfung, die zugleich die Schöpfung der immer neuen Jahreszeiten ist und die Gründung der Stadt Babylon. Das ist ein politischer, ein Naturmythos, der darstellt, wie die Menschen ihr Leben erlebt haben. *So* haben sie doch offenbar die Natur und die Kultur erlebt, wie sie es hier geschildert haben. Die Natur ist nicht ursprünglich harmonisch. Das ist eine spätbürgerliche Mythifikation. *Wir* haben die Pflicht – wenn wir es können –, dafür zu sorgen, daß die Natur harmonisch sein könne.

Ich sage nun: die ersten elf Kapitel des 1. Buches Mose, des Buches Genesis, sind – wenn man es genau liest – eine Kritik der Hochkultur. Ich kann darauf nicht im einzelnen eingehen. Das würde für heute zu weit führen. Ich weise nur auf ein paar Stationen hin.

Zuerst also ist die Paradiesvorstellung – das ist schon aus dem jahwistischen Text, 2. Kapitel –, und im Paradies sind Adam und Eva, und sie werden daraus vertrieben – zu was? – zum Ackerbau. „Im Schweiß deines Angesichts sollst du dein Brot schaffen." Kain, der erste Brudermörder, erschlägt seinen Bruder – und zwar der Ackerbauer den Hirten –, und dann geht er hinaus, von Gott behütet, Kain, und baut die erste Stadt. Der Brudermörder ist der Gründer der ersten Stadt. Seine Nachkommen erfinden die Viehzucht, erfinden die Musik und erfinden die Metallbearbeitung: Kains, des Brudermörders Nachkommen. Dann kommen die Söhne Gottes, die sich mit den

Töchtern der Menschen einlassen und Halbgötter erzeugen. Das sind die Gottkönige der großen Reiche, und deren Sünden schreien so zum Himmel, daß Gott beschließt, die ganze Menschheit zu vernichten mit Ausnahme von einem Paar jeden Tieres und einer Familie von Menschen. D. h. – hier wird unablässig erzählt und noch einmal in dem Übermut des Turmbaus von Babel: die Hochkultur ist etwas, was Entsetzen hervorruft. Das ist das Problem der Macht, denn ohne Macht ist Hochkultur nicht zu schaffen. Und davon spricht in Wirklichkeit der Anfang der Bibel. D. h., er ist historisch ganz genau, auch wenn die Einzelheiten Legenden sind. Denn die Legenden drücken aus, was wirklich der Fall war. In diesen Anfang hinein ist nun gesetzt das Bild der wohlgeordneten Welt, wie Gott sie gewollt hat und wie er sie durch die Kraft seines Wortes gemacht hat. Das ist das, was ich anfangs vorgelesen habe.

Dieser Text sagt nichts darüber, wie es dann weitergegangen ist. Er erzählt nicht den Sündenfall; aber die Schlußredaktion, die noch nach der Priesterschrift vollzogen werden muß, die die verschiedenen Quellen in eins vereinigt hat, diese Schlußredaktion setzt diesen Teil vor den Sündenfall, vor den Beginn des Elends, das in der Hochkultur ständig abläuft. Aber andererseits ist das, was hier gesagt wird, ganz sicher nicht ein Aufruf zurück – wie man sagt – zur Natur. Es wird hier zwar gesagt, wie die Menschen mit der Natur umgehen sollen, und darüber sage ich gleich noch etwas. Aber ich kann den Sinn der Bibel, so wie sie damals für das Volk Israel geschrieben wurde, nicht so verstehen, daß es Völker mit Königen und was es alles gab nicht mehr geben soll. Israel selbst war ein solches Volk. Es sollte *nicht* wieder zurückgekehrt werden in die für jene Leute gar nicht mehr geläufige Jäger- und Sammlerkultur. Aber es sollte in der Hochkultur die Macht der Macht gebändigt werden durch das, was als Wille Gottes ausgesprochen ist.

Nun, in dem Zusammenhang die Schilderungen darüber, wie die einzelnen Teile der Welt geschaffen worden sind. Zuerst das Licht und drei Tage später die Gestirne. Warum? Weil Sonne und Mond Götter sind – Götter der Völker in der Umgebung des Volks Israel; und hier werden sie nur als Lampen bezeichnet, als Lichter. Der göttliche Charakter wird ihnen genommen, denn dieser eine Gott ist der Einzige, davon soll ja geredet werden. Nachdem das alles geschildert ist, kommt zum Schluß als zweite Hälfte des letzten Tages noch der Mensch. Aber immerhin, Gott sagt: „Lasset uns Menschen machen, ein Bild, das *uns* gleich sei", und die deshalb herrschen – nach dem Bilde Gottes geschaffen.

Ich möchte hier eine kleine Erinnerung einfügen, die wiederum nicht genau mit diesem Text zusammenhängt – nur insofern mit ihm zusammenhängt, als sie aus ihm hergeleitet ist. Ich bin Physiker, ich bin Naturwissenschaftler, und unter den Naturwissenschaftlern der Neuzeit ist derjenige, den ich wohl am meisten liebe, Johannes Kepler. Johannes Kepler war ein christlicher Neuplatoniker, und er verstand die Naturwissenschaft als das Nachdenken der Schöpfungsgedanken Gottes, welches dem Menschen möglich ist, weil er von Gott nach dem Bilde Gottes geschaffen ist. Also als Gottesdienst. Aber dies bedeutet natürlich nicht primär als Herrschaft.

Nun kommt der Anstoß, der heute vielfach genommen wird, indem gesagt wird, Gott segnete sie und sprach zu ihnen: „Seid fruchtbar und mehret euch und füllet die Erde und machet sie euch untertan und herrschet über die Fische im Meer und über die Vögel" usw. Und da wird nun gesagt, gerade von heutiger Umweltbewußtheit aus, von dem Gedanken des Friedens mit der Natur: Da sieht man ja, die jüdische und dann die christliche Religion, die sind diejenigen, die eigentlich schuld sind an dem, was wir Späteren dann auch getan haben, nämlich an der Zerstörung der Natur, indem wir uns einbildeten, man könne sie beherrschen.

Ich möchte das nicht ganz ausschließen und doch auch nicht ganz zustimmen. Die Dinge sind meist etwas komplizierter, und die Einsicht in die Unterschiede ist eine Hilfe dazu, sich richtig zu verhalten.

Zunächst zur Auslegung dieses Textes: Dieser Text ist zu einer Zeit geschrieben worden, in der die einzige soziale Form, die einzige Gesellschaftsform, die man überhaupt kannte, regiert war vom Ethos des Herrschens und Dienens – von der sittlichen Pflicht, unter den gegebenen Umständen, unter denen es die Oberen und die Unteren eben einfach gab, daß die Oberen ihre Pflicht erfüllen, für die Unteren zu sorgen, und die Unteren ihre Pflicht erfüllen, das zu tun, was für das Überleben des Ganzen unerläßlich ist. Die Vorstellung eines Ethos der Freiheit und Gleichheit, das mit voller Lautstärke so überhaupt erst von der Französischen Revolution verkündet worden ist – kaum 200 Jahre vor unserer Zeit –, ist jener Zeit unbekannt. Man liest deshalb – so scheint mir – richtig, wenn man sagt: „Machet euch die Erde untertan und herrschet über sie, so wie ich, der ich sie gemacht habe, damit sie gut sei. Herrschet, damit sie gut sei, damit sie ihre Ordnung bewahre." – Das muß hier gemeint sein.

Ich leugne nicht, daß dieser Text von gewissen Problemen, die wir heute haben, sozusagen gar keine Ahnung hat. Er ist ein wesentlich ungeschichtlicher Text. Er spricht von einem Zustand, der geschaffen worden ist und bleiben soll. Die späteren Teile der Bibel – bereits die Geschichte vom Sündenfall – sprechen vom geschichtlichen Vorgang, wie Gershom Scholem einmal in meiner Gegenwart gesagt hat: „Die Schlange hatte vollkommen recht, als sie sagte, wenn ihr von dem Baum esset, werdet ihr wissen, was Gut und Böse ist; und sie aßen davon, und dann wußten sie, was Gut und Böse ist, denn sie wußten, daß sie das Böse getan hatten, und dadurch erfährt man es." Und dann hat Gott sie aus dem Paradies gejagt: „raus aus dem Paradies, rin in die Geschichte", hat Scholem gesagt. Das Paradies, wie dort geschildert, ist eine rein mythische Vorstellung, das es, soweit *wir* die Menschheitsgeschichte kennen, *nicht* gegeben hat. Die Geschichte aber hat es gegeben, und sie ist in unserem Text nicht thematisiert. Also ich sage nicht, daß dieser Text das Volle sagt, was wir zu unseren heutigen Problemen zu sagen haben. Man wird ihm aber nicht gerecht, wenn man nicht sieht, in welchem Rahmen und in welchem Sinn er gemeint war. Daß später das Christentum – in gewissem Umfang auch schon seine jüdischen Vorläufer – eine Art neurotischer Naturferne gehabt hat, leugne ich überhaupt nicht. Aber das ist nicht das, was dieser Text gewollt hätte. Das ist eine weitere, in der historischen Entwicklung wirklich eingetretene Entartung. Mit dieser haben wir uns heute auseinanderzusetzen, und ich glaube, das ist schon heute nicht mehr das Hauptproblem. Unser Problem ist, wie wir mit den Machtmitteln unserer Herrschaft zurechtkommen.

Diskussion

Teilnehmer: Herr Professor, es geht bei allen Fragen eigentlich nur darum, daß Sie weiterreden!

Vielleicht das Stichwort: Ähnlichkeit mit Gott. Sicher nicht sehen wir so aus, sicherlich haben wir auch nicht so viel Macht. – Hat es was mit Liebe zu tun, daß die Ähnlichkeit zwischen Gott und Mensch darin liegt, daß wir lieben dürfen, können, nicht in unserer Macht, sondern in unserer Liebesmöglichkeit?

Carl F. von Weizsäcker: Es ist gut, daß eine bestimmte Frage gestellt wird. Ich möchte hier zunächst auch wieder etwas sagen über die geschichtliche Situation damals. Daß es Götter gibt, war jedermann bekannt. Daß es nur einen Gott gäbe, war damals vermutlich ein neuer Gedanke. Diesen Gott haben sich die Menschen natürlich nach ihrem eigenen Bilde vorgestellt. Die Götterbilder stellen zunächst vielfach in Fetischform Tiere oder sonst etwas dar, aber auch Menschen. Und wenn nun in dem Text gesagt wird, Gott hat den Menschen nach seinem Bilde geschaffen, dann ist nichts Selbstverständliches gesagt, sondern es ist gesagt: Schau hin, die Wirklichkeit ist doch immer die umgekehrte, das Göttliche ist zuerst da, und insofern der Mensch daran Anteil hat, gehört er diesem Gott an. Das ist auch in den Vielgötterreligionen so. Verschiedene Menschen folgen dann verschiedenen Göttern. Hier also diesem.

Wie ist uns nun dieser Gott geschildert? An dieser Stelle ist er eigentlich nicht mit dem Ton, der das Wort Liebe bezeichnet, geschildert, sondern als wissend und als einer, der weiß, was gut ist: Und Gott sah, daß es gut war, was er gemacht hatte. Es ist auch sehr kennzeichnend, daß dieser Gott zuerst spricht, und durch sein Sprechen geschieht es – als Folge des Sprechens, wie immer. Erst sagt er, laßt uns Menschen schaffen, und dann schafft er Menschen. Das alles haben Menschen dann in der Tat auch in ihrem eigenen Verhalten wiedergefunden, denn auch bei uns geht meistens der Gedanke der Tat voraus und oft das Wort dem Gedanken. Letzteres ist vielleicht nicht, was man genau wünscht, aber es ist doch eine Hilfe. So würde ich es zunächst verstehen. Dieser Gott will eine schöne, große, gute Ordnung. Nun, wenn wir nach allem, was nachher schon im Alten Testament von Liebe gesagt ist und was Jesus von Liebe sagt, hier das Wort Liebe hineinbringen – Johannes-Evangelium: „Gott ist Liebe" –, dann haben wir in der Tat, meine ich, in der Entwicklung des Verständnisses von Gott, die sich gezeigt hat, das Rechte getan. Insofern möchte ich Ihnen gerne zustimmen.

T.: Ich hätte eine Frage, die sich an die Unterscheidung Feste und Wasser anknüpft. Kann man das nicht so verstehen, daß Feste das bezeichnet, was wir mit unseren Gedanken zu fassen meinen, das Universum, die Erde und alle Gegebenheiten. Der Gegensatz zur Feste, das ist, was wir nicht sehen können, was ich vielleicht dann mit der Seele oder im weiteren mit Liebe umschreibe würde. Wie sehen Sie auch die gedankliche Verbindung zwischen dieser Liebe, die uns fehlt und die uns Gott eingehaucht hat?

C. F. v. W.: Da würde ich zunächst sagen: Ich habe diesen Text ziemlich direkt so gedeutet, wie er spricht, und ich glaube in der Tat, daß er, auch wenn ich dem Verfasser unterstelle, daß er weiß, was Gleichnisrede ist, doch in der Tat dies auch meint – die Feste, das ist nämlich der Himmel, nicht die Erde. Im babylonischen Text war die Erde mit Feste bezeichnet, im deutschen, den ich vorgelesen habe, aber ist die Feste der Himmel, auf dem Gott thront (dann im Bild) – daß er damit also in der Tat eben dasjenige gemeint hat, was durch Gottes Willen fest ist, „firmamentum". Und das Wasser ist das Fließende. Nun darf man davon ausgehen, daß auch in jener Zeit die Tiefensymbolik natürlich gegenwärtig war, eine Symbolik, die heute gerne bei Psychologen dargestellt wird, etwa in der Tradition von C. G. Jung. Das war nicht in dieser psychologischen Form vorhanden, aber es war vorhanden in der Form des Wissens von göttlichen Mächten. Und Elohim ist ja ein Plural. Auch im Alten Testament gibt es göttliche Mächte im Plural. Nun – es gibt dort zwei Unterschiede. Es gibt den Unterschied zwischen Licht und Finsternis; und es gibt den Unterschied der Feste und des Wassers. Ich wage nicht, dem Verfasser, den ich nicht gekannt habe, zu unterstellen, daß er sich genau das gedacht hat, was Sie gerade gesagt haben. Aber ich meine, daß man – wenn man weiß, was die Symbolik des Wassers als des Lebendigen, Belebenden ist – sehr wohl in dieser Richtung weiterdichten darf.

T.: Ich möchte eine Frage stellen, die mich schon eine Weile bewegt. Es geht um folgendes: Sie sagten doch, Adam und Eva würden aus dem Paradies vertrieben werden, nachdem sie den Apfel gegessen haben und vom Baum der Erkenntnis aßen. Nun stellt sich aber folgendes Problem: Ein bißchen weiter in der Bibel heißt es, daß sie vertrieben wurden, damit sie nicht vom Baum des ewigen Lebens äßen. Warum wurden sie denn eigentlich vertrieben? Wissen sie darauf eine Antwort?

C. F. v. W.: Ich habe hier nicht über die Sündenfallgeschichte gesprochen, darüber hätte ich genauso lange reden können. Aber das war nicht mein Auftrag. Ich zitiere noch einmal diesen klugen – ich möchte sagen genialen – Interpreten des jüdischen Denkens, Gershom Scholem, den ich persönlich gekannt habe. Er hat mit seiner Berliner Schnauze die Sache so erzählt, wie sie vielleicht dem *erzählerischen* Habitus der jahwistischen Schrift, aus der das stammt, recht gut entspricht. Ich habe das vorhin nur weggelassen. Er hat gesagt: „Und dann kommt Gott gelaufen und sagt, um Gottes willen, da passiert ein Unglück in meinem Paradies. Jetzt essen die auch noch vom Baum des ewigen Lebens und werden so wie ich. Das darf nicht passieren, also raus aus dem Paradies, rin in die Geschichte!" So hat das Scholem geschildert. Warum erzähle ich es so, fast ein bißchen das Zynische liebend? Weil der Jahwist ganz im Unterschied zur Priesterschaft nicht dogmatisiert, sondern erzählt. Ich glaube, es gibt Dinge, die kann man nur im Erzählen sagen. Kaum versucht man, dogmatisch zu sagen, was erzählt war, so hat man bereits die Erzählung verfälscht. Natürlich kann man doch weiterfahren und kann sagen: der Gott Jahwe, von dem der Jahwist erzählt, ist – wie es heißt – ein eifersüchtiger Gott. Er will, daß die Menschen keine anderen Götter neben ihm haben; und diese Eifersucht ist nicht eine schlechte Eigenschaft, sondern er will, daß sie sich an den Unterschied des Guten und Bösen wirklich halten. Wenn diese Menschen, die schon angefangen haben, nicht das zu tun, was ich ihnen gesagt habe, dann auch noch die Gabe des ewigen Lebens hätten, dann würden sie die Welt in Unordnung bringen. Solange sie nicht besser sind, als sie sind, mögen sie bitte auch sterben. Sonst kommt die Welt nicht zurecht. So etwa lese ich die Geschichte. Aber die Geschichte zu erzählen ist in solchen Fällen immer besser, als sie auszulegen.

T.: Ich lebe in der Nähe eines Atomkraftwerkes, erlebe, wie milliardenfach täglich die Bausteine der Schöpfung, die Atome, gespalten werden. Mich macht das Wissen ängstlich und unruhig, daß bis heute keine Lösung gefunden ist, wie diese strahlende Materie, die dann übrigbleibt – selbst wenn sie entsorgt wird, bleiben immer Reste –, wie dieses Problem gelöst werden kann. Daß es noch nicht gelöst ist, macht mich ängstlich und treibt mich um. Meine Frage jetzt aufgrund Ihrer Ausführung: Sie sagten, daß die Schöpfungsgeschichte und die biblische Tradition uns helfen sollen, uns zu retten und das zulässige Handeln nur so eingegrenzt verstanden werden darf, daß es gut sei. Halten Sie die Spaltung der Atome jetzt in dem Keplerschen naturwissenschaftlichen Verständnis für gut – wenn wir den Schöpfungsgedanken Gottes versuchen nachzudenken? Halten Sie dieses Tun von Menschen gut im schöpfungstheologischen Sinne?

C. F. v. W.: Das ist wieder eine Frage ganz anderer Art; und es ist eine Frage im Grunde über die moderne Wissenschaft und die moderne Technik, und ich behaupte, über die moderne Politik. Ich will damit folgendes sagen: Ich teile nicht die Meinung, Atome zu spalten sei gleichsam naturfeindlich – speziell Atome zu spalten. Ich habe Otto Hahn sehr gut gekannt. Er war einer – wenn man so simpel sagen soll – der nettesten Menschen, die ich je getroffen habe, auf eine ganz einfache, unkomplizierte Weise sogar ein weiser Mensch. Hahn hat sein Leben lang etwas getan, was er nie gewagt haben würde, Gottesdienst zu nennen, weil er zu bescheiden war. Aber er hätte nicht geleugnet, daß er dankbar entgegennahm, daß ihm die menschliche Gesellschaft erlaubte, wie jeder Wissenschaftler das darf, seine kindliche Neugier bis ins hohe Alter zu bewahren. Er wollte gerne wissen. Dann kommt heraus, daß er Atome gespalten hat, ohne die Absicht zu haben, das zu tun. Er hat Atomreaktionen studiert, und es kam die Spaltung des Urans zu seiner großen Überraschung an den Tag. Nun ist die Frage bei einem also ethisch völlig einwandfreien Verhalten – und er war nachher tief bedrückt darüber –, daß seine Entdeckung solche Folgen hat. Was ist zu tun? Man könnte auch sagen, aktuell ist sicher die Zerstörung der Umwelt durch die Abgase der fossilen Brennstoffe viel größer als alles, was bisher Nuklearenergie angerichtet hat. Gleichwohl kann ich Ihre Sorge nur teilen. Und da ist nun mein Hauptgrund nicht so sehr, daß ich die Unfälle fürchte. Denn was bisher an Unfällen geschehen ist, war ja doch mehr panikerzeugend als so gefährlich, wie es schon allein der Straßenverkehr ist *[Pfeifkonzert]* – ich freue mich natürlich auch, mal etwas zu sagen, was Widerspruch findet –; aber ich sage: die Panik – wie Panik sehr häufig – hatte z. T. verbunden mit Angst vor der falschen Sache im Grunde doch recht. Denn solange wir nicht den Frieden auf der Erde garantiert haben, können wir nicht wissen, was mit den Kernkraftwerken oder gar den Wiederaufarbeitungsanlagen geschieht, wenn einmal Waffen gegen sie eingesetzt werden. Deshalb ist meine Meinung, die Entwicklung der modernen Naturwissenschaft, die in sich – wie man sagt – ambivalent ist, die ich liebe, ohne sie in allem, was in ihr geschieht, verteidigen zu können und zu wollen – diese Entwicklung zwingt uns zu einer radikalen Veränderung der politischen Struktur der Menschheit

– billiger geht es nicht! Davon soll ich am Samstag noch mal reden, und da höre ich jetzt auf.

T.: Eine Frage etwas persönlicherer Art: An welche Art von Schöpfung glauben Sie? Können Sie als Professor der Naturwissenschaft überhaupt an eine biblische Schöpfung glauben hundertprozentig?

C. F. v. W.: Um diese Frage zu beantworten, habe ich die Geschichte von dem Rabbi erzählt. Ich will sie aber noch auslegen:

Glauben – das christliche Wort Glauben –, ich gebrauche jetzt das Wort Glauben in der christlichen Tradition, denn jedes Wort hat viele Bedeutungen: Das christliche Wort Glauben, lateinisch *fides,* griechisch *pistis,* heißt Zuversicht, Treue, Vertrauen. Es heißt *nicht,* eine Behauptung für wahr halten! Ich mache hier eine kleine Bemerkung über Martin Luther. Luther hat im Gefolge von Paulus gesagt: „Nicht die Werke machen uns gerecht, sondern der Glaube", und der Glaube in dem Sinn, wie ich es gerade gebraucht habe. Wenn dann in der Tradition und der Berufung auf Luther gemeint wurde, das gute Werk, daß man die richtigen Sätze auch behauptet und die falschen nicht glaubt, mache gerecht, so ist dies schlimmste Werkgerechtigkeit und nicht Rechtfertigung durch den Glauben. Also konkret gesagt: das Wort Schöpfung ist eine menschliche Vokabel, um etwas auszudrücken, was jenseits der bisherigen Reichweite unseres menschlichen Wissens liegt. Jener biblische Text hat in wunderbarer Weise davon gesprochen, wie Menschen versuchen können, von so etwas zu reden. Die heutigen Naturwissenschaftler haben es nicht fertiggebracht, von dem, worum es hier geht, besser zu reden. In diesem Sinne halte ich Treue zur biblischen Schöpfungsgeschichte.

T.: Ich möchte bei Ihrem letzten Wort anknüpfen, wie es gelingen kann, daß die Gewalt oder die Macht mit den Herrschaftssystemen unserer Welt fertig werden. In Indien muß es wohl einmal passiert sein, daß Kriegervölker Kulturen überlagert haben und nachher die Brahmanen, die Weisen, die Herrscher wurden. Dies Problem scheint mir das Kardinalproblem unserer gesamten Wissenschaft zu sein. Und viele Ihrer Ausführungen schienen mir so auszulegen zu sein, daß die Demokratien in der westlichen Welt, wie wir sie gegenwärtig haben, nicht ausreichen, sondern daß wir zu so etwas wie einer Herrschaft bzw. einer ratgebenden Macht der Weisen kommen müssen.

C. F. v. W.: Also wenn das so weitergeht, werde ich ja über alle Fragen der Welt noch etwas sagen müssen. Aber ich will es mal probieren:

Ich bin in der Tat der Meinung, daß das Problem des richtigen Umgangs mit der Macht, die die Menschen mindestens seit der Entstehung der Hochkultur besitzen, niemals in der Geschichte der Hochkultur wirklich gelöst worden ist, aber doch besser oder schlechter. Nun erlaube ich mir zu sagen, daß 6000 Jahre eine sehr kurze Zeit sind, wenn man einmal vergleicht mit Zeitskalen, in denen das Leben sich entwickelt. Und in diesen 6000 Jahren ist sehr viel Neues erfunden und gesagt worden, so z. B. die christliche Botschaft. So aber auch die Naturwissenschaft. So die große Dichtung. Ich glaube, daß mit dem Anwachsen der Macht, das uns die Technik und letztlich also die Naturwissenschaft gebracht haben, eine viel radikalere Veränderung der politischen Strukturen notwendig ist als vorher – das habe ich gesagt. Ob das die Form hat, der Demokratie einen Rat der Weisen gegenüberzustellen, ist schwierig, und es ist nicht das, was ich zuerst beabsichtigt habe zu sagen. Ich habe die politische Freiheit, die innenpolitische Freiheit, die wir als ein wesentliches Element der Demokratie ansehen – nicht als das einzige –, insbesondere immer verteidigt oder gelobt unter dem Gesichtspunkt, daß sie die öffentliche gemeinsame Wahrheitssuche möglich macht – daß man öffentlich seine Meinung sagen kann, auch wenn sie den Obenstehenden nicht paßt –, weil sonst nur das Unheil unter den Teppich gekehrt wird, wodurch nichts besser wird. Aber in dem, was ich sagte, war das Wort *Wahrheitssuche* enthalten; und wer die Wahrheit nicht sucht, tut nicht das, wofür die Freiheit da ist. In der Wissenschaft, in meinem eigenen Fach, da sind wir ganz elitär. Man sagt natürlich, „Na ja, der Einstein war halt ein sehr großer Physiker, und die anderen sind kleinere", und kein Mensch käme auf die Idee, seine Überlegenheit nicht anerkennen zu wollen. Auch hier ging es um Wahrheitssuche, und für Wahrheit gibt es relativ strenge Kriterien, die manchmal im Erfolg erst etwas zu spät an den Tag treten. Ich würde also nicht so sehr konzentrieren auf die Frage Demokratie oder ein übergeordnetes politisches strukturelles System, das es heute ja auch gibt, sondern ich würde zunächst mehr insistieren auf der Wichtigkeit der Wahrheitsfrage. Aber daß man dann nachher konkrete politische Gestalten finden muß, das ist klar. Darüber würde ich auch bereit sein zu reden, aber jetzt nicht mehr!

Diskussionsleiter: Letzte Frage, da ist eine ältere Kirchentagsbesuche-
rin, bitte ganz kurz ...

T.: Vielen Dank. Ich möchte auf die Frage zurückkommen, die vorhin geäußert wurde. Die Deutschen haben für die Liebe nur eine einzige Bezeichnung und verstehen sie ständig miß – mißverstehen sich
also ständig. Die Griechen haben schon drei Begriffe: *eros, sexos* und
agape. Da verstehn wir uns schon besser. Die Israeli haben elf Begriffe. Ich hätte gern gewußt, wie diese elf Begriffe für Liebe heißen,
so daß wir sie wirklich in der ganzen Welt verstehen.

C. F. v. W.: Meine Antwort: Ich kann leider kein Hebräisch.

T.: Aber vielleicht wissen Sie die deutschen Begriffe?

C. F. v. W.: Ich habe den Eindruck, daß zwischen dem, wovon die
Rede sein soll, wenn wir von Liebe reden, wie es mir vorhin ja vorgeschlagen und von mir angenommen wurde, daß also zwischen Liebe
in diesem Sinn und ihrem Begriff eine Feindschaft besteht. Und ein
Begriff der Liebe ist nicht mehr Liebe. Man kann das vorleben!

VI.
Naturwissenschaft *und* Religion als Bausteine unserer Zukunft

1. Was sollen wir wissen?

Wir leben heute in einer Willens- und Verstandeskultur. Unser Wissen bestimmt den Rahmen dessen, was wir wollen und können. Insofern trägt unser Wissen unsere Kultur.

Vor drei Jahrzehnten habe ich einmal eine Vorlesungsreihe* mit zwei Thesen eingeleitet:

1. Der Glaube an die Wissenschaft spielt die Rolle der herrschenden Religion unserer Zeit.

2. Man kann die Bedeutung der Wissenschaft für unsere Zeit, wenigstens heute, nur in Begriffen erläutern, die eine Zweideutigkeit ausdrücken.

Was war damit gemeint?

Die Religion war einst der Träger der Kultur. Diese Bedeutung haben verschiedene Religionen in ihren jeweils verschiedenen Kulturen gehabt. Heute scheint den Religionen diese Rolle fortschreitend verlorenzugehen. Es gibt aber einen Glauben, den, ohne darauf zu reflektieren, fast die ganze Menschheit teilt: den Glauben an die Wissenschaft, zumal an die Naturwissenschaft** und an die durch sie inspirierte Technik. Wir denken meist nicht darüber nach, wie selbstverständlich der Glaube ist, mit dem wir bei Betreten eines Zimmers das elektrische Licht anknipsen, im Auto aufs Pedal treten. Der Glaube an diese Zuverlässigkeit ist uns allen gemeinsam: den Reichen im Gebrauch, den Armen in der Hoffnung. Seine Zweideutigkeit aber, die „Ambivalenz des Fortschritts"***, liegt für kritisches Nach-

---

* *Die Tragweite der Wissenschaft,* vorgetragen 1959–1961, veröffentlicht 1964.
** Jene Vorlesung war auf englisch gehalten; ich sprach von *„science"*.
*** *Der Garten des Menschlichen* I.3. Das Buch jetzt auch englisch mit dem Titel *The Ambivalence of Progress.*

denken auf der Hand. Denn Wissen ist Macht. Das Wissen hat sich, so scheint es, der Frage „Wahr oder Falsch?" zu stellen, die Macht aber der Frage „Gut oder Böse?"

Was also *sollen* wir wissen? Wohin führt uns die Wissenschaft, wenn sie redlich ist? Der Weg der Wissenschaften, wie wir ihn verfolgt haben[*], gibt uns Anlaß, den Unterschied der beiden Ja-nein-Entscheidungen „wahr-falsch" und „gut-böse" noch einmal zu hinterfragen. Gehen sie aus einer gemeinsamen Wurzel hervor, nur durch den pointierten Gegensatz von Theorie und Praxis getrennt?

Wir begannen mit den Strukturwissenschaften und nannten die Logik die „Mathematik des Wahren und Falschen", die Mathematik die „Kunst und Strukturen", die Kunst aber „Wahrnehmung von Gestalt durch Schaffung von Gestalt". Wir nehmen also das Wahre und Falsche wahr, indem wir seine Gestalt schaffen: in Begriffen, Sätzen, Schlüssen. Mathematik ist dann das gedankliche Instrument der Naturwissenschaften, zumal der Physik – so schien sie uns den Kern der neuzeitlichen Kultur zu härten. Die Physik hat jedoch zur Quantentheorie geführt, deren Holismus uns auffordert, alle Alternativen nur als Näherungen zu verstehen, die erst im Rahmen des Ganzen ihren vollen Sinn erhalten würden. Dies blieb eine vorerst uneingelöste Aufforderung an die Philosophie.

Wir wandten uns dann dem Leben und dem Menschen zu. Die Wissenschaften vom Menschen aber verlangen, wenn sie wahr sein sollen, durchweg Kommunikation, Wahrnehmung des Mitmenschen. Ist aber Wahrnehmung des Mitmenschen nicht ein Aspekt des Guten? Ist das praktische Gute nicht das ursprüngliche Ziel von Theologie, Jurisprudenz und Medizin? Die Geisteswissenschaften lehren uns dann die drei hermeneutischen Forderungen: Lerne den Anderen in seiner Fremdheit sehen! Lerne den Anderen von seinen Voraussetzungen aus verstehen! Lerne dich selbst erst sehen, indem du dich vom Anderen her siehst! Die Sozialwissenschaften thematisieren Gelingen und Mißlingen des Handelns in Kommunikation. Die Tiefenpsychologie, aus der therapeutischen Kommunikation hervorgegangen, lehrt uns in der Traumsymbolik die Wahrnehmung von Gestalt durch Schaffung von Gestalt als eine elementare Leistung des Menschen erkennen und eröffnet der Wissenschaft einen neuen Blick auf Mythos, Religion und Kunst als solche Wahrnehmungen.

---

[*] *Der Mensch in seiner Geschichte, Kap. 5.*

Sie lehrt mich aber auch, mich als den meinem Bewußtsein Fremden zu sehen, als den, der ich nicht sein wollte.

All dies wäre gut zu wissen. Aber in der Praxis bleibt es heute noch fast wirkungslos. Es bleibt wirkungslos im Alltag der wissenschaftlichen Zunft, und es bleibt wirkungslos im Alltag unserer Kultur, die an die Wissenschaft glaubt. Die Wissenschaft ist nicht wissend genug, und wo sie wissend ist, ist sie nicht mächtig genug. Was müssen wir infolgedessen fürchten?

Technik ist Macht. Die Wissenschaft hat der Technik ihre heutige Macht gegeben. Als die Wissenschaft sich gegen angstvolle kirchliche Bevormundung durchgesetzt hatte, wurde sie zum Symbol des Fortschrittsglaubens, wenngleich stets von kluger Skepsis einiger Zeitgenossen begleitet. So, öffentlich glanzvoll, trat sie in unser Jahrhundert ein. In den letzten Jahrzehnten aber begegnet sie zunehmendem öffentlichem Mißtrauen. Darf die Wissenschaft denn, bei vorweg unbekannten Ergebnissen, immer weiter fortschreiten? Darf sie unvorhersehbare Machtmittel in die Hände der Menschheit legen?

Mich hat in der Tat die Atombombe wohl ein Jahrzehnt lang innerlich zaudern lassen, ob ich die von mir geliebte Physik weiterführen dürfte. Von Galilei führt ein schnurgerader Weg zur Atombombe – wo hätte man ihn unterbrechen können? Dürrenmatts Tragi-Komödie *Die Physiker* schildert das Problem: Verstecke dich mit deiner Entdeckung im Irrenhaus, und die Chefärztin wird sie dir rauben und wird sie frohlockend öffentlich anwenden. Dürrenmatt hat recht. Individuelle Verweigerung löst das Problem nicht, das durch die Existenz der Wissenschaft in der Welt ist. Man muß hinzufügen: Es hätte auch nichts genützt, wenn jener Forscher seine Entdeckung nicht gemacht hätte; ein anderer hätte spätestens zehn Jahre danach dasselbe gefunden. Es ist nicht ein Problem des Individuums und seiner etwaigen Gewissensberuhigung durch Verweigerung; es ist das Problem einer Kultur.

Ich habe für mein Leben die Folgerung gezogen, die Wissenschaft weiterhin zu betreiben, aber zugleich die politische Verantwortung für ihre Folgen im vollen, mir möglichen, Umfang auf mich zu nehmen. Daß diese Verantwortung dem Wissenschaftler als Mitmensch, als Staatsbürger, als Weltbürger unausweichlich zufällt, ist mir immer selbstverständlich erschienen. Ich erläutere das gern durch den Scherz: „Wenn Eltern ihrem dreijährigen Kind beibringen, wie man Streichhölzer anzündet, und wenn sie dann spazierengehen und bei der Rückkehr ihr Haus in Flammen finden, so hat ja wohl nicht das Kind die Streichhölzer ‚mißbraucht'; die Eltern tragen die Verantwortung."

Die Verantwortung der Wissenschaft kann zwei verschiedene Formen annehmen: sie kann *prohibitiv* und *konstruktiv* ausgeübt werden. *Prohibitiv* kann die Zunft der Wissenschaftler sich Regeln setzen, bestimmte Fragen nicht (oder jetzt nicht) zu erforschen, bestimmte Anwendungen nicht (oder jetzt nicht) auszuführen. Das ist eine etwas wirksamere Verallgemeinerung des individuellen Verzichts und ist heute sicher eine Aufgabe, die bis zu rechtlich bindenden Vorschriften führen sollte. Noch wichtiger aber ist die *konstruktive* Anstrengung, Bewußtsein und Struktur der Gesellschaft so zu verändern, daß die schädlichen Wirkungen vermieden werden.

Ist diese konstruktive Wandlung möglich? Ich antworte: Ja! Sie ist grundsätzlich möglich, wenn eine hinreichend wissende und einflußreiche Minderheit sie will. Ob dies real geschehen wird ohne vorhergehende Belehrung durch Katastrophen, weiß ich freilich nicht.

Was setzt die konstruktive Wandlung voraus? Im Blick auf die praktischen Probleme, vor denen die Menschheit heute steht, und die ich im nachfolgenden Abschnitt noch einmal bespreche, habe ich mehrmals gewagt, öffentlich zu sagen: Unter diesen Problemen gibt es keines, das nicht grundsätzlich in gemeinsam angewandter Vernunft gelöst werden könnte. „Vernunft" definiere ich dann als rationale Wahrnehmung eines Ganzen. Damit soll nicht ein Theoriegebäude gemeint sein, sondern direkte, aber rational kontrollierte Wahrnehmung, etwa anlehnend an den Alltagsgebrauch des Wörtchens „vernünftig" („sei doch vernünftig!"). Diese These von der gemeinsam anzuwendenden Vernunft drückt meine wahre Meinung aus. Ich spreche sie aber auch aus, um zum Handeln Mut zu machen.

Was also sollen wir wissen? Wir sollen das Wissen erwerben, welche Handlungen heute notwendig sind.

2. Was müssen wir tun?

Wo stehen wir? Unter diesem Titel wurden vier Problemkreise besprochen *; drei, die das Handeln herausfordern: Reichtum und Ar-

---

* *Der Mensch in seiner Geschichte,* Kap. 3, 30.

mut, Krieg und Frieden, Mensch und Natur; einer, der zur Wahrnehmung rät: Mann und Frau.

Die drei Handlungsprobleme sind heute in einsehbarer Weise ungelöst. Ich ordne hier ihre Reihenfolge etwas anders an.

Mensch und Natur. Was müssen wir fürchten? Wie sollen wir handeln? Die beiden Fragen gehören untrennbar zusammen. Seit der Mensch das mächtigste Lebewesen auf der Erde ist, hat er nichts so sehr zu fürchten wie die Folgen seines eigenen Handelns. Und wenn er versteht, was er fürchtet, so mag ihn dies lehren, wie er handeln sollte.

Wie sollen wir handeln? Im Grundsatz scheint das eine Frage der *Ethik* zu sein, in der Praxis aber meist eine Frage des *Planens*. Beide Gesichtspunkte sind ernst zu nehmen. Handle recht! Bedenke die Folgen! So wie kulturtragende Religionen sich in Krisen auf ihre ethischen Normen besinnen mußten, so muß dies auch die kulturtragende Wissenschaft tun. Ethisches Verhalten zum Mitmenschen fordert, ihn liebend wahrzunehmen. Das bedeutet Verständnis seines persönlichen Wesens, seiner speziellen Situation: Verantwortungsethik. Aber wenn Kraft und Mut uns fehlen, das Nötige zu tun, so können die klassischen ethischen Normen uns dazu stärken: Gesinnungsethik. Ich werde daher die Fragen sowohl „funktional" wie „ethisch" stellen.

Heute verstehen wir Ethik meist als Norm des Verhaltens zwischen Mensch und Mensch. Die kultischen Normen alter religiöser Kulturen aber beziehen die Natur in diese Partnerschaft, in diese Verehrung ein. Die heute in unserer Zivilisation wieder erwachende Rücksicht auf die Natur wird Ökologie genannt; *„oikos"* heißt „Haus" oder „Wohnsitz", Ökologie also wörtlich Haushaltslehre. Auch eine Hausgemeinschaft aber kann nicht ohne Ethik sein. Wir haben hier im Abendland wieder zu lernen. Was unsere Bibelübersetzung schreibt: „Macht euch die Erde untertan" (1. Mos. 1,28), das bedeutet in der alten „Ethik des Herrschens und Dienens" selbstverständlich „und traget für die euch Unterworfenen die Sorge, die der Herr dem Dienenden schuldet!"

Da wir aber diese Fürsorge, außer wo sie unseren direkt sichtbaren Interessen dient, längst verlernt haben, ist es nötig, funktional an unsere Pflicht erinnert zu werden. Ich habe die Aufgabe unter dem Titel „Mensch und Natur" mit dem Begriff „Erdpolitik" beschrieben*. Ein Beispiel ist die Notwendigkeit, zur Vermeidung einer Klimakatastrophe den Verbrauch fossiler Brennstoffe in wenigen Jahrzehnten weltweit radikal zu senken. So kompliziert Klimavorhersagen und ähnliche Berechnungen auch sind, im Prinzip ist doch diese Aufgabe der Wissenschaft leichter zugänglich als das kompliziertere Verhalten menschlicher Gesellschaften. Man kann manches zwar erst mit Sicherheit behaupten, wenn es zur Abhilfe zu spät ist. Aber wer mit normalem Menschenverstand bereit ist, auch schon auf sinnvolle Wahrscheinlichkeitsabschätzungen hin zu handeln – und tun wir das nicht ständig im Leben? – , der könnte ein Programm gemeinsam angewandter Vernunft entwerfen, das den Verantwortlichen in allen Staaten zu unterbreiten wäre. Freilich setzt die Durchsetzung eines solchen Programms den Weltfrieden und den Weg zu einer weltweiten Sozialordnung voraus. So sind die drei Themen aneinander gekoppelt.

Armut und Reichtum. Der Mensch ist das mächtigste Lebewesen geworden, weil er lernen konnte, die erforderten Güter bereitzustellen, sich ihrer zu „bemächtigen". In dem Maße aber, in dem die Menschen Güter speichern können, nimmt die Anzahl der Menschen zu, die Güter werden immer von neuem knapp. Verfügung über die Güter wird ein Privileg, es gibt Reiche und Arme, es gibt Herrschaft, die nie ohne Gewalt aufrechterhalten wird, also unweigerlich nie ohne Krisen. Ich vermute**, daß Hochkulturen, die meist nach zwei oder drei stabilen Jahrhunderten in schwere Krisen verfielen, nur so lange stabil waren, als sie durch maßvolles Wirtschaftswachstum die Umstände mildern konnten. Heute zehrt das rasche Bevölkerungswachstum in den armen Regionen das rasche Wirtschaftswachstum wieder auf. Die Analyse der Ursachen ist politisch umstritten***, die Folgen aber sind moralisch unvertretbar. Was ist zu tun?

Was müssen wir fürchten? Diese Frage, so gestellt, ist nicht mehr die Frage nach sozialer Gerechtigkeit. Es ist die Frage nach möglichen katastrophalen Folgen. Die drei Problemkreise hängen zusammen. Die Zunahme der Zahl der Armen schafft immer neue politische

---

* *Der Mensch in seiner Geschichte*, Kap. 3.
** *Wahrnehmung der Neuzeit*, S. 14. *Bewußtseinswandel* II,2 Ac: „Politische Krisen in stabilen Kulturen", S. 52.
*** Dazu *Bedingungen der Freiheit*, Rede 1.

Spannungen, immer neue Kriegspotentiale. Sie schafft einen Zwang zur Produktionsausweitung, den unsere natürliche Umwelt auf die Dauer nicht ertragen *kann*. Sie schafft Motive zur Migration, einem historisch beispiellosen Wanderungsdruck aus den armen in die reichen Länder, der mit Gewalt und doch nur unvollständig verhindert werden wird. Es ist eindeutig klar, daß der Prozeß nicht so weitergehen darf.

Funktional wäre es möglich, genug Güter für eine heute stabil bleibende Menschenzahl zu erzeugen und zu verteilen. Daß es nicht gelingt, liegt an drei zusammenwirkenden Faktoren: dem Fehlen staatlich garantierten sozialen Ausgleichs im Weltmarkt; der Fremdheit vieler kultureller Traditionen gegen die technische Funktionalität heutiger Produktion; und schließlich eben dem fortdauernden Wachstum der Bevölkerung. Der soziale Ausgleich würde weltweit das fordern, was der liberale Rechtsstaat in den Industrienationen als Minimum garantiert hat: eine Rechtsordnung, welche gestattet, soziale Interessen demokratisch durchzusetzen. Die Modernisierung der Kulturen braucht die Zeit mehrerer Generationen; und die Ambivalenz der technischen Zivilisation läßt uns wünschen, daß auch diese Zivilisation selbst dabei von den Werten der klassischen Kulturen lernt. Das Bevölkerungswachstum ist, jedenfalls in agrarischen Regionen, selbst eine Folge der Armut: die Familie braucht die Kinder als Arbeitskräfte; so wird das Bevölkerungswachstum wohl nur durch maßvollen Wohlstand zum Stehen kommen, oder aber durch katastrophale Zustände.

Ethisch haben die Hochreligionen stets vor der Gier nach Gütern gewarnt. Im klassischen „Ethos des Herrschens und Dienens" wurde Maßhalten in dreifacher Abstufung gefordert:* als Bescheidenheit der Dienenden, als Selbstbeschränkung der Herrschenden, als echte Askese der freiwillig Verzichtenden. Wo so Maß gehalten wurde, konnte es eine stabile Gesellschaft geben. Seit zweihundert Jahren setzt sich das „Ethos der Freiheit und Gleichheit" durch, die aufklärerische Säkularisierung eines christlichen Ideals. Das Maßhalten unter diesem Ethos (die „demokratische Askese") ist noch nicht gelernt.

Was ist somit gefordert? Funktional als Mindestes eine internatio-

---

* „Gehen wir einer asketischen Weltkultur entgegen?", in *Deutlichkeit* (1978), abgedruckt in *Der bedrohte Friede* (1981).

nal einklagbare Rechtsordnung, also auch dasjenige Maß an Weltfrieden, das hierfür nötig ist; ferner die aktive Kooperation der Staaten, um weltweit planmäßig wenigstens das entstehen zu lassen, was man in Deutschland „soziale Marktwirtschaft" nennt. All dies in wenigen Jahrzehnten. Ethisch ist gefordert Hilfsbereitschaft und Maßhalten, und als Wichtigstes die Wahrnehmung der Bedürfnisse der Mitmenschen rings um die Erde. Diese Wahrnehmung wird intellektuell nicht von allen verlangt, aber von den meinungsbildenden Minderheiten. Solche Erkenntnis strahlt aus. Was hier gefordert wird, ist kein politischer oder ethischer Radikalismus; es ist schwerer als die herrschende Anpassung und schwerer als die Selbstbefriedigung des Radikalismus. Es ist möglich. Ob es rechtzeitig geschehen wird, kann man bezweifeln.

Krieg und Frieden. Das Problem ist das tödlichste und zugleich das duchsichtigste.

Was müssen wir fürchten? Ein mit vollem Einsatz der nuklearen Waffen geführter Krieg könnte vielleicht, über den „nuklearen Winter" das Leben auf der Erde ausrotten oder doch von menschlicher Kultur nur wenig übriglassen. In der zweiten Hälfte der achtziger Jahre hat es in unserer nordwestlichen Welt zeitenweise eine Euphorie gegeben, der „kalte Krieg" sei zu Ende. Solange die Waffen noch da sind, weiß aber niemand, ob man sie nicht einmal in einer Krise benützen wird. Vielleicht war der eingefrorene kalte Krieg unter der gegebenen Situation das relativ sicherste Mittel, den heißen Krieg zu vermeiden. Die Proliferation der nuklearen Waffen in immer weitere Länder ist noch nicht zum Stehen gekommen. Die Gefahren chemischer Waffen sind erkennbar, die Gefahren biologischer Waffen sind unabsehbar. Wohin Waffenexporte führen, hat der Golfkrieg gezeigt; daß dieser Krieg eines der realen Probleme der Region gelöst hätte, ist bisher nicht zu erkennen.

Wie sollen wir handeln? Ernährung, Bekleidung, Behausung sind objektiv nötig; deshalb sind ökonomische Probleme objektive Probleme. Krieg ist nicht nötig. Wie Krieg als anerkannte Institution historisch entstanden ist, läßt sich leicht beschreiben. Er ist eine der Folgen davon, daß der Mensch Erfindungen gemacht hat, auf die seine instinktive Ausstattung nicht eingerichtet war. Er ist, als Problemlösung, mit dem heutigen Stand der Technik nicht mehr verträglich. Er muß überwunden werden.

Was ist funktional und ethisch zu fordern? Vor längerer Zeit* habe ich versucht, dies in drei Thesen zu fassen. Ich erlaube mir, sie hier noch einmal zu zitieren:

1. Der Weltfriede ist notwendig. Er ist Lebensbedingung des technischen Zeitalters.

2. Der Weltfriede ist nicht das goldene Zeitalter. Er ist nicht die Elimination der Konflikte, sondern die Elimination einer bestimmten Art des Austrags der Konflikte (Welt-Innenpolitik).

3. Der Weltfriede fordert von uns eine außerordentliche moralische Anstrengung.

Die erste These wiederholt nur das vorhin schon Gesagte.

Die zweite These fordert friedlich konfliktlösende Institutionen. Dies ist u. a. das Ziel der Vereinten Nationen. Ich gehe im jetzigen Buch nicht auf die konkreten Probleme der politischen Verwirklichung des Ziels ein. Das Wort „Welt-Innenpolitik" sollte zunächst nicht einfach ein Ideal bezeichnen, sondern einen schon heute beobachtbaren realen Bewußtseinswandel, der nicht ohne Ambivalenzen ist. Man wagt nicht mehr, große Kriege mit nationalen Machtinteressen zu begründen, wie es das 19. Jahrhundert in Europa noch unbefangen tat. Man braucht „innenpolitische" Kategorien, um Weltmachtkämpfe zu rechtfertigen, so „Freiheit", „Sozialismus", „Islam". Dies könnte sogar zurück in die Schrecklichkeiten der Glaubenskriege führen, doch läßt es auch die Einsicht zu, daß solche Konflikte keinen kriegerischen Austrag brauchen.

Die dritte, moralische These habe ich dann noch durch den Satz erläutert: Wir müssen eine Ethik des Lebens in der technischen Welt entwickeln. Darauf komme ich alsbald zurück. Zuerst aber noch eine grundsätzliche Bemerkung zur Ethik des Friedens.

Die höchsten Formen ethischer Forderungen sind in den verschiedenen Religionen sehr nahe verwandt. Ihnen muß eine gemeinsame Einsicht zugrunde liegen**. Hier wird das Töten überhaupt verboten. In der Tradition der Religionen hat man diese radikalen Forderungen – so auch der Verzicht auf persönlichen Besitz – meist auf den Kreis der freiwillig Verzichtenden, auf das mönchische Leben, eingeschränkt. Die Bergpredigt ist, so wie sie überliefert ist, von Jesus zu seinen Jüngern gesprochen. Doch ist kaum zu zweifeln, daß er sie für

---

* *Bedingungen des Friedens* (1963), in: *Der bedrohte Friede* (1981).
** *Der Mensch in seiner Geschichte, Kap. 7, 3.*

179

alle Menschen gemeint hat, für das gekommene, wachsende Gottesreich. In der christlichen Tradition ist immer einmal wieder durch die Tat bewiesen worden, so von den Quäkern, daß das Tötungsverbot wörtlich genommen werden kann. Die Überwindung des Kriegs ist faktisch noch nicht geleistet. Die Gefahr schwebt noch über dem Haupt eines jeden von uns. Und doch ist der Weg in unserem Jahrhundert deutlicher eingeschlagen als je zuvor.

Verwirklichung. Die Probleme sind ungelöst. Ich wiederhole die These: In gemeinsam angewandter Vernunft wären sie lösbar. Vernunft: das heißt hier, das Notwendige erkennen. Gemeinsam angewandt: das als notwendig Erkannte verwirklichen.

Vernunft ist hier gleichsam die erste Forderung einer Ethik der technischen Welt. Leiste die Anstrengung, das Notwendige als notwendig zu erkennen! Verdränge deine Wahrnehmungen nicht! Nimm sie bewußt wahr und ziehe die Folgerungen aus ihnen!

Eine solche Forderung ist leichter zu erfüllen, wenn man sie gemeinsam zu erfüllen sucht. Deshalb ist der Kern des politischen Liberalismus die gemeinsame öffentliche Wahrheitssuche in freier Debatte. Alle autoritären Systeme scheitern daran, daß sie, aus Angst, die freie Debatte nicht zulassen und dadurch garantieren, daß die notwendigen Wahrheiten nicht ausgesprochen werden. Eine liberale Debatte kann freilich auch scheitern; das Verbot der Debatte aber garantiert den Untergang. Wir haben Beispiele gesehen.

Traditionell gibt es die gemeinsame Wahrheitssuche in begrenzten Gruppen: in einer Familie, in einem Dorf, in einem Staat. Nicht alle Glieder einer Gruppe machen die Anstrengung der Erkenntnis. Es genügt, wenn es meinungsbildende Minoritäten gibt und wenn die Mehrheit bereit ist, sich der erkannten Notwendigkeit zu fügen. So haben Gesellschaften in der Geschichte überlebt.

Weltweite Wahrheitssuche ist heute die Aufgabe. Es ist die direkte moralische Pflicht der meinungsbildenden Minoritäten rings um die Erde, insbesondere aber in den reichen und daher herrschenden Nationen, also bei uns, jede mögliche Anstrengung zu machen, daß sie das Notwendige erkennen und politisch durchsetzen. Der Autor dieses Buchs und wohl die Mehrzahl seiner Leser gehört zu dieser Minorität. Das Buch darf nicht enden ohne diese direkte Aufforderung an seine Leser. Es gibt keine dringendere Pflicht.

So viel zur kurzfristigen Aufgabe. Gibt es langfristige Hoffnung?

3. Was dürfen wir hoffen?

Wir haben versucht, zu sagen, was getan werden soll: Ethik der technischen Welt. Ethik bedarf der Wahrnehmung. Hoffnung ist Wahrnehmung des Möglichen. Wahrnehmung geschieht auch hier durch Schaffung von Gestalt. Die Gestalten, die die Hoffnung schafft, sind Symbole oder Wegmarken. Sie bezeichnen einen Weg. Gehen wir den Weg, so werden sich neue Symbole zeigen.

Haben wir rationalen Grund zur Hoffnung? Wir werfen einen Blick zurück auf unsere Herkunft. Der Mensch in seiner Geschichte ist ein Kind der Geschichte der Natur. In der Geschichte der Natur fanden wir das Grundphänomen des Wachstums von Gestalten. Die Geschichte der Natur, zumal des organischen Lebens, vollzieht sich in Abfolgen von Ebenen und Krisen. Ebenen: langdauernde Konstanz der Gestalten. Krisen: rasche Änderungen, „Fulgurationen", d. h. Blitzschläge. Ob eine neue Gestalt lebensfähig ist, zeigt sich dann in ihrer weiteren Geschichte. Der Mensch ist ein solcher Blitzschlag in der Geschichte der Natur. Zum erstenmal geschieht Geschichte nicht einfach, sondern sie wird wissend gestaltet. Die Menschheitsgeschichte der letzten Jahrtausende ist eine Kette von Fulgurationen. Jedes Jahrtausend hat Gestalten hervorgebracht, die von den jeweils früheren Gestalten her nicht ausdenkbar waren. Ich habe in diesem Buch einige genannt. Es sei erinnert an Ackerbau, an Städte und Reiche, an Kunst, an Mathematik und Philosophie, an radikale Ethik und meditative Erfahrung, an Weltumseglung, Industrie, Demokratie. Haben wir Symbole der Hoffnung? Die Religionen, welche die Kulturen trugen, sind weitgehend aus innerer Wahrnehmung entstanden. Sie schufen Gestalten, welche diese Wahrnehmung trugen, Symbole ihrer Hoffnung. Wenn ihre überlieferten Lehren und Sitten heute ihre tragende Kraft zu verlieren scheinen, so zeigt dies nicht den Untergang, aber eine Krise an. Es ist die Frage nach einer neuen Wahrnehmung durch neue Gestalt.

Ich habe zu sagen gewagt, daß nach meinem Empfinden die überlieferte christliche Verehrung noch zwei Drittel dessen verhüllt, was Jesus wirklich war: die aufs Diesseits bezogenen zwei Drittel. Während ich an diesem Schlußkapitel schrieb, am Himmelfahrtstag 1991, habe ich mir morgens notiert: Was heißt Himmelfahrt? Die Christen haben ihre Hoffnung in dem Glauben symbolisiert, Christus, gekreuzigt und begraben, sei auferstanden, auf der Erde gegangen und seinen

Jüngern erschienen, zum Himmel aufgefahren, sitze zur Rechten Gottes, des Vaters, und werde wiederkommen, um die Lebenden und die Toten hier auf der Erde zu richten. Dieser Glaube leugnet keine der Katastrophen der Menschheitsgeschichte. „Ihr werdet hören Krieg und Kriegsgeschrei" (Mk. 13,7). Aber dieser Glaube verspricht nicht einen Trost jenseits der Erde. Er erzählt diesseitige Erinnerungen der Jünger. Er erwartet die Erfüllung hier auf der Erde, Auferstehung des Fleisches. So wurde die Hoffnung symbolisch ausgedrückt. Jesus hat aber auch gesagt, daß das Reich schon da ist, daß es wächst wie das Senfkorn zum Baum, daß es den Teig des Brotes ganz durchsäuert.

Habe ich mich, noch Kind, getäuscht, wenn mich die Wahrheit der Bergpredigt erschütterte, mich aus der Selbstzufriedenheit und dem Ehrgeiz verjagte? Lese ich sie heute, als Wissenschaftler, in historischer Bildung erzogen, so ist meine Reaktion: Was da steht, ist die schlichte Vernunft. Einige Wendungen in ihr sind zeitbedingt. Aber jeder sieht: Würden wir ihre Forderungen erfüllen, so wäre unser aller Leben besser, niemand würde verlieren. Und die Seligpreisungen können wir am heutigen Tag in uns selbst erfahren, wenn wir uns ihrem Inhalt öffnen.

Haben wir konkrete Inhalte der Hoffnung? Es ist unmöglich, vorherzusagen, was kommen wird. Aber wir sehen offene Wege. Der Weg der Wissenschaft ist offen. Was wird uns holistisches Denken über die Natur des Menschen lehren? An welcher unerwarteten Stelle wird die Fulguration einer neuen Einsicht entstehen? Der Weg der Ethik ist offen. Denn er ist der Weg, die Wahrnehmung des Mitmenschen zu lernen. Der politische Bewußtseinswandel ist unterwegs. Es ist nicht unmöglich, daß wir erst durch die größten selbstverschuldeten Katastrophen lernen werden. Ich habe ein Leben lang auf diese Katastrophen hinweisen müssen und bin der Erfahrung des inneren Verzweifelns nicht entgangen. Aber ich habe nie an das absolute Ende geglaubt. Stets habe ich so geredet, daß Mut zum Handeln und nicht Verzagtheit die Folge sein sollte. Der Weg zum Verständnis der Rolle der Frau in einer bisher weitgehend von Männern geprägten Welt ist offen. Es ist der Weg zu einer direkteren Wahrnehmung. Der Weg meditativer Erfahrung ist offen. Er ist nicht die Flucht in ein inneres Jenseits; er führt in die Gegenwart, in die Vernunft zurück.

Ich habe versucht, von dem zu reden, was ich erfahren habe. Andere werden anderes, werden mehr erfahren. Sie werden handeln.

Nachwort des Herausgebers

Das Umfeld der Beiträge dieses Buches

Eine Auswahl aus einem Werk bedeutet immer auch eine leider unvermeidliche Verfälschung der Absichten des Autors. Der Zusammenhang des Geschriebenen wird verändert, die Reihenfolge der Beiträge und vielleicht auch manchmal deren ursprünglicher Sinn. Wenn der Leser in einem Buch eine Auswahl selbst trifft, so hat er stets die Möglichkeit, sich darüber hinaus zu informieren. Wenn aber ein anderer eine solche Auswahl vornimmt, dann besteht diese Möglichkeit für den Leser in der Regel nicht so leicht, zumindest nicht sofort im gleichen Band.

Es soll deshalb hier eine Zuordnung der einzelnen hier dokumentierten Passagen zu den Werken erfolgen, aus denen sie stammen.

Das vorliegende Buch beginnt mit einem Auszug aus Carl Friedrich v. Weizsäckers *Selbstdarstellung,* die den Schluß von *Der Garten des Menschlichen* bildet, und zwar mit deren Anfangsabsätzen und dem Schlußkapitel. Diese Selbstdarstellung aus dem Jahre 1975 beginnt in der *Vorbereitung* mit einer Darstellung der Herkunft des Autors. Dem schließt sich an ein Kapitel über seine Arbeit in der physikalischen Forschung und über das Bemühen, die philosophischen Konsequenzen daraus zu ziehen. Dann wird über die politische Wirkung und die Arbeit des Starnberger Instituts berichtet.

Das letzte Kapitel ist *Philosophie* überschrieben und hier vollständig abgedruckt. Dieser Auszug läßt Weizsäckers persönliches Verhältnis zu den uns hier interessierenden Fragen deutlich werden. Religion geht den ganzen Menschen an, religiöse Erfahrungen des Einzelnen sind unverzichtbar. Sie gehören, wie das *Gespräch über Meditation* mit zum „Garten des Menschlichen".

Weizsäcker verwendet das Bild des *Gartens,* um seinen philosophischen Standpunkt zu verdeutlichen. Aus seiner Sicht ist ein hierarchisches System nicht haltbar. Dieses würde bedeuten, daß man einige wenige, möglichst einsehbar wahre Grundpostulate hätte, aus den alles andere logisch gefolgert werden könnte. Dies wäre in Weizsäckers Augen das Gegenteil eines vernünftigen Reduktionismus, wie er ihn selbst vertritt. Dieser Reduktionismus meint, daß man beispielsweise weder für die Chemie noch für die Biologie erwarten muß, prinzipiell

183

neue Gesetze zu benötigen, sondern daß die Quantentheorie ausreichen wird, um die dort geltenden Naturgesetze zu verstehen. So wird es sicherlich einmal möglich werden, aus den Naturwissenschaften heraus zu begründen, wieso die Evolution von den einfachen zu den komplexen Systemen im wesentlichen so ablaufen mußte, wieso die Lebensformen sich so entwickelt haben, wieso Menschen solche Denkstrukturen besitzen, wie wir sie an uns kennen. – Aber die Begriffe, mit denen wir die Postulate der Quantentheorie formulieren, sind menschliche, kulturell bedingte Schöpfungen. Um diese verstehen und interpretieren zu können, wird man geisteswissenschaftliche Arbeitsweisen benötigen. Physik ist eine Schöpfung des Menschen. Hinreichend entwickelte Geisteswissenschaften werden sicherlich einmal erklären können, warum Menschen unserer Kulturstufe eine Naturwissenschaft entwickeln, die so ist, wie wir sie heute kennen. Man soll erklären können, welche objektiven Voraussetzungen existieren, aus denen folgt, daß unser subjektives Erleben so ist, wie es ist. Und umgekehrt sollte aus unseren subjektiven Fähigkeiten der Wahrnehmung ableitbar sein, wieso wir die Wirklichkeit so erfolgreich mit den Begriffssystemen erfassen können, die wir tatsächlich verwenden. Weizsäcker spricht in *Zeit und Wissen* von der „Subjektivität des Objektiven" und der „Objektivität des Subjektiven".

Daher wählt er das Bild eines Gartens, der sich beim Umhergehen erschließt, und in dem nicht ein Teil die Basis all des anderen ist, sondern in welchem jeder Teil für sich sein gleiches Recht, seine ihm eigene Schönheit und die ihm eigenen Gewächse besitzt; in einem Garten offenbart erst die Gesamtschau auf seine gleichberechtigten Teile in ihrem Zusammenspiel oder das Nacheinander-Durchwandeln der verschiedenen Bereiche auf den verschiedenen Wegen die Schönheit und Wahrheit des Ganzen.

So beginnt *Der Garten des Menschlichen* mit einem Kapitel *Ebenen und Krisen*, in welchem das Friedensproblem und die Ambivalenz des technischen Fortschritts untersucht werden. Aber auch mit der Angst, dem Schönen und dem Tod befassen sich Beiträge in diesem Kapitel.

Das zweite Kapitel *Zur Biologie des Subjektes* untersucht die *Einheit von Wahrnehmen und Bewegen* sowie *die Vernunft der Affekte*. Weizsäcker fragt nach dem *Subjekt in der Physik* und interpretiert die evolutionäre Erkenntnistheorie von Konrad Lorenz. Das Problem der *Macht* wird analysiert. Den Abschluß bilden *biologische Präliminarien zur Logik*.

Das Kapitel über die *philosophische Überlieferung* ist vor allem Platon, Hegel und Heidegger gewidmet.

Das vierte Kapitel *Theologie und Meditation* enthält zwei Predigten, Aufsätze über die Theologie Bonhoeffers und Luthers und über die Bergpredigt. Es schließt mit dem hier im Buch im zweiten Kapitel abgedruckten *Gespräch über Meditation*.

In diesem zweiten Kapitel unseres Buches ist Weizsäckers Blick – mit seinen Augen eines Naturwissenschaftlers – auf die religiösen Erfahrungen wiedergegeben. Der zweite Aufsatz in ihm ist die Vorrede (d. h. die erste Hälfte) aus dem Buch *Biologische Basis der religiösen Erfahrung*, das zusammen mit dem Inder Gopi Krishna 1971 veröffentlicht worden ist. Dieser wird dem Leser auch in Weizsäckers Selbstdarstellung kurz vorgestellt. Die erste Auflage der *Biologischen Basis* war ohne Absprache und gegen den Willen Weizsäckers unter dem irreführenden Titel *Biologische Basis der Glaubenserfahrung* publiziert worden, was später bei der Suhrkamp-Taschenbuchausgabe korrigiert worden ist.

Für Weizsäcker war es stets natürlich, daß religiöse Wahrheiten von der Art sind, daß aus der Wahrheit der einen Religion *nicht* die Falschheit der anderen folgt. Dies wird sowohl aus der Selbstdarstellung als auch aus den Beiträgen des dritten Kapitels unseres Buches ersichtlich. Dessen beide Aufsätze stammen aus seinem Buch *Bewußtseinswandel* und beleuchten die Stellung der Religion im Denken der modernen Zeit. Der *Bewußtseinswandel* beginnt mit der Frage nach der Zukunft und behandelt in den weiteren sechs Kapiteln die Fragenkreise *Zukunft und Herkunft*, *Politik und Bewußtsein*, dann *Die unvollendete Religion*, aus welchem das erste Zitat stammt; und weiterhin noch *Denk ich an Deutschland . . .* sowie *Der Verfasser als Zeitzeuge*, aus dem der zweite Beitrag stammt. Das Schlußkapitel spricht über *Eine lebensfähige Menschheit*.

Das zentrale vierte Kapitel des *Bewußtseinswandels* beginnt mit der Frage „Was ist Religion?", um dann weiterzufragen „Was war Religion?" Weizsäcker untersucht die Weltreligionen, beginnend mit den Naturreligionen bis hin zu den Hochreligionen des Ostens. Nach dem Vortrag *Die biblische Schöpfungsgeschichte*, der im vorliegenden Buch in das fünfte Kapitel eingegangen ist, werden Judentum und Christentum betrachtet, danach noch die später entstandenen Religionen wie z. B. der Islam. Dem Abschnitt „Religion heute und morgen" folgt der hier zitierte *Mythos, Philosophie, Theologie und Naturwissenschaft*.

Das Kapitel *Der Verfasser als Zeitzeuge* enthält unter anderem wichtige Artikel zur Atomwaffenproblematik, zu der so tragisch mißglückten Unterredung zwischen Heisenberg und Bohr im Jahre 1941, welches in einem im letzten Jahr gesendeten Fernsehspiel so entstellt wiedergegeben worden war, die Göttinger Erklärung mit einem Interview dazu und auch den hier abgedruckten Artikel *Die Krankheit der Kirche?* aus dem Jahre 1957.

Im Laufe der Neuzeit waren der Naturwissenschaft teilweise Einflußsphären zugewachsen, die früher die Religion zu ihrem Bereich rechnete. Der Zusammenbruch der Ersatzreligion des Marxismus macht deutlich, daß die Naturwissenschaft gut daran tut, sich einer ideologischen Inanspruchnahme zu widersetzen. Beiträge zu der dazu notwendigen Selbstkritik und ein Nachdenken über das Verhältnis zur Schöpfung sind in unser viertes Kapitel aufgenommen worden. Sie stammen aus den drei Büchern *Der Mensch in seiner Geschichte*, *Die Tragweite der Wissenschaft* und *Zum Weltbild der Physik*.

Die Tragweite der Wissenschaft ist die deutsche Übersetzung einer englisch gehaltenen Vorlesungsreihe, deren erster Teil *Schöpfung und Weltentstehung* separat bereits 1964 erschienen war. *Die Wissenschaft und die moderne Welt* ist daraus die erste Vorlesung. Die danach folgenden betrachten kosmogonische Mythen, dann die hier in das fünfte Kapitel aufgenommene *Schöpfung im Alten Testament* und weiter die griechische Philosophie und Kosmologie. Dem schließen sich an eine Vorlesung über Christentum und Geschichte und weitere, die sich mit Kopernikus, Kepler, Galilei, Descartes, Newton, Leibnitz und Kant befassen. Dem folgt *Die Entwicklung des Lebens*. Die neunte Vorlesung, *Astronomie unseres Jahrhunderts*, wird dann wiederum hier im vorliegenden Buch zitiert.

Weizsäckers Werk *Zum Weltbild der Physik* ist das erste, welches er zu Fragen der philosophischen Interpretation der Naturwissenschaften geschrieben hat. Ihm entstammt der letzte Beitrag unseres vierten Kapitels: *Säkularisierung und Naturwissenschaft*. Andere Beiträge aus jenem Buch, die hier aber nicht aufgenommen wurden, sind u. a. die Aufsätze *Das Verhältnis der Quantenmechanik zur Philosophie Kants*, *Die Unendlichkeit der Welt*, *Kontinuität und Möglichkeit* oder ferner die drei Arbeiten *Die Bedeutung der Logik für die Naturwissenschaft*, *Komplementarität und Logik* sowie *Gestaltkreis und Komplementarität*.

Im sechsten Kapitel unseres Buches: *Naturwissenschaft und Religion als Bausteine unserer Zukunft*, wird Carl Friedrich v. Weizsäcker mit einem Ausschnitt aus *Der Mensch in seiner Geschichte* zitiert. Dieses Werk, dem auch der Beitrag *Theologie und Naturwissenschaft* in unserem vierten Kapitel entstammt, war gleichsam eine Vorabveröffentlichung in einer zusammenfassenden Darstellung von Weizsäckers großem Werk *Zeit und Wissen*. *Der Mensch in seiner Geschichte* umfaßt die ganze Breite unserer Kultur und ihres Denkens. Dieses

Buch beginnt im ersten Teil *Herkunft* mit der Frage nach uns selbst und betrachtet dann die Geschichte der Natur vom Kosmos über das Leben bis zu Leib und Seele. Das dritte Kapitel des ersten Teiles fragt: Woher kommen wir? Hier wird über die wichtigsten biblischen Erzählungen reflektiert, um danach eine kurze Geistesgeschichte des Abendlandes zu entfalten. Dieser Durchgang endet mit der Frage, wo wir heute stehen. Die Problemkreise dieser Frage sind Reichtum und Armut, Krieg und Frieden, Mensch und Natur sowie Mann und Frau.

Der zweite Teil *Einsichten* gibt zuerst einen Entwurf der Philosophie und betrachtet dann die einzelnen Wissenschaften von der Mathematik und Logik über Physik und Biologie bis hin zu Medizin, Sozial- und Geisteswissenschaften. Das sechste Kapitel im zweiten Teil ist überschrieben: *Skizze zur Philosophie.* Es beginnt mit Platon und beschreibt dann drei Deutungen des platonischen Höhlengleichnisses, denen drei Wege des Philosophierens entsprechen: der moralisch-politische, der mathematisch-physikalische und der seelisch-mystische Weg.

Das siebte Kapitel heißt *Wege der Religion.* Diesem ist, wie erwähnt, der Artikel *Theologie und Naturwissenschaft* für das vierte Kapitel unseres Buches entnommen worden.

Der dritte und letzte Teil von *Der Mensch in seiner Geschichte* trägt den Titel *Zukunft.* In diesem werden die ethischen Fragen betrachtet, die sich zum einen aus der Anwendung der Wissenschaft und zum anderen aus der Wahrheit der Bergpredigt für uns ergeben. Er bildet, ohne Kürzung hier aufgenommen, ebenfalls den Abschluß des vorliegenden Bandes.

Quellenangaben

I. Einleitung: Selbstdarstellung
in: C. F. v. Weizsäcker, Der Garten des Menschlichen, Beiträge zur geschichtlichen Anthropologie, München (Carl Hanser Verlag) 1977[6], S. 553–554 bzw. S. 577–597.

II. Religiöse Erfahrung und Naturwissenschaft
1. Gespräch über Meditation
in: C. F. v. Weizsäcker, Der Garten des Menschlichen, Beiträge zur geschichtlichen Anthropologie, München/Wien (Carl Hanser Verlag) 1977[6], S. 533–550.
2. Die biologische Basis der Glaubenserfahrung
in: Krishna/von Weizsäcker, Biologische Basis der Glaubenserfahrung (Otto Wilhelm Barth Verlag) Weilheim 1971, S. 7–45. © Deutsche Rechte by O. W. Barth-Verlag (im Scherz-Verlag Bern und München).

III. Zur Stellung der Religion im modernen Denken
1. Mythos, Philosophie, Theologie, Wissenschaft
in: C. F. v. Weizsäcker, Bewußtseinswandel, München/Wien (Carl Hanser Verlag) 1988, S. 250–256.
2. Die Krankheit der Kirche?
in: C. F. v. Weizsäcker, Bewußtseinswandel, München/Wien (Carl Hanser Verlag) 1988, S. 403–408.

IV. Die Welt und die Schöpfung
1. Theologie und Naturwissenschaft
in: C. F. v. Weizsäcker, Der Mensch in seiner Geschichte, München/Wien (Carl Hanser Verlag) 1991, S. 211–216.
2. Die Wissenschaft und die moderne Welt
in: C. F. v. Weizsäcker, Die Tragweite der Wissenschaft, Stuttgart (S. Hirzel Verlag) 1990, S. 1–19.
3. Astronomie unseres Jahrhunderts
in: C. F. v. Weizsäcker, Die Tragweite der Wissenschaft, Stuttgart (S. Hirzel Verlag) 1990, S. 154–172.
4. Säkularisierung und Naturwissenschaft
in: C. F. v. Weizsäcker, Zum Weltbild der Physik, Stuttgart (S. Hirzel Verlag) 1990[13]; S. 258–265.

V. Ein Blick auf die Schöpfungsgeschichte
1. Schöpfung im Alten Testament
in: C. F. v. Weizsäcker, Die Tragweite der Wissenschaft, Stuttgart (S. Hirzel Verlag) 1990, S. 38–49.
2. Die biblische Schöpfungsgeschichte
in: C. F. v. Weizsäcker, Bewußtseinswandel, München/Wien (Carl Hanser Verlag) 1988, S. 196–217.

VI. Naturwissenschaft und Religion als Bausteine unserer Zukunft: Wohin gehen wir?
1. + 2. + 3.
in: C. F. v. Weizsäcker, Der Mensch in seiner Geschichte, München/Wien (Carl Hanser Verlag) 1991, S. 228–242.

Die Kompetente Biographie

Thomas Görnitz
Carl Friedrich von Weizsäcker
Ein Denker an der Schwelle zum neuen Jahrtausend
Band 4125

Eine fesselnd geschriebene Einführung in Leben und Werk einer der
großen geistigen Gestalten der Gegenwart, eines der einflußreichsten
Denker an der Schwelle des dritten Jahrtausend. Weizsäcker als
Mensch, als weltbekannter Forscher und als engagierter Vorkämpfer
für Frieden, Gerechtigkeit und die Bewahrung der Schöpfung. Er ist
den Weg eines notwendigen Wandels unseres Bewußtseins hin zu
einem ganzheitlichen Denken in einer entschiedenen Weise voraus-
gegangen, einer Weise, die ihn für viele zum Vorbild hat werden lassen. Dieses Buch ist eine Hommage an einen eindrucksvollen
Menschen.

HERDER / SPEKTRUM

Kultur und Geschichte

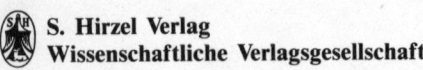